SPORTS

ART

スポーツ／アート

中尾拓哉［編］

森話社

［表紙図版］レニ・リーフェンシュタール『美の祭典』（一九三八）

一

Ⅱ

Ⅲ

［凡例］

⊿書籍、雑誌名は『　』、美術作品、音楽作品は《　》、論文などは「　」、展覧会、イベント等は〈　〉で括った。

⊿引用文中の註記は〔　〕で括り、略は〔……〕で示した。

⊿日本語文献の引用については、特定の固有名詞をのぞき旧漢字は新漢字に改め、仮名遣い、約物等は概ね原文のままとした。

⊿ウェブサイトの出典情報については、末尾の括弧内にアラビア数字で最終確認日を示した。

I

I

01

スウィングとスピン

「アート」としてのスポーツ、「スポーツ」としてのアート

北澤憲昭

Noriaki KITAZAWA

スポーツはアートと呼びうるし、また、アートはスポーツでありうる。なぜ、このように言いうるのか、そのわけを説明するには「アート」という外来語の定着過程を原語 art の意味に鑑みつつたどってみるのが近道だろう。

「アート」という外来語は、一般に「芸術」「美術」に代わる語としてもちいられている。どうやら片仮名語のオシャレな軽やかさが好まれているようなのだが、この外来語には、たんなる知的ガジェットにとどまらない意味合いが備わっている。

それについて考えるために、まず「芸術」「美術」の意味を明確にしておくことにしよう。

1　「芸術」というシステム――「制作」「作品」「鑑賞」

芸術は、「作品」と呼ばれる存在を要として成り立つ社会的システムである。作品というのは鑑賞性を備える人工的存在であり、これを創出する行為は「制作」と呼ばれる。つまり、制作とは作品の生産であり、この生産品は、近代における貨幣経済のもとで商品として流通してきた。appreciation の訳語である「鑑賞」は、作品を味わうことで、その真価を捉える行為を指す。悦びを以て対象を味解する行為、つまりは作品の消費である。この制作と鑑賞のあいだを、作品を介して繋ぐシステムが

「芸術」と呼ばれてきたのだ。そのうちで造型によって視覚に訴えかける制作をおこなうものが「美術」と称されてきたことはいうまでもあるまい。

舞踏や演劇においては、事物ではなく出来事の全体が作品となる。そのさい、全体の有りようのみならず、それを成り立たせる技術も鑑賞の対象となる。たとえば舞踏においては、絶えず変化してやまない身体の動きそのものが鑑賞の対象なのだ。

これと同じことは美術についてもいえる。技術の結果としてのフォルムや構造のみならず、作品に宿っている制作技術それじたいもまた鑑賞性をもつからだ。工芸的な造型の鑑賞は、しばしばこうした方向へ傾きがちだが、「美術」全般を指す the fine arts が、究極まで精巧に仕上げられた技術の意味を含んでいるのは、こうした鑑賞法が工芸のみならず絵画や彫刻にも妥当することを示している。絵画や彫刻について「神業」というような誉め言葉がもちいられることに、そのことは端的に示されている。

技術への賞賛は、制作にまつわる身体的プロセスへの想像力をともなわずにいない。しかも、その想像力は技法にまつわる知的関心を前提とする。つまり、制作過程へと向かう想像においては感性と知性がモアレを成しているのである。

感性と知性のモアレ状態は、技術的関心のみならず、作品の味解全般において見いだすことができる。文芸や音楽にかんしてはいうにおよばず、神話主題や宗教主題の解釈にもとづく造型についても、非再現的な、いわゆる抽象造型においても見いだされる。抽象造型は、それを鑑賞の対象として捉えるための知的なレディネスを必要とするからだ。

ようするに、鑑賞とは感性と知性にまたがる行為であり、それゆえ先に「味解」の語をもちいもしたのだが、料理の味にうまい、まずいがあるように、鑑賞の結果が常にかんばしいとはかぎらない。作品を味わう悦びを与えてくれる鑑賞は、それじたい価値をもつ行為であるとして、しかし、鑑賞によって捉えられる価値には高低差があるのだ。ありていにいえば、作品に備わる鑑賞的価値は千差万別であり、芸術がつねに高貴であるとはかぎらない。下劣な芸術作品も存在する。蓼《たで》食う虫も好き好きであるとしても、この点を忘れて芸術を無暗にありがたがるのは滑稽でしかない。芸術作品は、好悪の軸と価値の高下を示す軸が直交する座標の四つの象限に散在しているのである。好きだが下らない作品もあれば、嫌いだが素晴らしい作品もあるわけだ。味解は、作品をこの座標のうえに位置づけ、作品のクオリティを決定する行為にほかならない。

では、作品の価値はどのようにして決定されるのか。これにかんしては、じつにさまざまな見解があるわけだが、代表的なものとしては芸術における精神性ないしは神聖性を基準とする発想を挙げることができる。明治一〇年代に、アーネスト・フェノロサが芸術家を徳の高い僧侶に譬えたのは、その早い例であり、こうした見方は、いまなお多くの芸術観を底の方で規定している。

これに対して、芸術を享楽とみなす発想もあり、真実《トゥルース》の探究とみる見方も、美や崇高を重視する考え方も、芸術にかんする価値判断の重要な一角を占めている。だが、いかなる立場に立つにせよ、価値判断には、かならずや古典と呼ばれる作品群がかかわっている。何が古典なのか、それは時代ごとに変遷してゆくのだとしても、各時代に古典とされている作品群が、好悪を超えた価値の標準を形成していることは否定しようがない。価値観は歴史的に形成されるのである。

しかし、古典のシステムを成り立ち難くさせる動きが、二〇世紀の初めあたりから徐々に芸術の世界を覆いはじめる。すなわち、アヴァンギャルディズムの台頭であり、それは芸術というシステム自体をゆるがす出来事でもあった。そして、二〇世紀が終わる頃には、芸術が——したがって美術もまた——ひとまとまりのシステムとして成り立ち難い事態に立ち至ることになるのである。

ただし、急いで付け加えておかなければならないが、古典のシステムに対する否定の構えをとるアヴァンギャルドを可能とするのが、まさに否定の対象たる古典群であることを忘れてはなるまい。トマス・スターンズ・エリオットがいうように、古典とよばれる作品群はひとつのシステムを成しており、ほんとうに新しいと称しうるのは、そのシステムに変化を与える作品なのだ。アヴァンギャルドとは、その破壊的なまでに過激な事例にほかならないのである。

2 「アート」という外来語——「パフォーマンス」から「ソーシャリー・エンゲイジド・アート」へ

一九九〇年代、新自由主義《ネオリベラリズム》を先兵として資本制が全世界を覆い尽くしたグローバライゼーションの時代は、芸術にも大きな変化をもたらさずにはいなかった。脱近代主義《ポスト・モダニズム》が、近代の価値観を次々と否定的に捉え返してゆくなかで、芸術というシステム自体も大きな疑念にさらされ、芸術的価値に市場的価値が取って代わる状況が到来したのである。このことは、美術評論家やキュレーターの顔ぶれに端的に示されていた。オシャレな売れ線の紹介屋にすぎない、企業のバイヤーのような者たちが跳梁跋扈するようになったのだ。

現在、あちらこちらで眼にする「アート」という外来語が「美術」や「芸術」の意味で定着をみるようになったのは、このような動向のなかにおいてであった。とはいえ、ことの真相をみるためには、もう少し時代を遡らなければならない。美術ジャンルに焦点化してことの成り行きをみてゆくことにしよう。

英語のartを原語とする外来語「アート」の用例は明治期からみられるものの、一般にもちいられるようになったのは一九七〇年代半ばあたりからではないかと思う。パルコ文化はなやかなりし頃のことだ。

「アート」という語が台頭してきた事由としては、「美術」や「芸術」という日本語にくらべて格段に軽やかで、オシャレであるという点が第一に挙げられる。世を挙げて消費に走るこの時代は、工業社会から情報社会への転換期にもあたっており、重厚長大から軽薄短小へと人びとの嗜好が変化しはじめた時代であった。情報化社会の接近と足並みをそろえるように脱近代《ポスト・モダン》の風気が世に満ちはじめた時代のなかで、「アート」という語の軽やかさが好まれるようになっていったのである。

これ以後、「アート」は、芸術や美術のオシャレな言い換えとしてもちいられて現在に至っているのだが、この語の拡がりには時世に追随するガジェットに終始しない意義が見いだされる。

美術界では、一九六〇年代末から七〇年代前半にかけて、それまでの美術の在り方が問い直される状況がおとずれる。もちろん、美術の根本的な捉え返しは絶えずおこなわれてきたのだが、六、七〇年代には、美術がそれまで手放したことのない「表象」「表現」といった根底的な存在理由そのものが、近代批判と相携えて問い直されることになったのだ。その極端な例が「もの派」である。

美術は、絵具や木や粘土といった事物《もの》をもちいて造型をおこなってきた芸術ジャンルであるわけだが、「もの派」は、事物《もの》による造型をおこなうのではなく、さまざまな事物《もの》をアレンジメントするインスタレーションによって「事物《もの》」の「事物《もの》」性を鮮烈に照らしだす試みを展開し、そうすることによって、「非―表象」的な手法を実践しつつ「反―表象」の構えをアピールしてみせたのである。「もの派」の登場は、極彩色の表象《イメージ》が横溢するサイケデリック・ムーヴメントのさなかの出来事であったから、ぶっきらぼうに事物《もの》を投げだしてみせるようなそのスタイルは、時代という地《グラウンド》のうえにネガティヴに浮かび上がる図《フィギュア》として注目を集めるところとなった。

「もの派」にともなわれるようにして、「インスタレーション」と「パフォーマンス」という新たなジャンルが台頭してきたことも見逃せない。

「インスタレーション」というのはInstallation artに対応する外来語で、事物や現象を現実空間にアレンジメントすることによって、ほかならぬその現実空間を異化することを目的とする。遠くさかのぼればストーンサークルや須弥壇《しゅみだん》もインスタレーションとみなすことができるのだが、美術のジャンルとして耳目を引くようになるのは一九七〇年代以降のことである。

絵画や彫刻が、額縁、台座などのパレルゴンによって現実空間と一線を画しつつ、空間表象をおこなうのに対して、インスタレーションは現実の空間に直接的に介入する点に特徴がある。インスタレーションは、それゆえ絵画、彫刻によって代表される狭義の美術の枠を越えているとみることができる。

「パフォーマンス」はPerformance artの外来語で、時間、空間、演ずる身体、そして、演者と観衆の関係態を必要条件とするものであり、時空間の異化を目指す。「異化」は、往々にしてブレヒトの演劇論に結び付けられるものの、いわゆるパフォーマンスは、一般的な演劇のように、舞台やプロセニアムアーチというパレルゴンを必要としない。それは、インスタレーションと同じく現実の時空間のさなかに展開される。とはいえ、現代においては演劇や舞踏も——たとえば街頭劇のように——同様の上演形態をとることがあり、両者を厳密に区別するのはむつかしい。つまり、パフォーマンスも美術ジャンルに収まりきらない。

インスタレーションもパフォーマンスもフォームを造るという点において美術とかかわるものの、絵画、彫刻など事物による造型作品によって代表されてきた美術とは決定的に異なるものであり、一九九〇年代に至ると、こうした動きの延長に「ソーシャリー・エンゲイジド・アート」と称される動きが登場することになる。社会現実に積極的に分け入り、対話や協働による社会変革を目指すパフォーマティヴな活動だ。これが、旧来の美術から大きく逸脱する企てであることはいうまでもあるまい。

もちろん、舞踏や演劇の場合と同じように、その実践の全体を作品と称することも決して不可能ではないものの、鑑賞性によって形成されてきた従来の芸術システムにおける「作品」とのあいだに大きなズレがあるのは否めない。味解すなわち感性と知性に訴えかける有りようが認められるとしても——お好みならば「美学」的次元を保持しているといってもいいのだが——ソーシャリー・エンゲイジド・アートにおける鑑賞性は実践の手段であって、その目指すところではないからだ。プロパガンダ芸術がそうであったように芸術的発想のプラグマティックな応用にとどまるというべきなのである。

3　汎化するアヴァンギャルド

一九七〇年代以降の美術は、このようにジャンルの枠を越える領域を抱え込み、従来の意味での「美術」という名称では対応しきれない状況にみまわれることになった。絵画や彫刻といった造型による既成ジャンルに収まりきらない活動が台頭してきたわけだが、美術とかかわりながら美術に回収しきれないそれらの活動は、美術と非美術の境界領域に位置づけることができる。

こうした境界線上の活動は一般に「アヴァンギャルド」と称される。日本社会における美術のアヴァンギャルドは一九二〇年代に登場し、その後、コミュニズムの革命戦争と帝国主義の侵略戦争とに奉仕するプロパガンダ芸術という擬態の時期を経て、アジア太平洋戦争後も一九五〇年代から六〇年代へと、美術の周縁に常に存在し続けていた。

だが、七〇年代以後のアヴァンギャルドは、このような周縁的な在り方に収まるものではなかった。七〇年代において、アヴァンギャルドは境界領域から美術の中心部へと進駐を開始したのである。アヴァンギャルドという周縁的存在が、ジャンルとして「美術」の内部に位置づけられることになったわけであり、このことは、「インスタレーション」や「パフォーマンス」が美術のジャンルとして公認されたことに明瞭にみてとることができる。美術は、美術の在り方になじまないジャンルを、さらには、みずからに対抗するジャンルをも――あたかも自己免疫疾患のように――抱え込むことになったわけだ。

ただし、美術は、こうした危機的状況を受動的に受け容れたわけではない。美術界では、これに対処する動きが起こった。すなわち、アヴァンギャルドを否定し、「美術」「絵画」「彫刻」という歴史的な表現媒体の可能性を奉ずる保守回帰の動きが――時ならぬ「ジダーノフ批判」が――台頭することになったのだ。とはいえ、この動きは皮肉な結果を生むことになる。アヴァンギャルドへの反動として呼びだされた「美術」「絵画」「彫刻」は、アヴァンギャルドからの脱却というミッションゆえに、対抗するべきアヴァンギャルドの徴を身におびることになったからである。

このことは、その当時、スローガンのように唱えられた「トランスアヴァンギャルディア」という発想に明瞭にみてとることができる。単線的な進歩主義的アヴァンギャルディズムを超えようとする「トランスアヴァンギャルディア」は、歴史上のアヴァンギャルディズムさえも含む多種多様な表現を容認しようという発想であったからだ。アヴァンギャルドを超脱しようとする企ては、アヴァンギャルドを深々と踏まえざるをえないのである。こうしたアイロニカルな事態を介して、「美術」「絵画」「彫刻」の名のもとにアヴァンギャルドが美術の奥深くにまで――体細胞や細菌細胞のなかに入り込んで増殖するウィルスのように――蔓延していったのだ。

以上のような事態の進展は、一九八〇年代から九〇年代にかけて「現代美術館」と称する国公立の施設が登場したことに端的にみてとることができる。「現代」という限定は、美術の中央領域をアヴァンギャルドが占拠することになった美術の脱近代《ポスト・モダン》に対応する意味合いを帯びていたのである。周縁が中心に、中心が周縁になるというこのようなアイロニカルな状況は、美術史研究にも波及し、二〇年代のアヴァンギャルドを「新興美術運動」という名のもとに、単なる新しい美術の意味へと矮小化する研究者さえあらわれるに至る。

アヴァンギャルディズムへの反動とみえる動きは、けっきょくアヴァンギャルドの汎化をもたらすことになったわけで、このように考えるならば、七〇年代はアヴァンギャルドの時代であったということも可能なのだが、六〇年代までの破壊的なアヴァンギャルドに起因するＰＴＳＤは、この名に対する拒絶反応を引き起こし、「現代美術」という古くから用いられてきた名称が一般にはもちいられていた。しかし、これは「美術」ジャンルにおける現代的なものを意味するにすぎず、けっきょく「美術」という枠がネガティヴながらついてまわることになる。そこで、「現代美術」に代わって「現代アート」という名称が登場し、やがて「美術」概念の限界を突破するものとして、そこから「アート」という語が切りだされることになるのである。このように、「アート」という語の出現と定着の過程には現代の造型表現にまつわるアポリアが控えていたわけだ。「アート」が、たんなる知的ガジェットに終始するものではないというゆえんである。

美術の解体的変容にともなって「アート」という語が呼びだされた事由は、その原語であるartの多義性にかかわっている。試みに、手元の『リーダーズ英和辞典』(研究社)を引いてみると、artの語義として、「芸術」「美術」「技術」「技芸」「人工」「術策」「教養科目」などが挙げられている。これは、artという語が、日本語の「芸術」「美術」を含みながら、それを超える意味をもつことを示している。こうした多義性は、artの語源であるラテン語のarsを介して古代ギリシャ語のtechnēにまで遡って捉え返されるべき事柄であり、また、西欧一六世紀における「文化革命」と一七世紀の「科学革命」とを踏まえて考察を加えなければならないのだが、ここでは日本語の「アート」に的を絞って考えを進めるために、語誌的問題に立ち入るのは差し控えることとする。

さて、artに対応するいくつかの日本語のなかで、それらすべてを統べる語は、いうまでもなく「技術」である。にもかかわらず『リーダーズ英和辞典』では、この語は「芸術」「美術」の後方に位置づけられており、これは、「芸術」が全技術を代表するものとして位置づけられていることを示している。おそらく、このような体制は、芸術を人間精神の発露とみなす近代的芸術観に由来している。しかし、現代の体系的分類に照らして英和辞典の訳語の広がりを眺めるとき、芸術が技術に還元されるという包摂関係に改めて気づかされずにはいない。

こうして、「アート」の語は、「芸術」と「美術」を含む「技術」という上位の概念に至る筋道を拓いてくれる。アヴァンギャルド系の活動がセントラルな位置を占めるようになった美術の現在を捉えるうえで、このことのもつ利便性はきわめて高い。美術かどうかといった類別の問題に悩む必要がなくなるからだ。利便性ばかりではない。この語は、美術の現在が求めているところを示してもいる。すなわち、解体的変容に瀕している美術の理念性にもかかわっている。美術は、みずからが歴史的にはぐくんできた理念にまつわる近代的在り方の転位を画策しているのである。

ただし、「アート」という語の重要さは、「技術」への一元化で語りきれるものではない。そうではなくて、技術でもあり芸術でもあるという意味の多元性が一斉に響き渡る状態にこそ、「アート」という語の意義があるとみるべきなのだ。あるいは、こういってもよい。「技術」にも「芸術」にも偏らず、さりとて、それらを融解するというのでもなく、それらの意味のモアレ状態にこそ「アート」という語の真骨頂は認められるのだ、と。そして、アートとしてのクオリティは、そのような状態においてこそ生じるのだ、と。

二〇〇九年に森美術館で〈医学と芸術〉という展覧会が開催された。医療器具、医学史料と円山応挙、デミアン・ハーストらの芸術作品とを一堂に展示する企画だ。日本初公開のレオナルド・ダ・ヴィンチの解剖図が、「医学」と「芸術」のノードを成す興味深い展示だったが、思うに、この展覧会の興味深さは、日本語の語彙に大きく負うところがあった。「芸術」と「医学」の相関性が、日本語

において は成り立ち難いからだ。成り立ち難い関係を前面化することで、この展覧会は人びとの関心をそそったのである。

同展の英語のタイトルは“MEDICINE AND ART”となっており、andという接続詞によってmedicineとartが切り離されながら繋がれるという関係態を形成している。しかし、日本語の「芸術」とは異なりartの語は医療にも適用される。『リーダーズ英和辞典』には、用例としてthe healing artが挙げられており、そこに「医術」という訳語があてられているのである。“MEDICINE AND ART”というタイトルは——たとえば「日本美術と東アジア美術」という場合と同じように——概念の包摂関係を大前提としているとみることもできるわけだ。

“MEDICINE AND ART”という英文タイトルは二つの項を対置してはいるものの、artの意味の拡がりは、医療行為も制作行為も、同じ範疇に収まることを暗示せずにはいない。しかるに、日本語の「医学」と「芸術」は、すくなくとも語のうえで繋がりを想定するのはむつかしく、それゆえにこそ「医学と芸術」という展覧会名は印象に残るものとなった。すなわち、この展覧会は、「芸術」「美術」と呼ばれてきたジャンルが、領域を拡張することで旧来とは異なる意味合いを帯びつつあることを展示において示すと同時に、「芸術」という語が「アート」に取って代わられるべき筋道をも暗示していたのである。

5 競技としてのアート

「アート」という語の多義性を踏まえれば、医療ばかりかスポーツもまたアートに含まれる。技術なくしてスポーツはなりたたないからだ。しかし、このあたりまえの事柄は、これまで必ずしも明確に認知されてきたとは思われない。このことを歴史的に捉え返せば次のようにいうことができる。これまでみてきたように、脱近代《ポスト・モダン》の状況下で、芸術がジャンルとしての輪郭を曖昧化し、「芸術」に代わって「アート」という多義的な語をもちいざるをえない状況に立ち至ったとき、スポーツとアートの近接性が視野に入ってくるようになったのだ、と。芸術の価値を支えてきた古典のシステムが成り立ち難くなり、また、その結果として精神性や神聖性によって全技術を代表することもかなわなくなるとき、「芸術」と「スポーツ」を峻別する根拠が薄弱となるのはいうまでもあるまい。

こうして、芸術鑑賞とスポーツ観戦とを分け隔てる理由は成り立ち難くなったわけだが、これを踏まえて思い返せば、味解という点において、もともと両者に隔たりはなかったということがみえてくる。たとえば、安打を狙わずフルスイングで打席に臨む衣笠祥雄のバッティングや、「人生先発完投」を座右銘とした村田兆治のフォークボールは、「味解」の語にふさわしいものであった。彼らのプレイに精神性を認めることを、いったい誰が否定できるだろう。

アートとスポーツの関係は、日本社会における文芸の伝統のなかに見いだすこともできる。折口信夫は、歌人たちを左右二組に分けて優劣を競わせる歌合《うたあわせ》を踏まえて、短歌ジャンルの形成の過程に「すぽーつ的精神」のはたらきを指摘しているのである。折口のいう「すぽーつ」は競技というほどの意味なのだが、これを踏まえていえば、協同で作詩する連句にも一種の競技性が認められる。

美術にかんしても公募展における入選落選の監査や授賞審査はあきらかに競技性を帯びているものの、公募展と連句を同列に捉えるのは、いささか問題があるかもしれない。「座」の文芸として連句が、かりそめの共同性による慰藉の文芸であるのに対して、いまや単なる展覧会屋に堕した公募団体の多くには、制作や鑑賞にまつわる共同性など薬にしたくもないからだ。

美術に例を求めるならば、つかのまの共同性という発想は、公募団体展などよりも、むしろ、対戦型オンラインゲームに引き継がれているのではないかと思う。文芸と美術にまたがる領域であるヴィデオゲームは、マルチストーリーとマルチエンディングに特徴づけられ、競技性と映像による巻き込み力によって文芸ジャンルに迫る勢いをみせている。

東京藝術大学は、こうした状況を受けて二〇一九年度から大学院映像研究科にゲームの制作と研究をおこなうコースを開設すると発表した。同大のＨＰを見ると「ゲームを芸術の一分野として捉え、研究や作品制作を通して、ゲームの可能性や映像表現のフィールドを広げることに貢献することを目指しています」とあって、ヴィデオゲームを「芸術」の一分野として確立しようとする意志がみてとられる。芸術における「すぽーつ」性にあらたなスポットライトが当てられようとしているわけである。

ヴィデオゲームにおける競技性は、多くの場合、ネット上に出現するかりそめの共同性において実現するものであり、連句における座の発想と相通ずるものがある。しかし、ヴィデオゲームを「芸術の一分野」として捉え返そうとする企ては、けっして伝統主義を契機とするものではあるまい。「アート」という語を呼びだすことになった「芸術」「美術」の遠心的拡張の動きこそ、ヴィデオゲームを「芸術の一分野」として捉える企てを可能としたとみるべきであって、ヴィデオゲームにおける電子工学的「技術」と「芸術」の結び付きは、「アート」という語が指し示す広汎な意味領域がジャンルとして成り立ちはじめた徴候と捉えることができるのである。そうであるとすれば、東京藝術大学におけるヴィデオゲームの研究と制作に求められるのは、それを「芸術」として捉え返すことであるよりも、芸術性をも含む「アート」としてのクオリティだというべきだろう。また、アートとしてのヴィデオゲームのスポーツ性は、eスポーツにおいて累乗的に際立つことになるだろう。

日本の古典を糸口に、スポーツがアートであるばかりではなく、芸術がスポーツ性を帯びる場面のあることについてみてきたわけだが、ヨーロッパに眼を向けても同様の相互性を見いだすことができる。古代ギリシャの叙事詩『イリアス』によると、トロイア戦争において戦死したパトロクロスを悼んで、竹馬の友のアキレウスが競技会をおこなったのがオリンピックの起源ということになっている。すなわち、オリンピックにおける競技は葬送儀礼に発するわけで、これはスポーツと芸術の根源的なかかわりを示している。ジェーン・エレン・ハリソンが『古代芸術と祭式』で述べているように儀礼性は芸術の起源でもあるからだ。ハリソンは、演劇や彫刻の起源の、そのさらに彼方に集団的情動にまつわる宗教儀礼の存在を見いだすのだが、集団的な情動《エモーション》は、現代においてもスポーツに——たとえばスポーツ・ナショナリズムというかたちで——見いだされるところであり、また、芸術にかんしても——たとえばロックコンサートや印象派展に押し掛ける群衆にみられるように——認められるところである。スポーツと芸術とは、それぞれの根源の彼方において——あたかも双頭の蛇のように——儀礼における集団的情動と結びついているのだ。ハリソンのいうところに従えば、この蛇の尾は、その尖端において人間に本源的な社会性へと通じているはずである。

さらに興味深いのは、ハリソンが、宗教儀礼と芸術の分化の契機を、儀礼の当事者から観衆が分離する事態に求めている点だ。これは、芸術が、作品を介して制作と鑑賞を結ぶシステムであるとする冒頭の規定と符合する。それればかりではない。ハリソンの指摘を踏まえるならば、現代における鑑賞や観戦の位相を儀礼との関係において照らしだすことができる。芸術やスポーツにおける情動的な盛り上がりは、制作者やプレイヤーよりも、鑑賞もしくは観戦する立場にある人びとにおいてあから、さ、までであることを思うならば、そこに古代の宗教儀礼の反転したすがたを指摘することができるからだ。情動的な昂揚が、ほんらい儀礼の当事者であったはずのプレイヤーやパフォーマーではなく、観衆の側に転位しているのである。

また、観衆の登場を芸術の起源に見いだすハリソンの発想は、鑑賞を俟って初めて芸術作品が成就するという受容者美学の考え方ともリンクする。作品の完成は、制作者によっておこなわれるのか、それとも鑑賞者において為されるのか。制作者と鑑賞者のあいだに、作品の成り立ちをめぐる一種の競技性を見いだすこともできるわけだ。競技性が最も顕著なかたちを示すのが、批評家と作者のあいだにおいてであることはいうまでもあるまい。

次にアートのクオリティについて考えてみたい。取り上げる事例はフィギュアスケートとジャズである。「美術」の現在からはじまった話だが、すでに事柄が「アート」にかかわっているのだからもはや「美術」にこだわる必要はないだろう。

6 スウィングとスピン――《スウィングしなけりゃ意味がない》

二〇一八年、横浜における〈プリンスアイスワールド〉で、宇野昌磨が、ジュール・スタイン作曲の《タイム・アフター・タイム》を滑ってみせて話題になった。ハリー・コニック・ジュニアが歌うビッグバンド・ジャズによって、デビット・ウィルソンが振り付けを担当したエキシビションプログラムであり、競技性はなく、技にかんする制約もない演技であった。つまり、スケーティングによる舞踏であるが、ジャズと舞踏の組み合わせはジャズ・ダンスというジャンルが既にあるし、ミュージカルにも数々の先例が見いだされる。ミュージカル映画『サウンド・オブ・ミュージック』（一九六五）の劇中曲《マイ・フェイヴァリット・シングス》は、ジョン・コルトレーンによってカヴァーされて、コンサートにおける彼の定番曲となった。ちなみにいえば、コルトレーンには《タイム・アフター・タイム》をワン・ホーン・カルテットで演奏した録音もある。

以上に照らして、舞踏としてのスケーティングとジャズの相性自体にべつだん問題はないと思うのだが、宇野昌磨の場合は、果たしてどうであったろうか。

《スウィングしなけりゃ意味がない》という邦訳を与えられているデューク・エリントン楽団の定番曲の歌詞 **“It don’t mean a thing, if it ain’t got that swing”** は、ジャズの愉しみを言い当てた言葉として知られている。ここにいう「スウィング」とは、邦楽用語の「ノリ」にあたるもので、曲の緩急の変化や、歌や台詞や動作をリズムと合わせることをいう。謡曲では「平ノリ」「中ノリ」「大ノリ」というように分けられていて、このうち「中ノリ」というのは、「修羅ノリ」ともいって怨霊や鬼神などが登場する場面でもちいられる。つまり、霊的なものの憑依の表現であり、同様のことは「スウィング」についてもいえる。

スウィングを擬態語で表現すれば「うきうき」とでもいうべき状態を指す。経験に照らすとき、このうきうき感は、身体の芯から起こって、だんだんと身体を揺動させてゆく力をもつ。ゆさぶり上げる力といってもいい。楽曲に身体がシンクロナイズするわけだが、これは内面性の喚起というような単純な事態ではない。スウィングと呼ばれるうきうき感の震源は、身体を巻き込む集合的記憶とでもいうべきものであり、それは謡曲における神霊にあたる。あくまでも譬喩的な意味においてだが、その神霊は、音楽を聴く者と作曲者と演奏者とのあいだに楽曲としてあらわれ、聴く者を憑依状態へと導く。楽曲と聴き手の身体とは、そのとき、ウロボロスのように互いに呑み込み合いながら循環しはじめる。そして、このような状態に浸っているあいだに、楽曲と身体が二重螺旋を描きながら、しだいしだいに昂揚し、やがてトランス状態に入ってゆく。

さて、宇野昌磨の《タイム・アフター・タイム》は、こうした昂揚感を惹き起こしえただろうか。映像で見ただけなので、正確な判断を下すのはむつかしいのだけれど、たとえばコルトレーンの演奏するこの曲と比較するとき、おぼつかなさを拭い難い。ビッグバンドの演奏と宇野の演技は、ごく普通の意味での昂揚感を催させはするものの、それは、テナー・サックスによるコルトレーンのゆったりとしたバラード奏法が、楽曲と身体に共通する底の方から――ピアノ、ベース、ドラムと相俟って――徐々に静かに揺すり上げてくる感覚とは大きく異なっていた。スウィング感にまとわりついてくる複雑なニュアンス――遠くさまよう思いや、底鳴りする記憶や、満たされることのないあこがれなど、コルトレーンの演奏がもたらす多種多様なノイズたちのざわめきが、宇野のスケーティングを介して訪れることは遂になかった。

ただし、これは、あくまでもCDを介する演奏と演技の映像とを引き比べての感想にすぎない。また、高橋大輔のスケーティングのすばらしい音楽性を――これも映像による経験ながら――知る者としては、ジャズとフィギュアスケートの相性が悪いとは、とてもいえない。しかも、ここで例にとった宇野のケースは、演技の問題というよりも、振り付けに帰されるべき事柄であるというべきかもしれないのだ。

競技性のないエキシビションプログラムであるにもかかわらず、宇野は見事なスピニングを幾度も挟み込んでいた。フィギュアスケートの見せ場であり、観衆へのサーヴィスでもあったのだろうが、しかし、思うに、これが昂揚するスウィング感を台無しにしていた。スピンやフライング・スピンが挟み込まれるたびにスウィング感が切断され、揺動性が中断されてしまう違和感が残ったのである。錐もみ状の運動が、揺動する弧を切り刻んでしまうのだ。

とはいえ、軽業的なパフォーマンスはバレエにもみられるところだし、音楽の世界でも「ヴィルトゥオーソ」の名で知られている。ジャズでいえば、鍵盤の欠けているおんぼろピアノによって楽曲を完璧に弾きこなしたというアート・テイタムの超絶技巧が有名だし、テイタムから学ぶところの大きかったチャーリー・パーカーによるサキソフォーンの超速演奏にも、そのようなきらいがないわけではない。ただし、彼らの演奏においては、ジャズにおける揺動性を技巧が阻害することはない。両者のあいだに、ちゃんと折り合いがつけられている。

しかしながら、一般にヴィルトゥオーソは音楽性とは別の次元で捉えられるのを常とする。つまり、軽業や曲芸的な次元に大きく傾く。もちろん、これもまたアートであり、鑑賞性において芸術の名にあたいしはするものの、演奏のクオリティよりも技術的高度化に聞き手と演奏者の関心が傾くきらいのあることは否めない。こうした有りようは、たとえ芸術の名で呼ぶことが可能であるとしても、鑑賞性において優れているとはいい難い。技術の誇示が、自由感に充ちたノイズのざわめきを圧殺してしまうからだ。絵画や彫刻でいえば、高度の再現性で人目を驚かすたぐいがこれにあたるだろう。

では、「アート」のクオリティとは、いったいどのようなものなのだろうか。

7 「アート」のクオリティへ向けて

この問に触発されて、まず脳裡に浮かぶのはセロニアス・モンクのことだ。

確信的な深く強いタッチから繰りだされる不協和音、予想をかわすリズム、メロディラインからの奇妙なズレ、そうした一連の逸脱が生みだす軽やかさ。このような彼の演奏は「技術」と称するには、あまりに自由感に充ちており、システムに縛られていない。その軽やかさに照らすとき「芸術」という語は重すぎる。つまり、モンクのピアノは、技術でもあり芸術でもありながら、そのいずれにも落ち着かない。しかも、アナーキーでもなく、もちろんカオス状態というわけでもない。いってみれば、自由感と背反しない秩序感がそこにはある。しかも、それは既定の楽曲の秩序からの逸脱が生みだす秩序感であり、そのアイロニカルな有りようがモンクのピアノのスタイルとなっているのだ。無秩序へと向かう逸脱に繰り返し秩序を与えようとする動的な秩序感。いいかえれば、そこには「芸術」という名のもとに、人びとをおとないつづけてきたあの魅惑的な偶然のノイズたちが、精神性や神聖性という理念から解放された状態で、ポリフォニックに鳴り響いているのだ。

「技術」と呼ぶには自在に過ぎ、「芸術」と呼ぶには洒脱に過ぎるこうしたセロニアス・モンクの演奏を言い止めるには「アート」のクオリティというほかないように思われる。

技術の意味を含む「アート」の語は、自然に働きかける人間の営為のすべてを包み込みながら、しかも、かつての芸術や美術の語感を全体に響かせてもいる。つまり、アートは、芸術や美術が求めつづけてきたところと重なりあう意味をもつ。しかし、アートがアートであるかぎり、それは、あくまでも含意にとどまるものであり、「アート」は「芸術」「美術」を特徴づけてきた精神性や聖性へと還元されるものではありえない。

「アート」という名で呼ばれるようになったさまざまな営為は、芸術とは異なるアートとしてのクオリティへ向けて、みずからを形成していかなければならない。彼方へといざなう呼び声や、記憶の地鳴りを、つまりは、つぎつぎと何処からともなく湧いてくるノイズたちを活気立たせなければならない。そうしてこそ、「アート」の語は知的ガジェットの域を脱して、みずからの可能性を大きく花開かせることになるだろう。

02

オリンピックスタジアムの変遷

暮沢剛巳
Takemi KURESAWA

本章は主にデザインの観点からオリンピックスタジアムに着目し、その変遷を追う試みである。とはいえ、近代オリンピックの歴史は既に一二〇年以上におよび、そのスタジアムの変遷をすべて網羅することは不可能であるため、まずは対象を夏季オリンピックに限定し、その中でも特に、一九三六年のベルリン大会と二回（三回？）にわたる東京大会のスタジアムを中心に検討することとしたい。

1　アテネ大会とパナシナイコススタジアム

一八九六年に開催されたアテネ大会は記念すべき近代オリンピックの第一回大会である。この大会の開会式や陸上競技の会場として活用されたのがパナシナイコススタジアムだが、その検討のまえにまず古代オリンピックについて簡潔に述べておきたい。

古代ギリシャでは、アテネの神域を舞台に四年に一度の古代オリンピックが開催されていた。実施競技は、当初は短距離走だけだったが、やがて中距離走、長距離走、五種競技（短距離走、円盤投げ、やり投げ、走り幅跳び、レスリング）、ボクシング、パンクラチオン（総合格闘技）、競馬、戦車競走などが加わり多彩なものとなっていった。これらの競技への参加資格を有するのはギリシャ人の男性だけであり、女性、奴隷、外国人は排除されていた。また競馬や戦車競走など一部を除いて、これらの競技はすべて全裸で実施されていた。[1] だが本章の主題に引きつけるなら、最も注目すべき特徴はこれらの競技がすべて屋外で、観客の前でおこなわれていたことだろう。これは、古代オリンピックの歴史が、スタジアムの歴史とも大いに重なることを意味している。

アテネ郊外に今も現存するパナシナイコススタジアムの歴史は古く、記録によると竣工は紀元前三二九年とのこと。だがこのスタジアムで古代オリンピックが開催された記録は残っていない。それもそのはず、このスタジアムはパナテナイナ祭（パナテナイナ Panathēnaia とは、すなわち「全アテナイ」という意味）の会場として建設されたものだったからである。古代オリンピック同様、パナテナイナ祭もまた四年に一度の周期で開催されていた都市国家アテナイの祭典であり、スタジアムでは行列、供儀、競技会などが催された。なかでも、刺繍された聖衣ペプロスが車輪のついた船の帆柱に掲げられて運ばれ、女神に奉献される儀式は壮観だったとされる。ローマ帝国でキリスト教が国教化され、異教の祭祀が禁じられたことによって古代オリンピックは終焉を迎えるが、パナテナイナ祭もまた同様の運命をたどり、それに伴いスタジアムも長年に渡って放置され、土中に埋もれることとなった。

発掘されたパナシナイコススタジアムが再び脚光を浴びたのは、それから一〇〇〇年以上も経った一八七五年にザッパスオリンピックの競技会場となったときである。ザッパスオリンピックとは、一九世紀になってオスマントルコの支配から脱したギリシャで、古代オリンピックの再興を目指して四度にわたって開催された競技大会である。古代オリンピックの枠組みを踏襲した純然たる国内競技会だったこともあってさほど盛り上がることはなかったが、近代オリンピックへの橋渡しをした点で、その歴史的な意義は大きい。

そして一八九六年、記念すべき第一回近代オリンピックがアテネで開催されたとき、パナシナイコススタジアムは当然のように大会のメイン会場となった。現在では不鮮明なモノクロ画像で確認することしかできないが、大会に合わせて収容人員が五万人から八万人に拡張されたこのスタジアムを多くの観客が埋め尽くした開会式の様子は、大会の熱狂ぶりを連想させて余りある［fig.1］。

ところで、同じく写真を見ると、トラックの直線が異様に長い半面、コーナーが急なヘアピンカーブとなっているなど、このスタジアムの形状が標準的な陸上競技場のそれとは明らかに異なっていることがすぐにわかる。そもそもこのスタジアムのトラックは一周三

fig.1　パナシナイコススタジアム（Athens, 1896）

三〇メートルしかないという。当然一周四〇〇メートルを基準とする現在の陸上競技の規格には適合しないため国際大会での使用には制約があり、一〇八年ぶりに開催された二〇〇四年のオリンピックでは、男女マラソンのスタート&ゴール地点、およびアーチェリー競技で使用されるにとどまった。女子マラソンで金メダルを獲得した日本の野口みずきが、真っ先にこのスタジアムへと飛び込んできた様子を思い起こす読者もいるのではないか。

一方、二〇〇四年のアテネ大会のメインスタジアムとなったのが、アテネオリンピックスタジアムである。もともと一九八二年に開催されたヨーロッパ陸上競技選手権のために建設されたこのスタジアムは、近代オリンピック一〇〇周年に当たる一九九六年大会の招致活動の一環として大規模なリノベーションが施され、そのときには逸した招致が実現した八年後の二〇〇四年に本番を迎えた。リノベーションを担当したスペインのサンティアゴ・カラトラバは、空に映える白色と緻密な構造計算によって知られる建築家であり、このスタジアムを覆うアーチにもそうした特徴が大いに反映されている。パナシナイコススタジアムもまた白亜の威容を誇るスタジアムだが、あるいはカラトラバは意識してそれとの対比を試みたのかもしれない。

2　セントルイス大会と〈人類学の日〉

アテネで開始された近代オリンピックは、続く一九〇〇年にはパリで、また一九〇四年にはセントルイスで開催された。この二つの大会は、同時開催であった万国博覧会の添え物的な色彩が強かったことでも知られている。二一世紀の現在、オリンピックに対する関心は万博を大きく上回るようになったが、まだマイナーなイベントだった当時の記憶を引きずる国際オリンピック委員会（ＩＯＣ）は、今なお万博との同時開催をひどく嫌がると言われている。

また、セントルイス大会において一九〇四年八月一二日、一三日の両日に開催された〈人類学の日〉は、近代オリンピックの創始者クーベルタン男爵が不快感を示すなど、近代オリンピック史上最大の汚点の一つとされている。この競技に参加したのは南米のパタゴニア、フィリピンのモロ、日本のアイヌ、アフリカのピグミー、バクバ、ネイティヴ・アメリカンの数部族などいずれも非西欧圏の先住民族で、徒競走、投擲《とうてき》、幅跳び、棒登り、アーチェリー、綱引きなどの計一八種目が実施された。多くの観客は当初、彼ら「未開人」の身体能力は西欧圏の「文明人」を大きく上回っているため、どの種目でも驚異的な記録が出るのではないかと期待していたが、棒登り以外の記録はいずれも低調に終わったため失望の色を隠せなかったという。一〇〇年以上経った現在から振り返れば、何とも偏見に満ちた見世物だったというしかない。〈人類学の日〉は資料に乏しく▽2、そもそもこれをオリンピックの歴史の中にどのように位置付けてよいのかも悩ましいのだが、少なくとも勝者や上位入賞者に対してメダルの授与がおこなわれないなど、公式競技とは一線を画するものであることは確かなようだ。なお前述の諸競技は、いずれも屋外種目であった。この大会のメインスタジアムであったフランス・フィールドは、陸上競技や自転車競技、アーチェリー、綱引きといった正規のオリンピック種目と並行して、〈人類学の日〉の競技（?）会場でもあったのである。

3 アムステルダム大会と「芸術競技」

一九〇八年のロンドン大会のメイン会場となったのがホワイトスタジアムだが、実は同所は、オリンピックに合わせて新設された初めてのスタジアムであった。以後一九一二年のストックホルム大会や一九二〇年のアントワープ大会でも同様にスタジアムが新設される。わざわざ多額の建設費を投じてスタジアムを新設するようになったのは、回を重ねるごとに大会の規模が拡大し、ナショナリズムを鼓舞する装置としての側面が注目されるようになったことに加え、スタジアム建築が都市開発と結び付けて考えられるようになったことや、この大会を機に最大の人気競技であるサッカーが正式種目として定着し、そのための大規模な競技場が必要とされるようになった結果でもある。

それらの中で最も出色なのが、一九二八年のアムステルダム大会のために建てられたオリンピスフ・スタディオン[fig.2]であろう。このスタジアムを設計したヤン・ヴィルスはオランダの造形運動「デ・ステイル」のメンバーの一人であった。「デ・ステイル」の建築作品というと、単純明快さや非装飾性を重んじた禁欲的な造形理論も相俟ってか、ヘリト・トーマス・リートフェルトの「シュレーダー邸」に代表される比較的小規模なものが大半を占めるだけに、このスタジアムはその点でも異色である。

設計者に選出された当初、ヴィルスは会場に隣接していた既存のスタジアムを拡張する構想を抱いていた。だがオリンピックを起爆剤とした都市開発を重視していたアムステルダム市当局の意向を汲み、ヴィルスはスタジアム新設へと方向転換する。竣工したスタジアムはわずか一年の突貫工事で建設されたとは思えない高い完成度を誇り、大会本番では陸上競技、サッカー、馬術、ホッケー、体操競技などに活用された。織田幹雄が三段跳びで日本初の金メダルを獲得した会場もこのスタジアムである。またアムステルダム大会は、近代オリンピック史上初めて聖火が灯された大会でもあり、当然このスタジアムにも聖火台が設けられていた。

ところで、ヴィルスがこのスタジアム設計によって、当時実施されていた芸術競技の金メダルを獲得したエピソードにも触れておきたい。芸術競技とはその名の通り「芸術」を対象とする競技の総称

fig. 2　オリンピスフ・スタディオン（Amsterdam, 1928）

であり、一九一二年のストックホルム大会から一九四八年のロンドン大会までの計七回にわたって実施された。[3] 実施されたのは絵画、彫刻、建築、音楽、文学の五部門。近代オリンピックが古代オリンピックの再興を唱えたクーベルタン男爵によって創始されたことはよく知られているが、彼はまた「精神と肉体の合一」という古典的理想の信奉者でもあり、その理想を実現するために古代オリンピックで実施されていた記録のある芸術競技の復活を強く望んだのである。

とはいえ、言うは易く行うは難し。かつてフィギュアスケートには「芸術点」という審査項目があり、審査員の主観に左右されることの大きいその採点がしばしば物議を醸していた。審査項目が変更された現在も審査が紛糾することがしばしばだし、やはり採点競技である新体操やシンクロナイズドスイミングにも同様の問題が存在する。れっきとしたスポーツ種目でさえこの有様なのだから、同一の評価基準など存在しない「芸術」を競技として実施し、順位や優劣をつけることがいかに無謀であるかは推して知るべしであろう。事実、参加者の多くはアマチュア競技者からは程遠い高齢者によって占められ、またストックホルム大会では提唱者のクーベルタンが偽名で参加して文学部門の金メダルを獲得したとされる一方、著名な詩人であったイタリアのガブリエレ・ダヌンツィオが入賞すら逸したことが典型だが、芸術競技は開催されるたびにその曖昧な参加資格や不透明、不公平な審査が問題視される事態が続出した。これらの問題に対する解決策などあるはずもなく、芸術競技はクーベルタンの死後初めて開催された一九四八年のロンドン大会をもって終了となる。

ちなみに、ヴィルスが金メダルを獲得したアムステルダム大会の芸術競技だが、この大会では初めて前述の五部門がさらに細かなカテゴリーに分けられ、建築には新たに都市設計部門が設けられるなどの拡大措置が図られた。大会で実際に使用されたヴィルスのスタジアムは事前に計画が公表されていたが、これは建築部門にのみ許された例外的な措置であった。またこの大会では、第一次世界大戦を経てストックホルム大会以来一六年ぶりに復帰したドイツが総計二九個中八個の金メダルを獲得する活躍を見せた。当時ドイツではまだナチスは政権の座に就いておらず、オリンピックの招致にもこぎ着けていなかったが、この活躍は一九三六年のベルリンオリンピックを先取りしていた観がある。またこの大会の受賞作品はアムステルダム市立美術館で公開されたのだが、それらの作品はカテゴリー別ではなく国別に展示された。この展示は、ドイツ人のナショナリズムを大いに刺激したことだろう（ちなみに日本は、そのベルリン大会で藤田隆治が絵画種目絵画部門、鈴木朱雀が絵画種目素描・デッサン部門で銅メダルを獲得した一方、音楽種目にエントリーした山田耕筰が入賞を逃した記録が残っている）。

また参加者の多くがいわゆるプロであったことから受賞作品は売買の対象とされ、多くの作品が実際に売買された。ところで、現在でこそプロに門戸を開放し、多くのトップ選手が参加しているオリンピックだが、当時の参加資格はアマチュアに限定され、選手が競技によって報酬を得ることは固く禁じられていた。一九七四年にオリンピック憲章から削除されるまで大会を強く規定していたこの厳密なアマチュアリズムもまた、創始者であるクーベルタンの強い意向に由来している。貴族出身の彼は差別的な選民思想の持ち主でもあり、参加資格をギリシャ人の男子に限定していた古代オリンピックに倣って、近代オリンピックの参加資格を有閑階級の青年に限定し、労働者階級の青年を排除しようとしたのである。だが同様の資格制限を、これまた彼が実施を熱望した芸術競技にあてはめることは不可能であった。このように、アマチュアリズムとの矛盾を解消できなかったこともまた、芸術競技廃止の遠因となったのである。

4　ベルリン大会とオリンピアシュタディオン

一九三六年のベルリンオリンピックがヒトラー率いるナチスドイツのプロパガンダに活用されてきたことについては、既に様々に指摘されてきた。例えば、大会の開催ムードを盛り上げるために、オリンポスで採火された聖火がその後数か月をかけてリレーされ、開会式の日に聖火台に点灯される聖火リレーが初めて導入されたのもこの大会だ。スポーツ全般が不得手であったヒトラーはその観戦も好まなかったため、自分が権力の座に就いた時点で既に決定していたオリンピックの開催権を返上することも検討したとされるが、結局はオリンピックの絶大な宣伝効果に着目し、開催を決断した。この翻意に関しては、例えば二年前の一九三四年に自国開催のサッカーW杯を巧みに政治利用したムッソリーニの影響を指摘することができるだろう。

　この大会のメインスタジアムとなったのが、今も現存するオリンピアシュタディオン［fig.3］である。このスタジアムが建つベルリンの西郊約一〇キロの地に初めてスタジアムが建設されたのは一九一三年のこと。一九一六年の第六回夏季オリンピックの開催地としてベルリンが選出されたため、そのメイン会場として収容人員六万五〇〇〇人のドイツシュタディオンが建設されたのである。しかし結局、第一次世界大戦によって大会そのものが中止されたため、このスタジアムがオリンピックに使用されることはなかった。

　一九三一年のＩＯＣ総会で一九三六年のベルリンオリンピック開催が決定する。一九一六年大会の開催を逸したベルリンにとっては二〇年ぶりの捲土重来であった。これを受けて、当時の社会民主党政権は老朽化しつつあったドイツシュタディオンの改修を計画し、ドイツシュタディオンを設計したオットー・マルヒの息子で、同じく建築家のヴェルナー・マルヒにそれを依頼した。しかし一九三三年、ナチ党が総選挙に勝利し、ヒトラーが政権の座に就いたことによって状況は一変する。オリンピックを格好のプロパガンダの機会ととらえたヒトラーはドイツシュタディオンを取り壊して新たなスタジアムを新設することを決意、マルヒに

fig. 3　オリンピアシュタディオン（Berlin, 1936）

豪華なスタジアムを設計することを命じる。その結果、オリンピック開幕直前の一九三六年八月一日に竣工したのが前述のオリンピアシュタディオンであった。▽4

工費を惜しまない方針のもと、オリンピアシュタディオンはバイエルン州特産のリーダースドルフ石をふんだんに用いた豪華なたたずまいとすることが決定された。スタンドには一三六本の石柱を立て、古典様式の二層式のアーケードを設けた。このスタジアムの収容人員は七万五〇〇〇人と当時世界最大級を誇り、またスタジアムの周辺には多くの関連施設が建てられることになった。これは、このスタジアムが単体ではなく、大規模なスポーツコンプレックスとして構想されていたためであった。もちろん、ナチスが政権を獲得する以前に父オットーの縁故でスタジアム設計者に指名されていたマルヒが、単独でこれほど大規模な事業を構想したわけではない。この壮大な計画は、ヒトラーと親密な関係にあった或る大物建築家の存在があって初めて可能なものであった。アルベルト・シュペーアその人である。

5 アルベルト・シュペーアと「世界首都ゲルマニア」

アルベルト・シュペーアの名は、ナチス政権時代に軍需大臣として抜擢されるなど、ヒトラーの寵愛を一身に受けた建築家として知られている。カールスルーエ、ミュンヘン、ベルリンの三都市の大学で建築を学んだシュペーアは、青年時代に当時頭角を現しつつあったヒトラーの巧みな演説に魅了されてその主張に共感し、折よく宣伝大臣を務めていたゲッベルスの知遇を得てヒトラーに接近する。

　よく知られているように、かつて入学を熱望していたウィーン芸術アカデミーの入試に合格できなかったヒトラーは、権力の座に就いた後年、ロマン派に代表される「大ドイツ芸術」を称揚する一方、モダニズム芸術を嫌悪するなど、自らの芸術への嗜好を露にするようになる。建築家志望であったヒトラーにとって、シュペーアは自らの理想を具現化する建築家であったばかりか、一〇歳以上も年少で意見しやすい存在でもあり、ナチスが政権を奪取して間もなく、当然のようにいわゆる「お抱え建築家」の座に収まることになった。

　ヒトラーから全幅の信頼を寄せられ、「帝国首都建設総監」の肩書を与えられた▽5シュペーアが構想したのが「世界首都ゲルマニア」計画である。これは、ドイツの首都ベルリンを文字通りロンドン、パリ、ローマなど他国の大都市を凌駕する「世界首都」にふさわしい威厳あるたたずまいに改造しようという都市計画である。ヒトラーの強い要望を受け、シュペーアはそのデザインに着手することになった。

　実現しなかった「世界首都ゲルマニア」だが、その計画は図面と模型によってうかがい知ることができる。▽6市街の中心部をそれまでのメインストリートであったフリードリヒ通りに代わる約五キロの南北縦貫道が貫いており、また南端には飛行場の設置が予定されていた。一方東西も両方向に二本のメインストリートが横断する計画であった。当時のベルリンのシンボルであった戦勝記念塔の移築は、実現した数少ない計画の一つである。そしてもちろん、この図面の中にはオリンピアシュタディオンも配置されている。シュペーアはオリンピアシュタディオンをこの都市計画の起点として位置付けていたのである。

ちなみにマルヒは当初オリンピアシュタディオンをガラス張りの隔壁を持つコンクリート構造のモダンなスタジアムとして建てる予定だったが、そのことを知ったヒトラーは「俺はこんなスタジアムには足を踏み入れない」と大層不機嫌だったという。▽7 その後マルヒは大きく計画を変更するのだが、この変更にシュペーアが深く関わっていたことは言うまでもない。オリンピアシュタディオンは大会終了後も現在に至るまで活用されており、最近だと二〇〇六年のサッカーW杯決勝戦の舞台となったことが記憶に新しい。観客席を覆う大屋根は、その大会に際して増設されたものである。

シュペーアにはさらに壮大な構想があった。ニュルンベルクの大通り南東部に建設が計画されていた収容人員四〇万人のドイツスタディオンである。オリンピアシュタディオンの収容人員が七万五〇〇〇人、史上最大のスタジアムとして知られるブラジルのエスタジオ・デ・マラカナンでさえ二〇万人（スタンド崩落事故のため、現在は八万人に縮小されている）なのだから、四〇万人という収容人員はもはや妄想の域に達していた。シュペーア本人は、この巨大なスタジアムを一九三五年にアテネのパナシナイコススタジアムを訪れたときに着想したものだと述懐している。ニュルンベルクは一九三三年以降ナチが毎年党大会を開催していた都市であり、党大会の会場であるツェッペリン広場に設けられた一五〇基のサーチライトから光の柱が起立する荘厳なスペクタクルはレニ・リーフェンシュタールの映画『意志の勝利』（一九三五）などを通じてよく知られているが、ベルリンオリンピックの成功に気をよくしたヒトラーは、ここを舞台にさらに大規模なスポーツ大会の開催を構想したのである。もっとも、一九三七年のパリ万博において、ドイツ館パビリオンでの模型展示を通じて周知されたその計画は、戦局の悪化に伴い一九四三年に中断されてしまった。ナチス政権の閣僚だったシュペーアは第二次大戦後に戦争責任を問われ、ニュルンベルク裁判で禁固二〇年の判決を受ける。本章でも参照しているが、ナチス政権時代の詳細な記録として知られる回顧録は、長期の獄中生活の間に執筆されたものである。

6　ミュンヘン、モントリオール、北京

ドイツで再度オリンピックが開催されたのは、一九七二年のミュンヘンにおいてである。このときもまた、市街の北郊にオリンピアシュタディオンが建設された。設計したのはギュンター・ベーニッ

シュとフライ・オットーの二人である。特にオットーは吊り屋根や被膜構造を駆使した作風で知られる構造家であり、そうした彼の作風を反映してか、スタジアムには観客席の一部にクモの巣のような屋根がかかっており「ベドウィンのテント」の異名で知られている。大会終了後、長らくバイエルン・ミュンヘンとミュンヘン1860という二つのサッカークラブの本拠地として使用されていたが、二〇〇五年に翌年のドイツW杯の会場として建設されたアリアンツアレーナにその座を譲った。現在、スタジアム周辺はオリンピック公園として市民の憩いの場となっている。私も数年前に現地を訪れたことがあるが、スタジアムが今なお原型を保っている半面、人影もまばらで閑散とした様子だったことが印象に残っている。

続く一九七六年のモントリオールオリンピックは、当時小学生であった私がテレビで多くの競技を視聴した初めての夏季大会である。そのメイン会場であるオリンピックスタジアムは、スタジアムに覆いかぶさるように立つ斜塔から放射状に延びるケーブルによって屋根が吊るされている構造に大きな特徴があるが、財政難のために工事が遅延し、この斜塔の建設が大会本番に間に合わなかったことが当時のテレビ中継でしきりに話題になっていたことを今でも鮮明に思い出す。

ちなみにモントリオールは、パリ、ロンドンと並んでオリンピックと万博をともに開催した実績のある数少ない都市の一つであり、スタジアムは一九六七年に開催されたモントリオール万博の会場であったジャン・ドラポー公園に隣接して立地している。二〇一二年の秋、万博についての調査のために現地を訪れた私は、時間の余裕を見てこのスタジアムにも足を延ばしたのだが、現在はオリンピックの時にはなかったドーム式の屋根に覆われていること、斜塔の竣工が一九八七年とオリンピックの一〇年以上も後であったこと、これが現在は高さ世界一の斜塔としてギネスブックに認定されていることなどを知り、何とも驚いたことがある。

近年では、二〇〇八年の北京オリンピックで使用された北京国家体育場が印象深い。設計者の選定に当たっては二〇〇二年にが実施され、その結果ミニマルな作風で著名なスイスの建築家ユニット、ヘルツォーク&ド・ムーロンの案が当選した。「鳥の巣」の異名で知られるこの白いスタジアムは中国出身の現代アーティスト艾《アイ》未《ウェイ》未《ウェイ》が芸術顧問を務めていたことでも話題になったが、艾はオリンピックが政治的なプロパガンダに過ぎないと気がついたことを理由に顧問を辞任し、開会式への欠席を表明するなど、オリンピックから撤退してしまった。艾はその後も政府に対する批判を繰り返し、その結果二〇一〇年には長期の自宅軟禁という事態に発展する。大会終了後は馬術競技などに活用されている「鳥の巣」だが、二〇二二年に北京冬季オリンピックの開催が決定したことに伴い、その開会式にも使用される予定である。

東京オリンピックの開催を翌年に控えた二〇一九年一一月末、新国立競技場が竣工した。このスタジアムの建設に至る経緯に関しては様々な議論があるが、それらを俯瞰する視点を得るために、ここではまず建設地である明治神宮外苑におけるスタジアムの歴史を振り返っておこう。

この一帯に初めて出現したスタジアムが、一九二四年一〇月二五日に竣工した「明治神宮外苑競技場」[fig.4]である。一九一二年の明治神宮の造営から一二年後のことであった。言うまでもなく、明治神宮は明治天皇を祀るために造営された神社であり、その外苑に建設された競技場はその一部ということになる。これは、競技場が聖徳記念絵画館や憲法記念館と並ぶ神宮の基幹施設の一つとして位置付けられていたことを

fig. 4　明治神宮外苑競技場（*Tokyo, sports center of the Orient*, Tokyo Municipal Office, 1934）

意味する。

現在、明治神宮外苑はしばしばスポーツの「聖地」と言われるが、恐らくこの形容は、神域という立地条件に加え、多くの神社に奉納相撲用の土俵が設けられている風習の影響とも考えられる。西洋から導入されて日の浅い近代スポーツを伝統的な相撲と同様の「神事」とみなすに当たって、同じく歴史の浅い明治神宮は、諸々の因襲と無縁な何とも都合のよい場所だったに違いない。[▽8]

「明治神宮外苑競技場」の敷地は約二万坪、西側はメインスタンドに、他の三面は芝生席によって囲まれており、その収容人員は三万五〇〇〇人と大規模なものだった。グラウンドは陸上競技の他、サッカーなどの球技にも使用できる多目的なものであったが、このうち野球とラグビーに関しては、後年に建設された明治神宮球場と秩父宮ラグビー場にその役割を譲ることになった。

明治神宮外苑競技場では、国内向けの大規模なスポーツ大会である明治神宮大会をはじめ、各種の国際大会が開催された。黎明期の日本の屋外スポーツは、おそらくほとんどこの競技場で何らかの大会が開催されたものと推測される。関東大震災によって工事が中断され、戦時中には学徒出陣の壮行会が開催され、また終戦直後には進駐軍に接収されナイルキニック・スタジアムと改称されるなど、時代の波にも翻弄された明治神宮外苑競技場は一九五二年になって取り壊された。

8　幻の一九四〇年東京オリンピック

一九一二年のストックホルム大会でオリンピックに初参加を果たした日本は、一九二八年のアムステルダム大会で二個の金メダルを獲得するなど、その競技実績を着実に向上させ、それと並行して国民のオリンピックへの関心も大いに高まり、いつしか東京オリンピックの開催が待望されるようになった。一九三〇年、日本学生競技連盟の山本忠興《ただおき》は東京市長の永田秀次郎に宛てて「東京オリンピックは開催可能である」との調査報告書を提出、これを受けて永田は、一九四〇年大会招致への立候補を表明する。これは、ちょうどこの年が神武天皇の即位を起点とする皇暦にして紀元二六〇〇年の節目に当たるため、オリンピックをその奉祝行事の目玉に位置付けたいという強い意向によるものだった。熾烈な招致合戦の末に、ベルリンオリンピックを直前に控えた一九三六年七月のＩＯＣ総会で、四年後にアジア初の東京オリンピックが開催されることが決定した。

開催決定を受けて結成された組織委員会は早速開催準備に着手するが、最大の懸案の一つがメイン会場であった。東京都内で唯一、大規模な国際競技大会の開催実績のあった明治神宮外苑競技場はスタンドが西一面しかない上に収容人員も明らかに不足していたからである。組織委員会はこのスタジアムの客席を増築して収容人員を一〇万人に拡張することを計画するが、明治神宮を管轄する内務省神社局が敷地不足と神域である周辺景観への悪影響を理由にこれに強く反対し、計画は暗礁に乗り上げてしまう。

組織委員会は急いで代替建設地を探し、最初は代々木の練兵場に目をつけるが、今度は陸軍がこれに反対して頓挫、最終的に荏原郡駒沢町の駒沢ゴルフ場跡地に決定する。現在の駒沢オリンピック公園である。ここにスタジアムを新設することを決定した組織委員会は、明治神宮外苑競技場の改築を担当する予定であった東京帝大教授の岸田日出刀《ひでと》にそのまま設計を依頼した。以前から神宮外苑は狭すぎるから他の広い会場に建設すべきと主張していた岸田にとって、この決定は渡りに船であった。

実は岸田は、一九三六年のベルリンオリンピックを視察し、メイン会場であったオリンピアシュタディオンにも足を運んでいた。岸田は三年間の滞日中に工芸指導に当たっていたブルーノ・タウトらのモダニズム建築を称賛する一方で、シュペーアの大袈裟な建築についてはしばしば批判していた。▽9 そのシュペーアの采配で建てられたオリンピアシュタディオン

fig. 5　駒沢オリンピック競技場（東京, 1938）

の威容を目の当たりにした岸田は、これを上回るスタジアムを設計してみせるという意欲を大いに刺激されたことだろう。

岸田の設計した「駒沢オリンピック競技場」がいかなるものかは、残された図面からうかがい知ることができる［fig.5］。数万坪はあろうかという広大な敷地の右にはメインスタジアム、左には水泳競技場が配され、その間には中央広場が、上部には選手村と練習グラウンドが設けられている。スタジアムの観客席は常設六万二〇〇〇人、仮設部分まで含めれば一一万人とオリンピアシュタディオンを上回る世界最大級の規模を誇っていた。とはいえ、当時の日本の経済力と技術力から考えて、三八年の建設決定からわずか二年でこれほど大規模なスタジアムを建設できたかどうかは甚だ疑わしい。着工したらほどなく、物資の不足のため大幅な規模縮小に追い込まれていたのではないか。実際にも、日本を取り巻く国際関係が急速に悪化したことを受け、同年の閣議決定によってオリンピックは「返上」され、スタジアムの建設は実現しなかった。

9　一九六四年東京オリンピックと「国立競技場」

戦後になって明治神宮外苑競技場は老朽化のために取り壊され、政府はその跡地に新たな競技場を建設することを決定する。新たな競技場の名は「国立霞ヶ丘陸上競技場」、長らく「国立競技場」の略称で親しまれた施設である［fig.6］。政府が新たな競技場の建設を計画したのは、一九五八年に第三回アジア競技大会が東京で開催されることが決定したため、そのメイン会場として新たな施設が必要となったからである。一九五六年に完成したその基本設計を担当したのは、関東地方建設局の角田栄と片山光生であった。

設計に当たっては、平時の収容人員は五万人だが、仮設スタンドを増設すれば最大一〇万人まで収容できること、「風致」に配慮して神宮本殿側のスタンドを低くすること、グラウンドは当時の国際規格に即した長径一八〇メートル、短径一二〇メートルの楕円形とし、八レーンのトラックの内側のフィールドをサッカー用コートが設けられる大きさとすること、スタンドを疑似楕円形とすることなどが留意事項であった。最大一〇万人を見据えた仮設スタンドの増設やサッカー用フィールドの確保は、明らかに近い将来のオリンピック開催を見越しての措置である。アジア大会は、いわばオリンピックの前哨戦だったのである。一九五六年の年末に始まった工事は、一九五八年三月に完了した。既に、アジア大会開幕は二か月後まで迫っていた。

私はこのスタジアムが建設される様子を収めた記録映画を見たことがある。▽10 その映像はセピア色に

fig. 6　国立霞ヶ丘陸上競技場（東京，JSC ホームページ）

くすんでいて、さすがに約六〇年という時間の経過を感じずにはいられなかった。ちなみにこの映画を制作したのは、スタジアム建設を主導した大成建設である。後に触れるように、新国立競技場のコンペでも同社の動向が注目されていたのは、このような歴史的な背景もあってのことだったのである。

一九六四年一〇月、東京オリンピックは予定通りに開催された。国立競技場は一〇日の開会式と二四日の閉会式の他、陸上競技や馬術競技、サッカーの決勝戦などに使用され多くの国民を熱狂の渦に巻き込んだ。またオリンピック終了後も、このスタジアムは多くの大会に使用された。個人的には、いずれもテレビ観戦したに過ぎないが、カール・ルイスが男子一〇〇メートルで当時の世界新記録をマークした一九九一年の世界陸上、日本代表がサッカーW杯本大会初出場を決めた一九九八年フランス大会のアジア最終予選、同所で開催された初の格闘技興行である二〇〇二年の「Dynamite!」における吉田秀彦対ホイス・グレイシー戦などが記憶に残っている。

だが、「聖地」の形容にふさわしい名勝負、名場面には事欠かない一方、国立競技場が建築やデザインの面で話題になることはほとんどない。オリンピックから約半世紀経過した現在、建築やデザインの面から言及の対象となる施設と言えば、代々木体育館（正式名称は国立代々木屋内総合競技場）や日本武道館である場合が圧倒的に多いのだ。オリンピックのための新設ではなかったこともあるが、やはり丹下健三や山田守のような有名建築家の作品ではなかったことが決定的だったのだろう。実際、このスタジアムにはこれといって際立った特徴がなく、既に取り壊されてしまった今、私はそのディテールをほとんど思い出すことができない。もっとも、スタジアムに強い個性がないということは、観客にとっては視覚を遮られることなく競技に没入し、感情移入しやすいということでもある。今にして思えば、その無個性なたたずまいもこのスタジアムがしばしば「聖地」にたとえられた理由の一端だったのかもしれない。

オリンピック終了後も長らく使用され続けた国立競技場だが、二一世紀以降は老朽化に加え、二〇〇二年のサッカーW杯に使用できないなど、現行の国際大会の基準に適合しないことも多くなったため、オリンピックの招致活動に合わせる形でスタジアムを建て替えることが決定され、それに伴い二〇一四年五月三一日に閉場、五〇年以上におよぶその歴史を終えた。

10　新・新国立競技場——選定の経緯とそのデザイン

そして二〇一九年一一月末、二〇二〇年東京オリンピックのメイン会場となる新国立競技場が竣工した。周知のとおり、このスタジアム建設は、二〇一二年に実施された国際コンペでザハ・ハディドの案が当選したものの、工期や工費、周囲の景観への配慮などを問題視する様々な批判が噴出、二〇一五年に安倍晋三首相の「ゼロ・ベース」発言で当選が取り消され、それからほどなくおこなわれたやり直しコンペで隈研吾らの案が当選するという経緯によって実現したものだ。以上のうち、ザハ案の当選から取り消しに至る経緯およびその背景に関しては、拙著『オリンピックと万博』（二〇一八）で既に私見を述べたので、ここではやり直しコンペの経緯について少し立ち入って考えてみたい。

二〇一五年八月二八日、ザハ案の白紙撤回に伴うやり直しコンペの実施要項が発表された。このコンペの大きな特徴は「公募型プロポーザル形式」、すなわち設計者と施工者が一体となったビルドインデザイン方式での応募を義務付けたことである。これは、本番までの工期が限られており、デザインを決定した後で施工者を募ったのでは間に合わないのではないかという判断のもと、短期間で竣工にこぎ着けるための苦肉の策であった。とはいえ、現在の日本でこのスタジアム建設を受注できる施工者は鹿島建設、清水建設、大成建設、大林組、竹中工務店のスーパーゼネコン五社に限られると考えられ、このいずれかとタッグを組めなければコンペに参加することは事実上不可能だ。最初のコンペの際にもプリツカー賞の受賞歴やスタジアムの設計実績などを条件とする参加資格の厳しさが問題視されたが、結果的にやり直しコンペの参加資格はそれ以上にハードルが高かったのである。加えてこのやり直しコンペでは、木材を活用すること、日本らしさを表現すること、日本語でプロポーザルを書くことなど、前回はなかった応募条件が新たに設けられ、応募資格は事実上日本人建築家のみに限定されていた（磯崎新はこの制約を「「日の丸」排外主義《ショービニズム》」と厳しく批判している）[▽11]。案の定、再挑戦の意向を示していたザハをはじめとする多くの建築家が参加を断念、応募はA案とB案のわずか二つにとどまった。その応募者は、A案＝大成建設＋梓設計＋隈研吾建築都市設計事務所［fig.7］、B案＝伊東豊雄建築設計事務所＋日本設計＋竹中工務店＋清水建設＋大林組であった［fig.8］。

この二つの案を対照したとき、いかなる点が相似していて、またいかなる点が相違していると言えるだろうか。まず相似点として挙げられるのが、両者がいずれも「杜のスタジアム」をコンセプトとして掲げていることだ。これは、異例のやり直しコンペのため工期や工費が逼迫していたことに加え、風致地区という立地や新たな追加条件などの厳しい制約もあって、導き出せるスタジアム像が自ずと限られていたことに起因する。これまた両者に共通する渋谷川の再生という提案も、同様の制約から生まれてきたものだろう。

逆に相違点として挙げられるのが、隈と伊東のコンペに対する温度差である。そもそも隈は「僕なんかお呼びじゃないと思った」と最初のコンペには参加しておらず、やり直しコンペに関しても、「一緒にやりましょう」という大成建設からのアプローチによって参加を決断したことを語っている。大成建設が隈を指名したのは、恐らく「アオーレ長岡」「豊島区役所」で協働したときの縁によるものだろう。また隈は参加を決断した理由として、ザハ案に象徴される「反建築ブ

fig. 7, 8　新・新国立競技場やり直しコンペA案（右）とB案（左）（「技術提案書」より建物部分を抜粋, 2015, JOC ホームページ）

ーム」への危機感と丹下健三の代々木競技場に憧れて建築家を志したことも挙げている。一九五四年生まれの建築家らしいエピソードと言えるだろうか。

一方の伊東は、最初のコンペに参加したことに加え、当選したザハ案への批判が高まりつつあった時期には、まだ解体されていなかった旧競技場の具体的な改修計画も提案するなど、より積極的な姿勢を示していた。伊東は一九四一年生まれで、前回の東京オリンピックをキャリアのスタートを目前に控えた大学四年生の時点で迎えている。約半世紀を経て回ってきた次の東京オリンピックを、今度は自らのキャリアの集大成として意識していたのかもしれない。

次に両者のデザインにはどのような違いがあるだろうか。両者を見比べたとき、まずA案は形状が楕円形であること、観客席を白い屋根が覆っていること、スタジアムの周囲を三層の木の庇が取り巻いていて、その上に緑が植えられていることなどが目を引く。自然素材をふんだんに使っているのは、環境に負荷をかけない「負ける建築」を標榜する隈らしいアイデアというべきか。なお屋根の一部に見られる骨組の露出は、前回のコンペに参加して最終一一候補まで残った梓設計の応募案にも共通する特徴であり、これを参考にした可能性も考えられる。

一方のB案は、A案に比べて形状はより円形に近く、観客席を覆う白い屋根もよりフレキシブルで、開口部から赤いグラウンドがのぞくなど、内と外の対比を強く意識している印象を受ける。またスタジアムの周囲を七二本の木の柱が取り巻いているのが目を引くが、このアイデアが採用されたのは構造計算の結果に加えて縁起のよさも理由だという。繰り返すが、伊東は最初のコンペにも参加しており、その案は最終候補の一一案中最高の技術点を獲得していた（伊東は最初のコンペの際にも、自分の提案は諸々の厳しい条件をすべてクリアしていたことを自負していて、「条件をすべて満たそうと思ったら僕らの提案のようなものにしかならない、誰がやってもああいうものになる」[13]と思っていたため、当選したザハ案をはじめとする多くの案が法規も周辺環境への配慮もそっちのけだったことに唖然としたという）。再コンペの案はそのときのデザインをさらに技術的に洗練し、また日本の伝統建築を強く意識したブラッシュアップを試みたものであった。

二〇一五年一二月二二日、ＪＳＣは審査結果を開示しＡ案の当選を発表した。この結果は大方の予想通りであった。というのも、今回のやり直しコンペでは、旧競技場の事業主体にしてザハ案のスタンド工区担当であり、一部資材も発注済みであった大成建設の動向が大きなカギを握っていて、その大成建設が名を連ねているＡ案の方が有利であるとの予想が支配的だったからだ。そのことを承知の上でコンペに挑んだ伊東は、自らの立場を「アウエー」と称していた。とはいえ、もちろんそれは憶測にすぎず、その事実がどれだけ審査に影響したかはわからない。

公開された合計点は、Ａ案六一〇対Ｂ案六〇二と僅差であった。内訳としてはコスト、工期が二五二対二二八、業務の実施方針が一一二対一〇四でＡ案が、逆に施設計画は二四六対二七〇でＢ案が上回っている。Ａ案は機能面での、Ｂ案は計画面での評価が高かったことがうかがわれる。

この得点を念頭において、あらためて両者を比較してみよう［表1］。明らかにA案が勝っている点は二つある。一つはスタジアムの高さで、A案の約四九メートルに対してB案は五四メートル。いずれもザハ案の約七〇メートルからは大幅に低くなっているが、風致地区である明治神宮外苑の立地条件を考慮すればより低い方が望ましいのは言うまでもない。もう一つが三層式の観客席で、二層式のB案に比べてレイヤーが一つ多い分トイレや売店を多く設けることが可能であり、その分だけ観客の利便性も高い。六万八〇〇〇席から最大八万席への観客席の増設という点でも、開放的な構造のA案の方がより平易なのではないか。

一方、先にB案の七二本の柱の縁起のよさについて書いたが、これは五行思想や二四節気にちなんだものだという。A案も法隆寺を踏まえているとはいえ、周辺環境を強く意識した神道的な演出という点ではB案

		A案	B案
コンセプト		杜のスタジアム	
工期		3年0か月 2016.12–2019.11	2年10か月 2017.02–2019.11
総工費	億円	約1490	約1497
年間維持費	億円	—	約31.1
高さ	m	49.2	54.3（庇高36）
建物径	m	—	296×229
建築面積	m^2	7万2406	6万6203
延床面積	m^2	19万4010	18万5673
階数		地上5／地下2	地上3／地下2
スタンド		3層式	2層式
座席数		（五輪）約6万8000 （最大）約8万	
練習用走路		80m×6レーン	6レーン
耐震		制震構造	免震構造
特徴		木材を用いた屋根	72本の柱と二四節気
共通点		大型ビジョン2基、渋谷川の再生	

表1　新・国立競技場やり直しコンペ案対照表

に軍配が上がるだろう。ユニバーサルデザインに関しても、スロープの多いB案の方が勝っているように思われる。また両者の大きな特徴として、A案は制震構造、B案は免震構造を採用していることが挙げられるが、その違いは必ずしもデザインには反映されていないようだ。

再度得点を比較すると、「事業費の縮減」や「工期短縮」といった機能に関わる項目の配点が高く、逆に「ユニバーサルデザインの計画」や「日本らしさに配慮した計画」といった計画に関わる項目の配点が低いことがわかる。私見では「杜のスタジアム」によりふさわしいB案の演出に一日の長があるように思われるが、全体の配点を念頭に置けば、高配点の項目で評価の高かったA案の当選は順当であったと言っていい。だが、「工期短縮」で二七点もの大差がついたことはさすがに腑に落ちない。この差が結果を決定付けたのだからなおさらだが、残念ながらその理由は明らかにされていない。

ここで気になるのが、A案の三年に対して、B案は二年一〇か月と工期が二か月短く設定されていることだ。B案には工期短縮のための新しい技術的な提案が盛り込まれているとのことだが、ひょっとしたらその分だけ、かえって実現の可能性が低いと思われてしまったのではないか。チャレンジの姿勢が逆にリスク回避の判断を誘導してしまったのだとしたら何とも皮肉な話である。

結果はもちろん、十分な情報が開示されなかったことに対しても伊東は不満を隠さなかった。[▽14]その不満はいたって当然のことと思うが、今さら結果が覆るわけでもない。竣工前に私は何度か現場を訪れたことがあるが、近隣で拙著の取材に応じた二〇一八年三月の時点ではまだ、数年後にここでオリンピックが開催されるという予見は希薄だった。[15] 新海誠の『天気の子』(二〇一九)にも登場したあの白いスタジアムは果たしてオリンピック開催前の姿だったのだろうか。

11 Form follows function

あるインタビューで、隈は自らのA案を機能優先、B案を形態優先と称していた。先に参照した審査結果はこの見立てに対応するものでもあったわけだが、私がそうであったように、この見立てから「形態は機能に従う」というルイス・サリヴァンの言葉を思い出す読者もいるのではないだろうか。審査結果に託けるわけではないが、この言葉は少なからぬ示唆を孕んでいるように思う。

オリンピックとはまずもってスポーツの国際競技大会であるが、スポーツとはそれぞれ個々のルールに則って進行し審判の判定によって勝敗を争う性質のものである。当然、その会場であるスタジアムに求められる役割も決まっており、その役割に資するデザインは自ずと限定されてくる。主役はあくまで選手であって、スタジアムの役割は選手がベストのパフォーマンスを発揮できる環境を提供することにある。過度なデザイン上の自己主張によって、選手のパフォーマンスの障害となったり、スタンドで(あるいはテレビの画面越しに)パフォーマンスを凝視している観客の視線を妨げたりするような事態は、可能な限り避けなければならないのだ。このことを念頭に置けば、デ・ステイルの造形理念に忠実だったオリンピスフ・スタディオンがいたって機能的なスタジアムであったこと、また作家性が希薄でデザイン的にはごく平凡なスタジアムであった国立競技場が長らく「聖地」として親しまれた一方、逆に強烈な作家性を主張していたザハのスタジアム案がこれまた強烈な拒否反応を招いたことなどは合点がいく。

Form follows function. シンプルで合目的的な機能主義を推進し、逆に過度な装飾を戒めるものとして、ことあるごとに繰り返されてきたこのモダニズム建築の常套句は、単に今回のやり直しコンペの結果のみならず、本章で検討してきた数々のオリンピックスタジアムの在り方に対してもそっくり当てはまるものなのではあるまいか。オリンピックスタジアムの系譜をたどる今回のささやかな試みは、実はありふれた常套句の再確認でもあったのかもしれないと思い至った次第である。

▽1 古代オリンピックの概要は〈古代ギリシャ――時空を超えた旅〉展図録（東京国立博物館、二〇一六年）による。

▽2 〈人類学の日〉に関する数少ない研究の一つとして、宮武公夫「人類学とオリンピック――アイヌと一九〇四年セントルイス・オリンピック大会」（『北海道大学文学研究科紀要』第一〇八号、二〇〇二）が挙げられる。

▽3 詳細は吉田寛「近代オリンピックにおける芸術競技の考察――芸術とスポーツの共存（不）可能性をめぐって」（『美學』第五七巻二号、二〇〇六年）を参照のこと。

▽4 後藤健生『世界スタジアム物語――競技場の誕生と紡がれる記憶』ミネルヴァ書房、二〇一七年、一四八頁。

▽5 アルベルト・シュペーア『第三帝国の神殿にて――ナチス軍需相の証言』（上）、品田豊治訳、中公文庫BIBLIO、二〇〇一年、一四一頁。

▽6 「世界首都ゲルマニア」の図面は、例えば Léon Krier, *Albert Speer architecture 1932–1942* (The Monacelli Press, 2013, pp. 52–57) を参照のこと。

▽7 シュペーア『第三帝国の神殿にて』（上）、一四八頁。

▽8 後藤健生『国立競技場の１００年――明治神宮外苑から見る日本の近代スポーツ』ミネルヴァ書房、二〇一三年、一一一頁。

▽9 「ナチスの建築では、古典建築に最もよく表れてゐるギリシャの端正荘重、またはローマの豪壮雄大な表現を意図して、建築の記念性を特に強調しようとしてゐる。だがギリシャまたはローマの古典の再現を目標にしてはゐるけれど、ただそのままの模倣ではなく、仮りに個展の建築に壮麗といふやうな要素があるとしても、ナチスの建築ではさうしたものは努めて避けられてゐる」という評言はその典型だ。岸田日出刀『扉』

（相模書房、一九四二年）「ドイツの建築」「ナチスの建築」、引用は〈メディアとしての建築——ピラネージからEXPO'70まで〉展図録（東京大学総合研究博物館、二〇〇五年）による。もっとも、シュペーアを手厳しく批判していた岸田だが、彼の設計したスタジアムには明らかにオリンピアシュタディオンから影響を受けたと思しきディテールが散見されることも指摘しておこう。詳細は藤井素彦「岸田日出刀、あるいは作らない建築家」（『インポッシブル・アーキテクチャー』五十嵐太郎監修、平凡社、二〇一九年）を参照のこと。

▽10 『国立競技場』（監督：服部茂、大成建設、一九五八年）。この映像は解毀編、建設編、完成編の三部構成だが、このうち解毀編と完成編が〈記録映画アーカイブ・プロジェクト第五回ミニワークショップ「一九六四年東京オリンピックと建築」〉（東京大学大学院情報学環福武ホール、二〇一五年一一月二七日）で上映された。

▽11 磯崎新『偶有性操作法《コンティンジェンシーマニュアル》——何が新国立競技場問題を迷走させたのか』青土社、二〇一六年、一〇五頁。

▽12 隈研吾『建築家、走る』新潮文庫、二〇一五年、二四六頁。

▽13 伊東豊雄『日本語の建築——空間に平仮名の流動感を生む』PHP新書、二〇一六年、二九頁。

▽14 同前、五〇頁。

▽15 『日本経済新聞』二〇一八年三月二四日付朝刊読書欄を参照のこと。

I

03

バランスをとること

ゲルハルト・リヒターとブリンキー・パレルモの
ミュンヘンオリンピックのスタジアムへの提案をめぐって

鈴木俊晴
Toshiharu SUZUKI

はじめに——カッセル、一九五五、五九年

一九五四年のサッカー世界選手権での優勝は新しい国家としての西ドイツのアイデンティティ形成に大きく寄与した。「俺たちもまた一人前になった」。その翌年、カッセルではじめてのドクメンタが開催される。第二次世界大戦後の「奇跡の経済復興」を背景に、戦後一〇年を経て西ドイツの文化は再び息を吹き返そうとしていた。

この五五年のドクメンタと会期を合わせるように、同じカッセルの街で「連邦庭園博（Bundesgartenshau）」が開かれていた。独自に軽量建築の研究を進めていた構造建築家のフライ・オットー（一九二五—二〇一五）はそこではじめての代表作となるテント［fig.1］を設置している。屋外演奏場として設けられたスパン一八メートルのこの慎ましやかなテントは、「規模こそ小さいが、エンジニアリングの塊」[▽1]だった。そもそも鉄骨を用いたドーム構造など、ＲＣ構造による建築ははじめ一九二〇年代のドイツでその可能性が開かれたのだが、一九三〇年代以降ＲＣ構造が普及する中でドイツは存在感を発揮することなく、むしろ周知のように擬古典主義的な建築へと後退していく。その意味でこのオットーのささやかなテントは戦後ドイツの軽量構造へのアプローチの再出発を示す一例であり、また同じくオットーが手がけた一九六七年のモントリオール万博での西ドイツ・パヴィリオンにて、そして一九七二年のミュンヘンオリンピックのスタジアムにおいて結実する実験的なケーブルネット構造の出発点で

あった。

　ところで、一九五九年、二回目のドクメンタを訪れた画家ゲルハルト・リヒター（一九三二―）はそこで強い衝撃を受ける。当時すでに東ドイツのドレスデンのアカデミーを出て、主に公共建築の装飾画を手がけながら、プロの作家として独り立ちしていた画家は、明らかに優勢なアメリカ美術を紹介するこの国際展での体験を次のように思い起こしている。


そのまったくの破廉恥さといったら！　それが私を惹きつけ、強い印象を残したのです。ほとんどこれらの絵画が私が東ドイツを離れた理由と言えるほどです。私のあらゆる思考方法にどこか間違ったところがあると気づいたのです。▽2

　一九六一年に西ドイツのデュッセルドルフに移ったリヒターは西側の美術の「破廉恥さ」への批評的距離感と、画家の社会的役割を模索しながら、自己の表現を徐々に確立し、やがてミュンヘンオリンピックのスタジアムの装飾プログラムを提出することになる。

　一九五〇年代のカッセルですれ違ったオットーとリヒターは、ミュンヘン

fig.1　フライ・オットーによるカッセルの屋外演奏場（1955, 現存せず）

のオリンピックを機に再び接近して、またすれ違う。本章では、リヒターの六〇年代のフォト・ペインティング《高飛び込み選手 I》[CR43]▽3に見られるスポーツと美についての批評性を確認したのち、リヒターがミュンヘンオリンピックに際して友人のブリンキー・パレルモ（一九四三―一九七七）とともに考案したスタジアムの装飾プランを、そもそものスタジアムの、ひいては一九七二年のオリンピックが背景としていた理念と照らし合わせることによって、その重なり合いとすれ違いを検討する。それは戦後ドイツにおいてなにかしらの表現をなす際の「バランス」を検討することでもある。

1　ミュンヘン、一九七一年――リヒターとパレルモ

ミュンヘンの市立美術館であるレンバッハハウスを訪れると、主に一九世紀以降の絵画のコレクションを並べた一角に、唐突に、壁に絵画の掛かっていない、ぽかんとした空間が現れる[fig.2]。壁はオーカーに塗られ、二つの彫刻が――二つの頭部が、目を瞑ったまま、向かい合わせに――置かれている。ゲルハルト・リヒターとブリンキー・パレルモ。

かたや、東ドイツのドレスデンで画家としてのキャリアを築きはじめたものの、東西の国境が封鎖されるすんでのところで西側へと渡り、デュッセルドルフで再び学生となったリヒター。彼はジグマ

ー・ポルケやコンラート・リューク（フィッシャー）らと資本主義リアリズムを標榜し、ジャーマン・ポップなる作品を展開していた。六〇年代後半にはすでに画廊などでの個展も多く、注目の存在だったことがうかがえる。

かたや、同じく東側のライプツィヒに生まれながら、早くから西側に移り、デュッセルドルフでヨーゼフ・ボイスのもとで学んだパレルモ。師の影響を多分に受けながら、マレーヴィチやモンドリアンといった二〇世紀前半の作家たちのモダニズム絵画への憧れを日常的な素材の中に昇華するような作品を手がけていた。経歴も年齢も違う二人の作家は、しかし、特別な友情を結び、同時期に布をモチーフとした作品を手がけるなど、制作における近しい行き来はもちろんのこと、いくつかの共作的な作品を残している。

一九七一年にミュンヘンの画廊で発表されたこのパレルモによる（彼の典型的な）壁画と、リヒターによる（珍しい）立体作品は、周到なコラボレーションというよりは即興的に企てられたようだ。ちょうどバイエルン州の建物の外壁の典型的なオーカー色を内側に取り込むことで空間を反転させ、さらにそれを、壁や床を頼りにするのではなく、几帳面にも水平と垂直を出しながら純粋な幾何学的形態として空間に浮かべる

fig. 2　彫像：ゲルハルト・リヒター《パレルモの空間のための二つの彫刻》（1971, 2 パーツ, 174 × 20.3 × 25.4 cm, Catalogue Raisonné: 297-1, ブロンズ, 台座）, 壁画：ブリンキー・パレルモ《無題》（https://www.gerhard-richter.com/en/art/other/sculptures-65/two-sculptures-for-a-room-by-palermo-5814〔2019/12/30〕）

パレルモの手法を幾分加味するように、リヒターは目を瞑る二人の頭部を向かい合わせに設置している。それはまるでデスマスクのようだが、あたかも筆跡のように残る手の跡が、この頭部が単に型を取って出来上がったものではないことを示している。

外側と内側を逆転させるパレルモの壁画と、どこか現実に背を向けるように沈思しながら、単純なネガポジの反転ではないやり方で、外側に訴えかけるリヒターによる二つの頭部。リヒターはのちにこの試みについて、次のように振り返っているが、確かにここには、お互いの手つきを呼応させながら、この世界における芸術家のあり方についてのステートメントを認めることもできるだろう。

目を閉じた二つの肖像彫刻、ああいう作品は冗談とか戦略的な理由でつくったわけではありません。もっと本質的なことが問題でした。つまり価値を認め合うということです。あらゆる時代精神に逆らって芸術を作り続けるパレルモという人間の、そして画家の価値を、私は認めていました。当時はとても孤立感が強かったので、まだ誰か絵を描く人がいる、自分と同じ考えの人がいるというだけで嬉しかったのです。▽4

そうしたアプローチは、例えば一九七〇年の同画廊での二人の作品の共同の展示にもより明示的なかたちで現れている［fig.3］。画廊の窓の左右に三点の作品が並んでいる。左にリヒターのカーテンとトイレットペーパーを描いた二点［CR75-1］。パレルモの壁画的作品《グレーの角》が一点。パレルモはここでやはり最寄りの空間の窓を手がかりにしながら、しかしそこに完璧に沿うのではなく、むしろ水平と垂直を厳密に出しながら、形態を宙に浮かせ、壁そのものを地とするように、図と地の関係を揺るがせている。一方リヒターは、古くから絵画の寓意であるようなカーテンと、そしてその一方で、丸と円筒と矩形の組み合わせというまるで構成主義的な組み合わせによってトイレットペーパーとを並べ、絵画を描くことそのものと、翻って日常生活そのものを皮肉るようだ。▽5

fig. 3　1971年のシクス・フリードリヒのアパートメントでの展示風景，パレルモ《グレーの角》1971；リヒター《カーテン》1964,《トイレットペーパー》1965（Christine Mehring, *Blinky Palermo*, 2008）

2　デュッセルドルフ、一九六五年——リヒターの《高飛び込み選手Ｉ》

音楽とアルコールをこよなく愛したパレルモは、ボクシングのプロモーターであるブリンキー・パレルモから取られた「あだ名」を除けば、およそスポーツとは縁のない男だった。▽6 一方、リヒターは六〇年代に、けして多くはないものの、《高飛び込み選手Ｉ》[fig.4]を含め、スポーツにまつわる作品をいくつか描いている。

雑多な主題を選別することなく絵画化しているかのように見えるリヒターのフォト・ペインティングが、実のところ慎重に主題が選別されており、彼が東ドイツを離れる際に持ち出した家族アルバムを出発点としてさまざまな媒体から切り出した写真を集積する『アトラス』をイメージソースとしていることはよく知られている。《高飛び込み選手Ｉ》であれば、『アトラス』の一四番目、つまりかなり初期の段階のシートに、この高飛び込みの女性選手が写った——書籍の切り抜きだろうか——写真が掲載されている[fig.5]。両者を比較してみれば、文字の書き込み位置が異なるものの、リヒターがこの切り抜きをほとんどそのままに、フォト・ペインティングの典型的な様式、つまりグレーの階調で、少しピントがボケて見えるように描き出していることがわかる。

リヒターは一九六二年に、机＝テーブル（タブロー）の上にグレーの不定形な筆致を塗り重ねる、つまり絵画を肯定しつつ否定もするという、絵画制作についての両義的な姿勢を示す作品に作品番号一番を与え「公式な」画業の出発点としている〔CR1〕。それは異なる次元（レイヤー）を重ね合わせるという作家の「基本モデル」の原点としてたびたび言及されているが、[▽7] 作品番号の二番目として描かれたのがフィギュアスケートの選手だったことはほとんど見過ごされてきた。

一九六二年の《スケート選手》〔CR2-1〕は、一九五〇—六〇年代にかけて活躍したマリカ・キリウスとハンス＝ユルゲン・ボイムラーというフィギュアスケート・ペアの競技中の写真から引き写されたもので、画面から血が滴るような赤い絵具が目を引く。ペアを描いてはいるものの、男性側は背景の黒とほとんど一体化しており、片方の足だけがそこから降ろされているため、あたかも女性スケーターの運動のみが示唆されているように見えることに留意しておきたい（ドイツ語タイトルも単数形の《Eisläuferin》

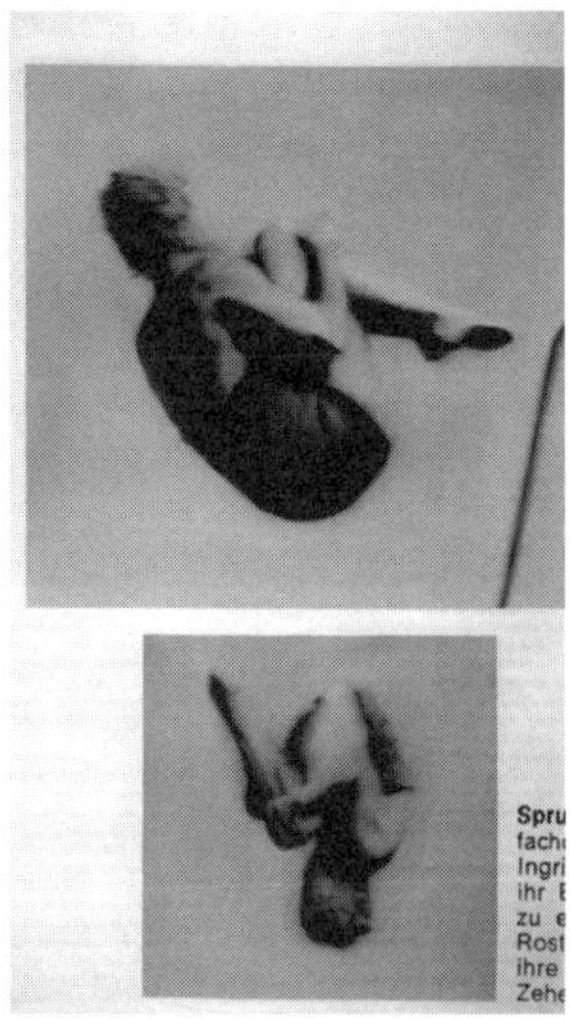

fig. 4　ゲルハルト・リヒター《高飛び込み選手 I》（1965, 190 × 110 cm, カンヴァスに油彩）
fig. 5　ゲルハルト・リヒター《アトラス シート 14》（1964-1967, 66.7 × 51.7 cm, 新聞や書籍からの切り抜き, ミュンヘン市立レンバッハハウス美術館）

であり、キリウスのみが描かれていることが示されている)。

ほかにスポーツの主題としては、東京オリンピックでのアメリカ女子高飛び込み選手団を描いた《水泳選手》(一九六五)[CR90]や、六六年と六七年の体操選手を描いた作品などが挙げられる[CR112, 156]。前者は競技中ではなく記念撮影のような集合写真を描いており、後者もまた、競技というよりはむしろレクリエーションの一場面のように見える。いずれにせよ、リヒターが取り上げているフィギュアスケート、高飛び込み、そして体操といったスポーツの主題が、タイムを競ったり、競争相手と対峙する競技ではなく、技術的な難易度と美しさを競うものであることは——とりわけ一瞬のうちに姿を変転させる高飛び込みと体操は——瞬間を切り取る写真の真実性やそれがもたらす美について、そして現代における芸術家のあり方について考察するにうってつけの主題だったはずだ。

リヒターはこの時期、たとえば下着の女性を描いた《オリンピア》[CR157]▽8を含めて、女性の姿を通しての理想的な美についてアプローチしようとする作品群に続いて、山岳を描いた風景画などを手がけているが、それらが、ナチス時代の傑出した映像作家であったレニ・リーフェンシュタールによるいくつかの映画、たとえば山岳映画の『青い光』(一九三二)や一九三六年のベルリンオリンピックを記録した映画『オリンピア』(一九三八)に見られるような、ファシズムの美学によって作り上げられた美と崇高の効果をあらためて検討するような作業でもあったことを考えれば、点数が限られているとはいえ、ここでスポーツの主題が果たした役割の重要性は自ずと了解されるだろう。▽9

理想的な身体を示す古代ギリシャの彫像が現代のアスリートの姿に緩やかに移り変わる有名なシーンからはじまるリーフェンシュタールの『オリンピア』。その第二部『美の祭典』において、高飛び込みは、男女ともに、趣向を凝らした演出によるハイライトシーンの一つとして名高い。さまざまな角度から撮影された高飛び込みの選手が、スローモーションで重なり合い、やがて円状のサーチライトに置き換わり、一つの中心へと結実する『美の祭典』のクライマックス。リーフェンシュタールはダイバーの伸びやかな姿を、スローモーションやスーパーインポーズといった映像表現だからこそ可能な方法で見るものを魅了する映像を作り上げたが、リヒターはあえて屈み込んだ姿勢のダイバーの姿を、分析するように一枚のカンヴァスの中に繰り返すことで、いつまでも重なり合うことのない分割されたままの図像として提示し、リーフェンシュタールの健全で魅力的な美しさを示す映像に対してささやかな抵抗を試みていると言えるだろう。▽10 ただし、リヒターは『美の祭典』を直接引用しているわけではない。ここに描かれているのは、一九六〇年のローマオリンピックで金メダルを獲得した、リヒターと同じドレスデン出身のイングリット・クレーマーの競技中の写真である。リヒターはここで大きな歴史と小さな個人史を重ね合わせている。▽11

また、この同じような二つのものの組み合わせは、のちのリヒターの作品にいくつも見ることができる一つの原型であることも見逃してはならない。後述するカラー・チャートのシリーズやプレキシグラスを用いたグレーの作品、あるいは海景画や影の作品など、ほぼ同質ながら違っているものを並置し、その可能性を示すための絵画というのはリヒターの作品に通底する観念であるが、その最初期の例が《高飛び込み I》だった。その並置にはもちろん批判的な効果が期待されているのだが（リヒター曰く「視覚は我々に事物を認識させはするけれど、同時にそれが現実の認識を限定し、部分的に不可能にしてしまうというジレンマ」）▽12、それが身体あるいは運動と美にまつわるモチーフからはじまっているのは興味深い。そこには先述したリーフェンシュタールの映像の効果を検証する意図があるだろうし、さらに言えば、この作品のしばらく後にリヒターが描くことになる《エマ（階段を降りる裸婦）》（一九六六）［CR134］に明らかなように、この下降するダイバーは、回転体（車輪！）であることも含めて、デュシャンへの言及とも読むことができるだろう。▽13 二〇世紀の芸術家たちが、写真、連続写真、そして動画へと展開するイメージの運動から刺激を受けて絵画を変化させてきたとしたら、一九六〇年代のリヒターはその流れをあえて写真まで逆巻きにし、イメージの真実性を問うところから作業を再開しているのである。

ところで、《高飛び込み選手 I》の矩形が二つ並ぶ画面は、マレーヴィチの、たとえば《Painterly Realism of a Boy with a Knapsack - Color Masses in the Fourth Dimension》（一九一五、ニューヨーク近代美術館）などを思わせなくもない。そしてさらなる連想が許されるなら、この《高飛び込み選手 I》と《トイレットペーパー》とを比較してみたい。先ほど『アトラス』の一四番目のシートを眺めたが、そこでイングリット・クレーマーは不思議とトイレットペーパーの写真と並んでいる。くるっと回って、下に落ちて行こうとする高飛び込みの動きと、やはりくるくる回転しながら下方へと降りる紙が、いずれはトイレに「着水」するトイレットペーパーの「運動」。リヒターはここで、自らの絵画の一つのライトモチーフを得ながら、マレーヴィチなどの初期近代の作家へ熱中するパレルモら学友を揶揄するように、そして同時にスポーツにまつわる美と崇高の文脈を引き寄せながら、むしろデュシャンの便器よろしくそれを低級化し、あたかも使用済みのトイレットペーパーのように流し去ろうとしていると言えるだろう（奇遇なことにリーフェンシュタールは一九七〇年代に「ダイバー」へと転じることになるのだが、それはまた別の話である）。このように全方向的に否を突きつけながら、その隘路にリヒターは絵画を成立させようとしていた。そしてその姿勢は、作品の表れは違えど、この時期親しく交わった「同じ考え」[14]を持っているパレルモとも共有されていただろう。

3　ミュンヘン、一九七二年――ベーニッシュとオットーによるミュンヘンオリンピックのスタジアム

一九六六年、一九七二年のミュンヘンでのオリンピック開催が決まる。一九三六年に開催されたベルリンオリンピックがすでに政権を掌握していたナチスのプロパガンダ色の強いものとなってしまった反省から、七二年のミュンヘンでは国家としての西ドイツは後景へと押しやられることとなった。

ヴィリ・ダウメ〔ミュンヘンオリンピックの西ドイツ国内委員長〕とその仲間たちは大会中、国家主義的色彩を弱めようと、国旗ではなく、パステル調のオリンピックの旗を街のいたるところに翻させることにした。新生ドイツは警察国家ではないということを強調するため、警備員には趣味のよい空色の制服を着せ、武器は携行させなかった。ダウメはそれについてこう言っている。「われわれは悲壮感や勇壮感を表すような色は避けた。われわれが選んだ色は、平和と、くつろいだ明るさを表す色だった。〔……〕ミュンヘン・オリンピックは、建築、風景、色彩の戯れにすっかり囲まれているようにした。〔……〕総じて、招致国をではなく、オリンピックのスポーツを前面に出すように努めた[15]」。

「スポーツと芸術の出会い[16]」を謳うこのオリンピックは、通常の青・黄・黒・緑・赤の五色ではなく、チーフデザイナーのオトル・アイヒャーによる、緑に水色と青の寒色三色、黄色とオレンジの暖色が二色の五色の組み合わせを全体の基調とし、ミュンヘンの街に並ぶポスターにはマックス・ビル、トム・ウェッセルマン、荒川修作、デイヴィッド・ホックニーといった国際色豊かな芸術家たちが、各種の競技を、あるいはオリンピックの理念を表すような抽象的な図柄をさまざまに描いていた。そこでは、単一の理想的な美や、開催国であるドイツの文化的特徴は周到に退けられている。会期中には会場でさまざまな地域から招聘された劇団による多様な演劇プログラムが組まれ（寺山修司の天井桟敷も招聘されている）、祝祭がナショナリズムへと陥らないよう、あえて批評的な視点を内在するような設定がなされていた。

したがって、開催決定と前後して構想された、ミュンヘン郊外の大型スタジアムに水泳場などを備えたオリンピアパークもまた一九三六年との相違が意識された。多数の応募案を集めたコンペを勝ち抜いたのはシュトゥットガルトを拠点としていたベーニッシュ&パートナーズ。ギュンター・ベーニッシュと構造家ハインツ・イスラーによる、丘陵の勾配に寄り添うようなメインスタジアム、スポーツ・ホール、そして水泳場が一続きのケーブルネット構造で繋がり、ランドスケープが空中に浮遊する、脱中心的で、実験的な、軽やかな佇まいは、「蜘蛛の巣」と揶揄されるような異様さをたたえながら、今日でもなお祝祭的かつ親しみやすい光景を生み出している［fig.6］。

一九三六年のベルリン・オリンピックのスタジアムの垂直に伸びるモニュメンタルなゲート［fig.7］に対し、ミュンヘンのオリンピアパークの軽やかなテントを支えるポールは垂直には立たず、むしろそれぞれバラバラに、バランスをとるように張り出している。透明な幕もまた、そのそびえ立つような高さを誇示することなく、むしろ存在を消すかのようだ。一九六四年の東京オリンピックがはじめてテレビで世界中に同時放映され、メディアとしてのオリンピックの先鞭をつけたとしたら、この一九七二年はあらゆる記録がコンピューターによって瞬時に計測され、記録された、ネットワーク・テ

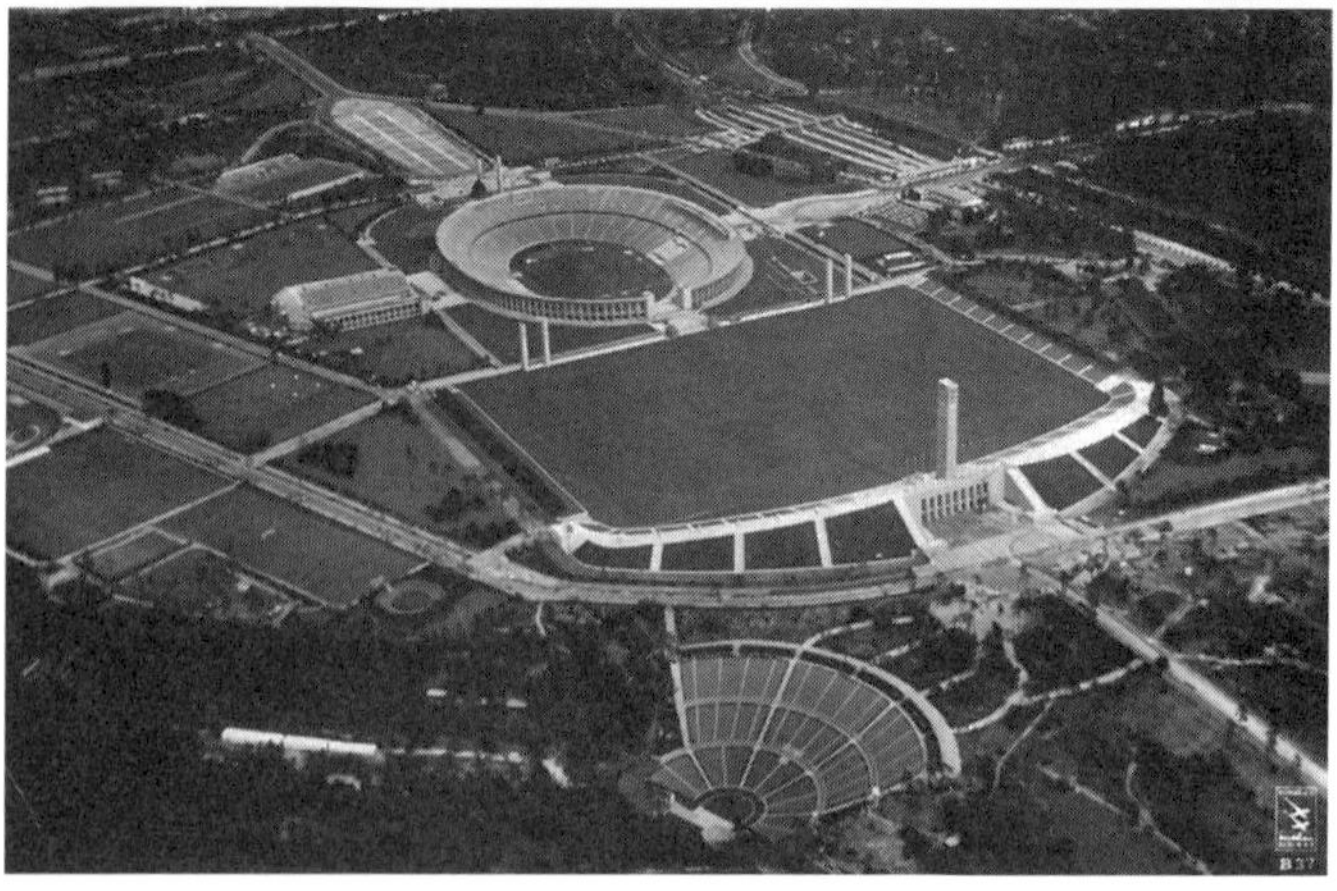

fig. 6　ミュンヘンのオリンピアパーク（Olympiapark München. Anlagen und Bauten für die Olympischen Spiele, 1972, http://www.behnisch-partner.de/projects/sports-facilities/olympia-park-munich〔2019/12/30〕）
fig. 7　ベルリンの帝国オリンピアシュタディオン（Berlin, 1936）

クノロジーとしてのオリンピックでもあった。それはこの競技場の透明なネットワークとしてのあり方とも通じている。ベーニッシュは当時を振り返って次のように述べている。

私たちはミュンヘンのオリンピアパークの建築を「状況建築（situation architecture）」と呼んでいました。〔……〕状況建築とは次のようなものです。つまり、建築による解決は状況にあり、それに由来する。状況において作用している諸力を通じて。私たちは、まずもって目には見えない世界にあるこれらの力を、あるいはこれらの力がなす星座のようなものを、目に見えるかたちとしてこの世界に存在させようとしました。▽17

全体においても部分においても、その最終的な形状を決定するのは諸力の「バランス」であり、決定的な、単一的な理念や力を前提とはしていない。「私たちの外側にあり、私たち固有の問題を相対化してくれる、課題や風景、そして状況との接続方法を私たちに示してくれる」▽18とベーニッシュは語るが、このバランスは「外側」によって決定され、ナチスの「血と土」▽19のように固有の問題を固有のものとして追究するのではなく、むしろそれを相対化しようとすることで保たれるのである。

この理念に基づくプランを実現させたのが、戦後、軽量構造について独自の研究を深めていたフライ・オットーだった。オットーは先述の一九五五年のテント構造を手がけたのち、六〇年代に入ると、生物の骨格の誕生プロセスに関心を寄せ、生物学者との共同研究によって、張力構造と形態の関係性について独自の知見を深めると、一九六四年にシュトゥットガルト大学内に設けられた「軽量構造研究所」の所長として招かれる。その一年後には一九六七年のカナダ・モントリオール万博に向けて西ドイツ館パヴィリオンの設計を任されることになる。オットーが大規模なケーブルネット構造をはじめて実現させたのはこの機会だった。

オリンピックのスタジアムを提案するにあたって、ベーニッシュらはこのオットーによるパヴィリオンが念頭にあったのだろうが、より大規模で複雑なミュンヘンの計画を自力で実現することができず、主催者側の紹介でオットーがチームに参画することになる。それによって、ベーニッシュらが設定したスタジアム建築の理念とオットーの工法が見事に共鳴し、ひいては戦前のベルリンを反省する機会としてのミュンヘンのオリンピックスタジアムが具現化されることになった。それは一九五五年のカッセルのテントがそうだったように、やはり高度なエンジニアリングの結晶だった。オットーは、半ば建築家を揶揄するように、かたちを実現するための「バランス」の厳格さについて次のように語っている。

人がコントロールできないかたちの世界と関わりを持つには、自分の意志をはっきりと持つことが必要です。多くの建築家はそれを、あれこれの形を作り出すことができる、ということだと信じてしまいますが、それは間違っています。私たちの仕事においてはいかなる自由度も存在しません。[20]

4　ミュンヘン、一九七二年――リヒターとパレルモのスタジアム装飾プラン

リヒターやパレルモらドイツの若手作家に限らず、ダン・フレイヴィンやウォルター・デ・マリアといったアメリカの若手作家を紹介していたミュンヘンの画廊ハイナー・フリードリヒは、ベーニッシュの事務所とつながりがあったようで、その推薦だろうか、一九七〇年の秋頃に彼らはみな新しい競技場のために作品を提案している。ただし、それは非公式なもので、結果的にはいずれの提案も実現することはなかった。

リヒターとパレルモも連名でスポーツ・ホールと水泳場のガラス壁面を装飾する案を提出している。[21]はじめにスポーツ・ホールの案［fig.8］を眺めてみると、一九六六年にはじまったリヒターの「カラー・チャート」シリーズとの類似は明らかで、事実この着想については主にリヒターが担当したことがわかっている。「カラー・チャート」は市販の色見本から数色を選び、そのまま拡大して、複数の色面を並べるシリーズで、一九六六年に一〇色の組み合わせからはじまると、一九七四年まで断続的

に手がけられ、ついには四〇九六色にまでいたることになる。壁面塗装用のラッカーによって均一に仕上げられたそれぞれの色彩が、あくまで偶然で無作為に見え、[22]どの色も突出しないよう、全体のバランスを考え抜いて設定されている。こうしたミニマルな作品について、一九六〇年代半ばに相次いでドイツで紹介されたカール・アンドレらアメリカの作家たちからの影響を見ることもできる。そしてそれらをリヒターに知らせたのは、誰でもないパレルモだった。

「カラー・チャート」はそもそも、特定の意味を持たないものの、システマティックに無限に展開することができるという点で、リヒターにとって「大いなる希望」[23]であると同時に、また全てを混色していけばいずれはグレーになる、という意味で、ほぼ同時期にはじまった「何も意味しない」[24]グレー・ペインティングと対極をなしている。そこではペインティングについての希望と絶望が、あるいは何かについて希望を持ったり、絶望したりすることそのものが検証されている。

スタジアムの装飾案では、その「カラー・チャート」が大きく引き伸ばされて空間を覆っている。残されたラフなスケッチを見る限り、とりどりの色彩が不規則に、できる限りランダムになるように配置されている。実現していれば、それを見上げる私たちの目線はあちこちの色彩に移ろい、そして、教会のステンドグラスのように差し込む自然光が、色彩を伴って屋内を祝祭的に彩ったことだろう。

リヒターはこの時期、スケールの大きなイメージが備えてしまう崇高さと、その内実を問うようなインスタレーションを構想していた［fig.9］。先ほどの《高飛び込み選手 I》が身体やスポーツを通しての美と崇高とを、イメージの歴史性と個人的文脈とを重ね合わせながら検証していたとしたら、この巨大な「カラー・チャート」は、あるイメージが、たとえ内実を伴わなくとも、モニュメンタルなスケールで実現したときに帯びてしまう別の効果や意味を問うているだろう。そこで念頭にあったものはおそらく、ナチスの妄想的に巨大な建築群であり、そして一九三六年のスタジアムを飾ったような、ヨーゼフ・トーラクやアルノ・ブレイカーによる巨大な人物像だったはずだ。

一方、パレルモが担ったとされる水泳場のガラス面［fig.10］はといえば、水色と金色の帯が水平に走っている。パレルモがたびたび展示される場所性から色彩を選んでいたことを思えば、この水色は、まずもってプールの水の青が念頭にあっただろうし、あるいは当局がオリンピックの場にはあえて打ち出そうとしなかった西ドイツ選手団の色彩、またはそのもととなったバイエルン州旗の色をも思わせる。美術史に参照項を求めるならばマティス晩年の切り絵《ス

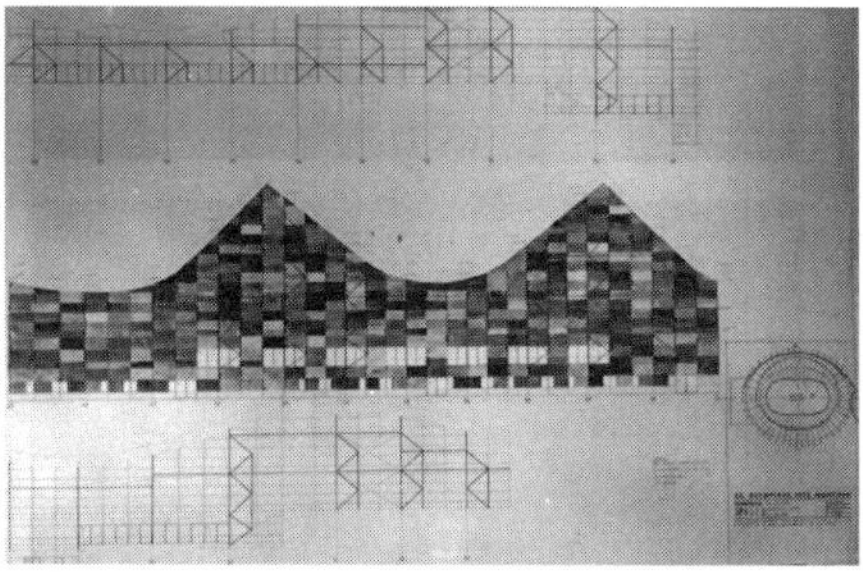

上：fig. 8　《ゲルハルト・リヒターとブリンキー・パレルモによるスポーツ・ホールのガラス面への提案》（1970, 素材・技法・寸法不明, Christine Mehring, *Blinky Palermo*, 2008）
下：fig. 9　ゲルハルト・リヒター《部屋　アトラス　シート 234》（1971, 36.7 × 51.7 cm, ミュンヘン市立レンバッハハウス美術館）

イミング・プール》（一九五二）の色の組み合わせを挙げることもできるだろう。あるいは、ここには水色と金色だけではなく、その先に広がる空の青と、丘陵地の緑の色彩をも取り込もうとする意図があったのかもしれない。とすると、ここでパレルモはアイヒャーによるミュンヘンオリンピックの五色のシンボルカラーを展開している可能性もある。ともあれ、リヒターとは違って半分ほどを無着彩のまま残したパレルモのプランは、たとえば内から外を眺め遣るときに、立ち位置によって色彩の帯はその様相を刻一刻と変化させたことだろう。そこでは、先に紹介したようなパレルモの壁画的アプローチ、つまり内側と外側とを、あるいは図と地とを反転させる効果はいささか弱いものの、その境界を巧みに揺るがせていると見ることができる。

　このプランで強調されている水平性について、ちょうどリヒターが「カラー・チャート」を手がけはじめる頃に、パレルモもまた同じく色彩をテーマにした、既製品の布を組み合わせた布絵画と呼ばれる作品を制作していることを思い出しておきたい［fig.11］。先述のようにマレーヴィチやモンドリアンといった作家への憧憬から作品を制作していたパレルモは、同時代のアメリカのミニマル・アートへの関心も高かった。パレルモの布絵画は、そうした先行する作例に

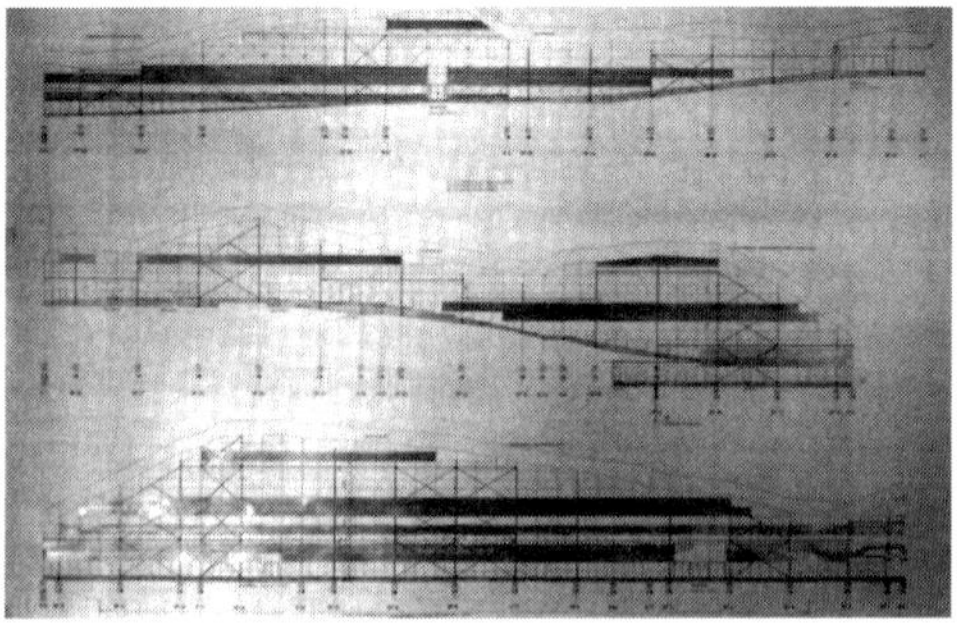

fig. 10 《ゲルハルト・リヒターとブリンキー・パレルモによる水泳場のガラス面への提案》（1970, 素材・技法・寸法不明, Christine Mehring, *Blinky Palermo*, 2008）

倣いながら、レディメイドであり、かつ純粋な平面性を備える布を用いて、描くことなく絵画を成立させるという、極めてコンセプチュアルな成り立ちの、早世の作家を代表するシリーズだった。[▽25] そこではいくつかの例を除いて、ほぼ全ての作品が二メートル四方の、二枚ないし三枚の布を水平に組み合わせた「バランス」によって絵画が成立している。絵筆を用いることなく、機械によって編まれた布がそのままに純粋な色彩として機能し、絵画として生み出されるその手つきは、マレーヴィチやモンドリアン、そしてバーネット・ニューマンやマーク・ロスコといった画家たちの作品が備えている超越性とは無縁である。そこでは、彼らの垂直性が日常的なマテリアルの水平の積み重ねへと組み換えられている。パレルモによるミュンヘンのスタジアムへの提案もまた、プールという水平的な場に重ねるように色の帯が用いられている。

この両者の提案をお互いの展開の中に置いてみれば、人為と非人為の、主体による判断の是非の、その「バランス」の置きどころは、ベーニッシュの求めた建築のあり方はもとより、オットーの目指したエンジニアリングの目指すところとにわかに呼応する。オットーは軽量構造のために生物の骨格などにも関心を持ったエンジニアらしく、より冷徹な言葉遣いで次のように語っている。

fig. 11　ブリンキー・パレルモ《無題》(1970, 200 × 200 cm, コットン, タフタ, 木, 豊田市美術館)

軽量建築構造はすでに完成されていました。人類が現れるよりも前に。それはすでに美的なものだったのです。たとえ人間がそれを目にしていなくとも。▽26

エンジニアリングを追究し、非人間的な諸力のバランスによって匿名的で純粋な美がもたらされるだろうというオットーの期待にはどこか強迫観念めいたところがあるが、それは色見本の無限の組み合わせの中から半ば偶然的にであれ美を引き出そうとする、あるいは引き出す可能性そのものを示そうとするリヒターの「カラー・チャート」や、画家の関与そのものを極小化し、既製品の布の、その「無垢な」色彩の組み合わせに美を見出そうとするパレルモの布絵画にも通底しないだろうか。そして彼らの提案した装飾プランは、その非人間的な諸力のバランスを緩めたり、締めたりしながら、この建築と呼応するものとなっただろう。

しかし結局のところ、リヒターとパレルモの提案は、スタジアムとその周囲を透明に接続し、むしろその姿を消そうとするベーニッシュの建築の意図をそもそも阻害するものであった上に、こうした作品の良し悪し以前に、そもそも非公式な提案かつ、提案した時点ではすでに時機を逸していたという、いかにもお粗末な手続き上の問題のために、ベーニッシュらの事務所からはまともに考慮されることはなかった。

結局のところ、高度なエンジニアリングを駆使してバランスを追究したベーニッシュとオットーのスタジアムは、オリンピックという機会を得て、その理念を具体化するように実現した。それは一九三六年の暗い先例を払拭し、そして戦前からの工業国としての技術的水準の高さを取り戻そうとする集団的な意志が結実したものと言えるだろう。一方、普段はアイロニーを旨とする表現に賭けていた同時代の若い芸術家たちは、時代遅れのメディアになり下がっていた絵画を通して戦後ドイツの置かれた状況をそれぞれに引き受け、個人のありよう、美の判断の基準、その変遷を検証しようとしていた。リヒターとパレルモはミュンヘンのオリンピックスタジアムのために、建物の内と外との間にある透明幕を選び、そこに彼らがそれぞれに取り組んできた作品を展開するような装飾プランを提案した。それはスタジアムの成立に欠かすことのできないエンジニアリングの理念とは部分的に共鳴するものでもあった。しかし、より大きなオリンピックという状況に比してしまえば、画家たちの試みはあまりにも瑣末であり、素朴だった。そこでは、先に確認したようなリヒターの《高飛び込み選手I》が孕んでいたスポーツ、身体、そして美と崇高の関係を検証しつつ、トイレットペーパーのように棄却しようとするような批評的距離が失われ、また、パレルモのいくつかの壁画が備えていた、繊細かつ大胆に内と外との転倒を企てるアイロニカルな現状認識が機能することなく、オリンピックという祝祭の大きな理念に包摂されてしまったことだろう。おそらくそれらは、オリンピックスタジアムのあるいはオリンピックそのものの透明な器に、彼らの信条であるアイロニーとしての楔を打ち込むことはなく、むしろその器を補強し、彩るだけの単なる装飾的な役回りに落ち着いてしまったことだろう。

その器の透明性が実のところ虚像だったことを致命的なかたちで示したのは、会期中の一九七二年九月五日に起こった「黒い九月事件」だった。オリンピックの選手村においてパレスチナの武装組織「黒い九月」がイスラエルの選手団を襲撃し、人質を取って立てこもったこのテロ行為は、結果的に一一人の犠牲者を出しながらも、オリンピック自体は事件の起こった当日一日のみが延期されただけで、当時の会長ブランデージの「オリンピックは止めてはならない」の言葉のもと、そのまま継続された。オリンピアパーク内にて演劇プログラムに参加していた寺山修司は、当局によって会期途中で上演を打ち止めるよう命ぜられることになる。寺山が「芸術的連帯なんて嘘の皮だよ。口を開けば結局、政治的なんだから[▽27]」と言い捨てたように、「スポーツと芸術の出会い」を謳ったミュンヘンオリンピックは、その祝祭の後景で芸術の夢が寒々しく打ち捨てられていくような場でもあった。

それは、スポーツとアートという意味では、つまるところ互いの大きな乖離を示している。より正確に言うならば、ここで乖離しているのはスポーツとアートではない。そこで失われているのは、さまざまな意味での個と集団の間の、ミクロとマクロのバランスとでも言うべきものだろう。その意味で、「バランス」を旨とする建築に、時代遅れの絵画制作を通して別の「バランス」を模索していたリヒターとパレルモの提案が受け入れられなかったというのは、象徴的なことのようにも思える。

終わりに――ケルン、二〇〇七年

パレルモは一九七七年に三三歳の若さでモルジブに客死する。このオリンピアパークへの提案を除けば、およそスポーツとは縁のない男だった。リヒターもまた、これ以降スポーツにまつわる主題とも、また場所とも関わりを持たなかった。しかし、二〇〇七年に完成したケルン大聖堂の南側のステンドグラスの装飾［fig.12］において「カラー・チャート」が回帰する。リヒターは二〇〇四年に再び「カラー・チャート」を手がけはじめるが、それはこのためでもあった。数年の準備期間をかけて完成された九・六センチ四方の七二色の色を占めて、一一二六三枚並べた巨大なステンドグラスは、ラフなスケッチしか残されなかったミュンヘンに比べるまでもなく、高い完成度を示している。「暖か過ぎず、また冷た過ぎず」「色彩に酔うようなことはなく」「できるだけ自然に」「好みとは無関係なものとして、このステンドグラスが「自己理解を促し、毎日のものとなるような」と画家は望んでいるが[▽28]、同時にその抽象的な模様がカトリックの大聖堂にはそぐわないのではないかという強い反発を受けるなど[▽29]、ここでもやはりリヒターは場に寄り添うというよりは、そこに作品をもって批評的に介入しようとしている。

スポーツ施設と教会、この二つの大きな器はまったく異なるように見えて、その実集団的な儀礼の場としてはそう遠くない（事実、今日世界最大の教会であるアメリカのレイクウッド教会はもともと複合スポーツ施設として建設された建物を転用したものである）。この二つの場において、ほとんど形式を変えることなく、そしてそこに込める作家の意図も変わることなく据えられるステンドグラスとは、いったいなんだろうか。

　それは芸術の至上性の発露のようにも思える。あるいはまた、いかなる熱狂にも飲み込まれまいとする意志のようにも。熱気渦巻くスタジアムの中で、ルーティンをこなし、誰よりも平静を保とうとするアスリートのような。ハンス・ウルリッヒ・オブリストはリヒターの制作を「メディウムを扱うにあたっての、日々の、そして批判的な鍛錬（practice）」▽30と評しているが、具象も抽象も横断的に網羅しようとするその姿勢は、あらゆるイメージを検証していくことでバランスをとり続けようとする試みなのだ。では、もう一人のパレルモはどうだったのだろう。彼が制作にあたって手放さなかったものは水平器――どのようなときにもバランスをとり続けるための道具――だった。

fig. 12　ゲルハルト・リヒター《ケルン大聖堂のステンドグラス》(2007, 2300 × 900 cm, Catalogue Raisonné: 900, Genuine antique glass, mouth-blown, Cologne Cathedral, Cologne, Germany)

▽1 小澤雄樹『20世紀を築いた構造家たち』オーム社、二〇一四年、八三頁。

▽2 Interview with B. H. D. Buchloh（1986）in *Gerhard Richter | Panorama: A Retrospective*, exh.cat., Tate Modern; Nationalgalerie, Staatliche Museen zu Berlin; Centre Pompidou, Musée national d'art moderne, Paris, 2009, p. 163.

▽3 本章におけるリヒターの作品についてはカタログ・レゾネから作品番号を付している。Dietmer Elger ed., *Gerhard Richter: Catalogue Raisonné*, vol.1, Staatliche Kunstsammlungen Dresden, Hatte Cantz, 2011.

▽4 ディートマー・エルガー『評伝 ゲルハルト・リヒター』清水穰訳、美術出版社、一九七頁。

▽5 ボイスのパレルモについての次の言葉は、当時のデュッセルドルフの若い作家たちに共有されていた日常への批判的距離を象徴的に示している。

ボイス：それは確かにメッセージだった。確かに彼流の抗議でもありました——、人間の生の形態に対して抗議するという。

グローサー：しかし、積極的に規定することによって。

ボイス：ええ。われわれのここドイツはとてもひどいということが、彼には完全に明白だった。われわれのドイツが一番ひどいかもしれないということが、彼には完全に明白だったのです。例えば、人間がどう生きているのか、住居にどう住んでいるのか、といったことですが。

（「パレルモについて　ヨーゼフ・ボイスとラズロ・グローサーの対話」『7人の作家 Silent Friendship——1960–90's: 7 artists』展覧会カタログ、豊田市美術館、一九九九年、八七—八八頁）

▽6 ブリンキー・パレルモは、一九四三年にペーター・シュヴァルツェとして生を受け、すぐにハイスターカンプ家の養子となる。ブリンキー・パレルモというあだ名はデュッセルドルフのアカデミーに入学してから名付けられた。パレルモについては、鈴木俊晴「ブリンキー・パレルモの〈白に白〉――1970年の白い布絵画について（1）」（『豊田市美術館紀要』一一号、二〇一九年）を参照。

▽7 以下を参照。清水穣『ゲルハルト・リヒター／オイル・オン・フォト、一つの基本モデル』ワコウ・ワークス・オブ・アート、二〇〇一年、Robert Storr, *Gerhard Richter: Doubt and Belief in Painting*, The Museum of Modern Art, 2003, pp.44–45.

▽8 ただし、モデルは異性装者であるとされている。Elger ed., *Gerhard Richter: Catalogue Raisonné*, vol.1, p. 319.

▽9 リヒターはこの頃《Negroes（Nuba）》（一九六四）〔CR45〕をはじめ、集中的にリーフェンシュタールのいくつかの作品から取材している。cf. Mark Godfrey, "Damaged Landscapes," in *Gerhard Richter | Panorama*, pp. 73–89.

▽10 同じくリーフェンシュタールに取材した一九六五年の《Neger II》〔CR61〕も二つの矩形に切り取られていることは興味深い。

▽11 マーク・ゴドフライは《高飛び込み選手Ⅰ》をリーフェンシュタールからの引用であると断定している（Godfrey, "Damaged Landscapes," p. 89, n. 28）が、競技者の姿勢や格好を見る限り、戦後の高飛び込み競技であることは間違いなく、また、背景に覗く手すりのようなものから一九六〇年のローマオリンピックであると考えられる。

▽12 ゲルハルト・リヒター『写真論／絵画論〔増補版〕』清水穣訳、淡交社、二〇〇五年、九八頁。

▽13 リヒターにおけるデュシャンの影響については、清水穣「デュシャンの網膜化――カラーチャート」『ゲル

ハルト・リヒター』展覧会カタログ、金沢21世紀美術館、川村記念美術館、二〇〇五年、六五―七一頁。

▽**14** 註4。

▽**15** デイヴィッド・クレイ・ラージ『ベルリン・オリンピック1936――ナチの競技』高儀進訳、白水社、二〇〇八年、五一四頁。

▽**16** ヴィリ・ダウメは招致にあたってのスピーチで次のように呼びかけている。「ミュンヘンでの競技の最上の目的とは、洋の東西を、旧来の国家と新進の国家とを、そして芸術とスポーツとを連携させるというオリンピックの理念を現実とすることなのです」(*Die Spiele*, v.1, 1972, p. 25)。また、天井桟敷として招聘された寺山修司もその題目が「スポーツと芸術の出会い」だったことを伝えている。寺山修司『死者の書――寺山修司評論集〔新装版〕』土曜美術社、一九九三年、一三四頁。

▽**17** Dominique Gauzin-Müller, *Behnisch & partners: 50 years of architecture*, c.1997, Academy Editions, p. 49.

▽**18** *Ibid.*

▽**19** 「Blut und Boden」。血族的なつながりや、それに基づく文化の継承を、祖国の国土と農耕の営みとに重ねて称揚し祝福しようとする標語。ナチス以前にすでに生まれていたものだが、一九三〇年代に都市部から田園部へと支持層を拡大しようとするナチスによって積極的に用いられた。画家ヴェルナー・パイナーの《ドイツの大地》(一九三三)をはじめとして、芸術作品にもその思想は色濃く反映されている。

▽**20** Josef Kremerskothen und Hoist Rasch Hrsg., *Grosse Architekten Band 1 - Menschen, die Baugeschichte machten*, Gruner + Jahr, 1990, p. 253.

▽**21** リヒターとパレルモによるこのプロジェクトについては、Christine Mehring, *Blinky Palermo: Abstraction of an Era*, Yale University Press, 2008 に詳しい。

▽22 エルガー『評伝 ゲルハルト・リヒター』、一六二頁。

▽23 Cf. "Letter to Jean-Christoph Ammann, February 1973," in Hans-Ulrich Obrist ed., Gerhard Richter, *The Daily Practice of Painting: Writings and Interviews 1962-1993*, Thames and Hudson, 1995, pp. 78–79.

▽24 *Ibid.*, pp. 82.

▽25 パレルモの布絵画については、岡添瑠子「ブリンキー・パレルモの「布絵画」に関する考察」『秋田公立美術大学研究紀要』第五号、二〇一七年、一五–二五頁、および鈴木「ブリンキー・パレルモの〈白に白〉」を参照。

▽26 Kremerskothen und Rasch Hrsg., *Grosse Architekten Band 1*, p. 252.

▽27 瀬戸内晴美「オリンピック見ざるの記」『ミュンヘン・オリンピック』朝日新聞社、一九七二年、一三五頁。なお瀬戸内はミュンヘン入りする前にデュッセルドルフ、ケルン、マインツ、ハイデルベルクを経由しているが、オリンピックにまつわるものはほとんど目立たず、誰もテレビなど見ていない現地の冷めた様子を報告している。

▽28 Georg Imdahl, „Die göttlichen Farbpixel,“ *Kölner Stadt-Anzeiger*, 2007/8/24［https://www.ksta.de/die-goettlichen-farbpixel-13204116］(2019/5/11).

▽29 枢機卿ヨアヒム・マイスナーはリヒターのステンドグラスを「モスクの方が似合うのではないか」と批判し、物議を醸した。"Schlingensief für Jesus," *Süddeutche Zeitung*, 2008/12/16［https://www.sueddeutsche.de/kultur/kardinal-meisner-ueber-moderne-kunst-schlingensief-fuer-jesus-1.767478］(2019/5/11).

▽30 Obrist ed., Richter, *The Daily Practice of Painting*, p. 8.

II

II

04

スポーツ映像の美学と政治

レニ・リーフェンシュタールの『オリンピア』をめぐって

渋谷哲也
Tetsuya SHIBUTANI

1　レニ・リーフェンシュタール没後

レニ・リーフェンシュタールは死後急速に忘れられた存在である。二〇〇二年に一〇〇歳で新作映画を発表して健在ぶりをアピールし、ハリウッドではジョディ・フォスター主演で彼女の伝記映画の製作が公表されていた。しかも話題は華々しいものだけでなく、彼女の過去の否認を強く糾弾する声も上がった。ナチ時代に彼女が製作した『低地』（一九四〇―一九五四）で、強制収容所のシンティ・ロマをエキストラとして使用した責任を認めないとして、シンティ・ロマ協会が彼女を法的に訴えると声明を出した。だが二〇〇三年に彼女が亡くなると、まさに火が消えるように話題は沈静した。彼女はナチスの協力者だったのか、それとも政治に無関心な芸術家なのかという長年の疑問も、本人不在では問う意味も失せてしまった。だがこの問いは実は決着がついていた。彼女がどれだけ声高に自身の潔白を主張しようとも、当時の数多くの資料やニュース映像は、彼女がナチ党の多大な援助を受けて映画を製作したこと、それらの作品でナチスドイツの対外宣伝に貢献したことを明らかにしているからだ。

リーフェンシュタールがナチ体制下で優れたプロパガンダ映画を監督したことは紛れもない事実である。ただ彼女自身は過去の行為について反省や謝罪を頑に拒否し続けた。彼女に与えられた「改悛しない者（Unverbesserliche）」[▽1]という名称は、ナチ時代に関わった者たちの戦後の生き方を的確にいい当てている。戦後ドイツにおけるナチスの過去の克服という課題に棘のように刺さっていたのがリーフェンシュタールの存在だった。彼女の死は、その棘が抜けてドイツの戦後時代が終わるという象徴的事件だったのかもしれない。

リーフェンシュタールは二〇世紀ドイツ史の激動を生き抜いた。とりわけナチ時代を特権的な場所で体験した歴史の証人だ。彼女はヒトラー総統やゲッベルス宣伝相など党首脳と交流しただけでなく、その時代において創造的才能を最大限に開花させ、映画監督としての頂点を極めた。一方で個人としての彼女の発言内容に注目すれば、ナチスのユダヤ人迫害など不都合な事実から目を逸らすなど、当時のドイツ人の典型的な反応を示している。▽2 だがさらなる問題は、彼女が映画作家としての活動においても自己の無実を主張したことだ。彼女はナチ党大会映画『意志の勝利』(一九三五)でさえナチ政権のプロパガンダ映画であると認めようとしなかった。あくまでも作り手の意図は芸術の創造であり政治とは無関係というわけだ。こうしたリーフェンシュタールの非政治的な美の追求者という自己イメージは、彼女をナチスの協力者として誹謗中傷する声と表裏一体となって広まっていった。だがこの二項対立は実際には意味をなさない。彼女の作品が類まれな美を実現していることは、その作品が政治的なコンテクストの中で成立していることと矛盾しないからだ。

リーフェンシュタールが歴史上の存在となった現在、ようやくその生涯と作品について冷静で客観化された考察をおこなえるようになった。その一方、彼女に対する厳しい批判が収まったことで、彼女の演じた非政治的芸術家イメージも歴史化されてゆくことになる。少なくとも戦後ドイツではリーフェンシュタールによるナチス関与の政治的問題性は自明であったが、戦後が遠のくにつれ、彼女自身の歴史修正主義的発言を表層的かつ字義通りに受け取ってしまう危険は大きくなる。それが近年世界で進む排外主義や右傾化の流れに直接影響を与えるものではないかもしれないが、彼女が体現する美と政治の危うい関係性は、現代における政治とメディアイメージの関連においても真摯に取り組むべき重要な課題といえるだろう。

これまでリーフェンシュタールは過剰にナチズムのコンテクストに束縛されてきた。その原因は、ジークフリート・クラカウアーの著書『カリガリからヒトラーへ』による、彼女の初期の映画キャリアである山岳映画をナチスの総統崇拝へと結び付けた議論や、スーザン・ソンタグが論考「ファシズムの魅力」で、リーフェンシュタールの映像原理が一貫してファシスト美学であると主張したことによる。こうした主張に対し、ヌバや水中写真のどこがファシズムなのかという当人からの強い反論も引き起こした。一方、映画『オリンピア』(一九三八)が扱う題材の政治性はまさにグレーゾーンにある。映画自体はナチスドイツにおけるイベントの記録であると同時に、近代オリンピックの理念とイメージを決定付ける。そこでは、スポーツとナショナリズムとメディアに関わるずっと幅広い問題提起をおこないうるだろう。また映画論的にもリーフェンシュタールの撮影や演出のあり方は、ドキュメンタリーにおける映像と現実の関係性を問うだけでなく、そもそもスポーツドキュメンタリーとは何を記録するのかという根本的な問いを投げかける。『オリンピア』は初期のスポーツ映画として映画史上に重要な地位を占める。そこに作品の製作背景や受容をめぐって、ナチスドイツの政治的コンテクストが関わってくる。今日におけるリーフェンシュタールの再評価は、彼女がナチ体制下で高い評価を得た芸術家である事実を自明の前提として受け入れることから始める必要がある。

2　映画『オリンピア』のプロパガンダ性と芸術的評価

『オリンピア』二部作として知られる『民族の祭典』『美の祭典』は、ナチスドイツの政治的メッセージを直接発信するものではないが、ナチスドイツの対外的イメージを高める意図を持った作品であることは明白である。こうした作品を政治的背景から切り離して純粋にスポーツ映像として受容することが可能かどうかは、一見するほど単純な問いではない。そもそもオリンピックが政治と深く関わるイベントであり、とりわけベルリンオリンピックは国際情勢的に極めて危ういバランスの上に成立していたことも事実である。

ＩＯＣにより、一九三六年オリンピックの開催都市がベルリンに決定されたのは三一年のことである。当時ドイツはワイマール共和国時代であった。すでにナチ党が台頭しユダヤ人等に対する暴行は目に見えるものとなっていたが、むしろ国際的なスポーツの祭典を開催することがそうした排外主義的イメージを払拭する絶好の機会となりうるものだった。だが一九三三年ナチ党が政権を握り、翌三四年にはニュルンベルク法の発布によってユダヤ人排斥を始めとした人種主義政策が明白となった。この状況で各国がベルリンオリンピックに参加するかどうかは政治的判断の絡む問題となる。実際にアメリカ合衆国はボイコットを示唆し、結局はＡＯＣ（アメリカ五輪委員会）とナチスドイツとの折衝により、ドイツチームもユダヤ人選手を排斥することなく競技に参加させるという約束のもとに、アメリカの参加が決定された。当初はオリンピックへの関心を持たなかったヒトラーとナチ政権も、オリンピックが持つ国際的なアピール効果に着目し、ベルリンを訪れる海外選手や来客たちにユダヤ人迫害の痕跡を消し去った「クリーンな」ベルリンイメージを提供すべく、街をあげて準備をおこなった。ドイツのオリンピック選手の強化合宿にはユダヤ人選手も加えられたが、そもそも人種主義的な風潮が支配的な中でユダヤ人選手の練習は妨害され、結局のところ本大会出場にいたったドイツ系ユダヤ人選手は二名に過ぎなかった。そうした政治的事情は映画『オリンピア』の監督をしたリーフェンシュタールの責任とはいえないが、結果として映画本編にはユダヤ人選手の活躍は取り入れられていない。この作品がナチスドイツ体制から完全に自由に製作されたものでないことは押さえておくべきだろう。しかも水面下でおこなわれたナチスのユダヤ人選手排除の実例についてほんの一瞬だが映画に写り込んだ部分もある。

それは女子走り高跳びの場面である。ナチスドイツはユダヤ人選手を自国の選手候補に加える必要性から、当時英国で目覚ましい活躍をしていたドイツ系ユダヤ人選手グレーテル・ベルクマンを呼び戻し、ドイツ選手キャンプに参加させた。だが彼女は様々な練習妨害に遭い、最終的にオリンピックへの出場は叶わなかった。大会に出場したのは実際は男性であるが女性として登録されていたドーラ・ラッチェンと、もう一人の女性選手エルフリーデ・カウンである。映画『民族の祭典』の女子走り高跳びの場面では、決勝戦でカウンが他国の選手たちと競い合う姿が見せ場となっている［fig.1］。結果カウンは銅メダルを獲得し、ラッチェンは四位に終わっている。[3] 映画中にはラッチェンの競技シーンは見られないが、フィールド上に一瞬その姿が捉えられる。ラッチェンはベルリンオリンピック以降も女性選手として様々な競技会に出場したが、一九三八年に男性であることが発覚し、受賞や記録は抹消された。もしオリンピック本戦でラッチェンがメダル争いに残っていたとしたら、その跳躍シーンが映画に含まれていた可能性もある。そうなればリーフェンシュタール監督は、ドイツのスポーツ政策の歪な実情を示す映像を本編に取り入れたであろうか？

　映画は映像と音声で成り立つものだが、その映像と音声を生み出した背景事情を切り離して考えることはできない。『オリンピア』の高度な

fig.1　レニ・リーフェンシュタール『民族の祭典』(1938)

撮影技法を称賛する際には、当時リーフェンシュタールが予算と人材をふんだんに投入できた製作環境も視野に入れるべきだろう。結局のところ『意志の勝利』も『オリンピア』も、ナチスドイツの体制下で公式に製作された映画なのだ。その際、プロパガンダという概念の用い方には慎重さが必要となる。つまり作り手に明白なプロパガンダの意図があるかどうかだけでなく、映像が伝える内容のプロパガンダ性、作り手がその内容をどう観客に媒介するかという問題、そして最終的に受け手がどのようにそのプロパガンダを理解するかという様々な位相がある。[▽4] 映画にファシズムのメッセージ性があると論じるにしても、誰の意図であるか、形式と内容、その応用性など多面的なアプローチがありうるだろう。ナチ体制の中で生まれたものはヒトラー式敬礼や鉤十字といった具体的なイメージだけでなく、撮影方法やスペクタクルの演出法、映像のもたらす心理的効果も関わってくる。

ここでスーザン・ソンタグによる一九七四年の論考「ファシズムの魅力（Fascinating Fascism）」の要点を振り返っておきたい。そもそもこの議論は、一九七〇年代にリーフェンシュタールが写真集『ヌバ』でナチ時代の過去の経歴を隠蔽してリバイバルを果たした事情を受けて、彼女の経歴がナチズムと密接な関係にあり、それが作品制作の美的根幹に関わっていることを指摘したものだ。そこでは戦後三〇年近くを経て、過去の真剣な議論も次第に風化し、いまや表層的なファッション要素としてナチスの様々なイメージを消費する風潮が現れたことに警鐘を鳴らすことも目的だった。この不穏なナチ文化の復権の中に、リーフェンシュタールのリバイバルも位置付けられている。彼女の美学がファシスト的であるという点は、ソンタグの考察においては『意志の勝利』の若き兵士、『オリンピア』におけるスポーツ選手、『ヌバ』の部族の若者の強く逞しい身体への憧憬において、彼女の終始一貫した美的態度があるとするものである。

ソンタグの「ファシズムの魅力」は、リーフェンシュタールの美学がそもそもファシズムと極めて高く親和している点を強調する。ファシズムに同調した芸術家は「セリーヌ、ベン、マリネッティ、パウンド」等数々あれど、「ナチス時代には時代にぴたりと同化し、第三帝国の時代のみならず、その没落から三十年をへたのちもファシスト美学のテーマの多くを一貫して表現してきた大物芸術家といえば、リーフェンシュタールただ一人あるのみだからである」▽5。

美しく強靭な身体への陶酔、それはエロティックな要素であるとソンタグは強調する。しかしエロティックな衝動は共同体保持のために精神的エネルギーに変換することが求められる。これはスポーツ選手の身体に向けるまなざしから性的なものを払拭しようとする態度と重なり合うだろう。官能的な身体を精神性へと昇華することは、古代ギリシャ彫刻の称賛から二〇世紀ドイツの裸体運動へと結び付く。それを体現しているのが映画『民族の祭典』の冒頭部分である。古代ギリシャ彫像の均整の取れた裸体は、精神化された美の理想であるが、それが生身の筋骨たくましい男性アスリートや［fig.2］、草原で全裸で踊る若い女性たちの裸体へと移行する。それはどこかポルノ的な見世物になりうるのだが、猥褻さのまなざしを払拭するために裸体は健康や自然といった精神的価値と結び付けられる。た

だしそうした撮影の場面でも、リーフェンシュタールは選手の身体の美しさに魅了されていたことを隠さなかった。▽6

『オリンピア』に登場する身体を「美」と「力」への奉仕という名で抽象化し、実際に洗練された映像趣味によってスクリーン上に展開したこと、それはリーフェンシュタールの美学が、時代や社会の要請と合致していたことをも示している。その際へテロセクシャルの女性リーフェンシュタールによる男性身体へのまなざしにある、性愛構造のジェンダー変換に注目したい。男性の目線ならば、『オリンピア』の男性選手の描写は同性愛的な傾向と背徳性を読み込まれかねない。ソンタグによるリーフェンシュタール批判の根底には、こうした危ういセクシュアリティへの鋭い感性がある。ソンタグはナチス的美学が、ケネス・アンガーに代表される俗悪でキッチュなキャンプ美学へと読み換えられて存続しうることを察知したのである。ところがリーフェンシュタール本人には、同性愛的傾向やアンダーグラウンド文化に属するキャンプ的な感性は希薄だ。キャンプ的価値の先駆者をいうなら、むしろ一九二〇年代ワイマール文化の曖昧なジェンダーやセクシュアリティを体現した、マレーネ・ディトリヒの都会文化である。リーフェンシュタールの活動領域はその対極に存在した。山岳は都会の生活を忌避する者が向かう自然を代表する。性愛においては男たち

fig. 2　同前

のホモソーシャリティが強固にされる場である。だが性愛そのものは否定されない。そこで紅一点のヒロインとしてのリーフェンシュタールが加わることにより、カメラの前でも背後でも男たちとのエロティックな関係が展開されることになった。この構造は『オリンピア』の撮影時も変わらず、彼女と愛人関係にあったアメリカ人選手グレン・モリスが十種競技場面で完全な主役に据えられていることが露骨なまでに徴候的だ。彼女は自身の嗜好と官能性を偽らずに映像に取り込んだ。自然な性はエロティックな誘惑と紙一重であることを、リーフェンシュタールの映像美は伝えている。しかも女性としてのまなざしを経由することで、ホモエロティックな退廃性は回避される。だが『オリンピア』の表層に刻印された身体性への屈折した性愛の視線は、ソンタグによる「ファシスト美学」批判をさらに掘り下げて考察する契機となるだろう。それはまたスポーツ映像における男性的身体に対する性的なまなざしのタブーに抵触するテーマとして掘り下げる価値がある。

3　スポーツ映像としての『オリンピア』の特色

映画『オリンピア』の美的かつ政治的な両義性について、映画の構成や技術的観点にも言及してみたい。そもそも『オリンピア』が二部作となっていることは注目に値する。ここでリーフェンシュタールは、スポーツの持つ価値を大きく二つに分類した。第一部は『民族の祭典』、第二部は『美の祭典』と名付けられている。第一部は競技の勝敗がテーマであり、第二部はスポーツする動きの美しさに集中する。それによって映画で取り上げられる競技も決定される。第一部はスタジアムの中でおこなわれる陸上競技が中心で、大半の競技が大観衆の目の前で勝敗を決する。短距離走、幅跳び、高跳び、やり投げ、ハンマー投げといった種目が続き、締めくくりがマラソンである。基本的には競技者を中心に動きの全容を捉える撮影で一貫しているが、跳躍競技では低い位置のカメラで空を背景に選手を際立たせたり、背後に聖火台を写し込んだり、効果的な構図も多い。また競技中の選手の顔のアップを捉えるために超望遠レンズを用いたこともよく知られている。各選手たちが記録を競い合う姿に、絶えず観客席の応援者の姿が切り返される。各国の国旗を持って応援する人々の姿も見られる。そして表彰台でメダルを授与される場面では、金メダリストの国歌が流れ、掲示板の上に金銀銅メダリストの国旗が掲揚され、オリンピックは選手個人でなく彼らが代表する国家・民族間での勝負であることが印象付けられる［fig.3］。

第二部になると水泳、水上競技、乗馬、フェンシングなど様々な場所で競技が繰り広げられる。ここでは前衛映画を思わせる技巧的な撮影技法が増える。水上競技では屋外撮影で陽光に輝く波を強調し、フェンシングではまず競技者の影を写してから実際の試合の様子を捉える。また乗馬では落馬や転倒などのアクシデントをスローモーションで提示することによりコミカルな効果を上げている。選手の国籍や名前などの情報は次第に後景に退き、運動する身体そのものに関心は絞られてゆく。冒頭場面は選手村でトレーニングし、サウナに入る男子選手たちの姿を中心に捉える。そこには特定の選手やチームを取材するレポーターの存在はなく、むしろ選手たちの和やかな日常の姿が切り取られる。ここでもカメラの目の前で逞しく健全な男性身体が見世物となっていることに変わりはない。競技場面に移ると、前述した通り、もはや試合を記録するというドキュメンタリーの前提は薄れ、むしろ抽象的アート映像の方向へと逸脱してゆく。『美の祭典』の最後に置かれた競技は、有名な男子高飛び込みシーンであり、選手の名前も国籍も全く示されないまま、飛び込みアクションが左右交互に切り替わり、スローモーション、水中撮影、逆光撮影、逆再生などの技法が駆使されて、ミュージカルのシーンのように構成される[fig.4]。映画『オリンピア』は記録映画、劇映画、実験映画の様々な手法が折衷された作品なのだ。ではリーフェンシュタールはこの映画で何を伝えんとしたのか。

撮影から二年後にようやく公開された『オリンピア』には、試合結果をいち早く伝えるというジャーナリスティックな意義はもはやない。それは

fig. 3　同前
fig. 4　レニ・リーフェンシュタール『美の祭典』(1938)

競技開催中のニュース映画がこぞって伝えていたことだ。また、本作はドイツのナショナリズムを前面には出さず、各国のスポーツ選手を取り上げ、それぞれの競技において選手の国籍も分け隔てなく見せる。アメリカ代表のジェシー・オーウェンス選手が短距離走や幅跳びで、日本代表の孫基禎《そんきてい》選手がマラソンでそれぞれ主役を担う。そもそもリーフェンシュタールはこの監督依頼をIOCから受けており、作品のコンセプトがオリンピックのグローバル性を強調するのはIOCの理念に合致していた。▽7 また一方でナチスドイツのイメージ戦略としても巧みな効果を上げている。とりわけヒトラーの描き方が特徴的で、冒頭の開会式を除いて、ひたすらドイツ選手の競技結果に一喜一憂する一観衆として捉えられる。権力者の威厳はなく、むしろ人間的な親しみを与える映像だ。当時の国際状況を考えれば、まさにナチスドイツは新しい独裁者のもとで領土拡大やユダヤ人排斥をおこない、周囲から疑念のまなざしで見られていた。この映画のプロパガンダ的意義は、人間味ある独裁者と平和的共存のイメージにある。しかし、本作公開の翌一九三九年にはナチスドイツがポーランドに侵攻し、第二次世界大戦が始まる。

『オリンピア』の撮影技法について、あまり深く言及されることのなかった映画論的な二つの点に触れておきたい。まず第一の点は、これまでも頻繁に指摘されてきた記録映像の真正性の問題である。『オリンピア』の競技場面で別撮り映像が使用されていることは、ロバート・フラハティの『極北のナヌーク』（一九二二）や『モアナ』（一九二六）を引き合いに出すまでもなく、ドキュメンタリーとして演出ややらせは通常おこなわれているという事例の一つにすぎない。劇映画とドキュメンタリーの境界が非常に曖昧であることは、現在では自明だろう。リーフェンシュタールの場合は、選手たちに実際の競技の後で同じ場面を再現させたという意味で運動そのものの記録であるとはいえる。選手のみならず観戦中のヒトラーですら、紛うことなき生身の観客として反応する姿が活き活きと捉えられている。むしろ問題はリーフェンシュタールがそれらのリアリティをどう活用したかという点だ。

スポーツ映像における第二の重要な点は撮影に際しての倫理的問題である。それは、撮影された映像の中にあるというよりも、むしろ撮影現場での作り手と被写体の関係に見出される。リーフェンシュタールの撮影方針は、スポーツ選手やオリンピック主催者にとっては迷惑極まりないものだった。彼女は自伝やインタビューで競技の撮影が宣伝相ゲッベルスによってたびたび妨害されたと主張しているが、実際には彼女の撮影チームにクレームをつけたのは、オリンピック委員会も同様だった。競技撮影のために高いやぐらを立てたり、地面に穴を掘ったり、選手に肉迫するカメラポジションを狙って競技フィールドに入り込んだり、それらは選手が競技に集中する際の妨げとなり、ときには負傷する危険もあったからだ。リーフェンシュタールはひたすら良い映像を撮ることだけに執着した。その意味では、選手たちの協力を得て競技終了後に本戦を再現することはもっとも効果的な撮影方法だ。とりわけ男子棒高跳びでは、試合が白熱してくると、棒を構えて走り出そうとする選手を正面近くから接写するカメラ位置がある［fig.5］。音声は会場の声援ではなく劇的な伴奏音楽となる。全てが計算されたドラマとして演出され、ライブゆえのアクシデント感は希薄である。リーフェンシュタールはどの選手が勝つかという予想で映画を盛り上げるのではなく、その都度の選手の動きを捉えることを重視する。この棒高跳びのシーンでも選手の名前や国籍は次第に後景に退いてゆく。

『オリンピア』においてフィクション的演出と現実の記録映像がもっとも効果的に混合されているのがマラソン場面である。ここでも勝敗を競うサスペンスの盛り上げよりも、走る行為そのものをいかに映像化するかに力点が置かれている。誰がトップを走るかという勝負の緊張を伝えるのではなく、ひたすらアスリートの走る行為に注目する。厳しい試練を通して人間性を鍛え上げる思考は、彼女が女優として活躍した山岳映画の理念でもあった。しかしリーフェンシュタールは、長いマラソンの道のりを観客に実感させるほど長時間の描写をすることはなく、変化に富む短いショットを積み重ねたリズミカルな場面を構成する。走る選手の影、揺れる上腕の接写、選手視点による道端の草木の移動撮影など、主観と客観ショットが入り混じる。選手の頭部から真下の地面に向けたカメラが走る足の動きを捉え、スローモーションで選手の疲労感を視覚化する。このショットはゴールのあるスタジアムの入り口に向けてカメラが前進移動するショットへとディゾルヴする。観客の感情移入を促す一連のショットは特定選手のものではなく、様々な走者の身体部位やまなざしを寄せ集めた抽象的な「走る身体」へと統合される。こうした手法に全体主義的傾向を見出せるかもしれない。ただし画一化されたマスゲームの形を取るのではなく、それぞれに特別な存在である走者の身体を断片化し時間の経過の中で全体に統合するものだ。

　ドキュメンタリーにおける映像の真正性と倫理性の問題から考えると、リーフェンシュタールの演出においてなおざりにされるのは、被写体個人を尊重する態度といえるかもしれない。競技を妨害しかねない撮影や、練習中の映像を本番と合わせることは、選手の真剣な取り組みを記録する態度としては望ましくない。彼女にとってはカメラ前の現実を尊重するよりも、美的な映像コンセプトの方が重要なのだ。そうした映像重視の態度がはっきり示されるのは、マラソンのクライマックスで孫選手を捉えた映像でゼッケンの数字が左右反転して画面に現れる個所である［fig.6］。なぜ左右反転が起こったのかは、その映像の前後を通して見れば一目瞭然である。一連のショットにおいて選手たちの走る方向は画面右から左に向けて統一されている。観客の方向感覚を混乱させないために、ハリウッドの劇映画などで実践されるイマジナリーラインが遵守されている。だが現場での制約が多いドキュメンタリーでは、撮影された映像の方向性が不統一に繋げられることも珍しくなく、その雑然とした映像感覚がリアルさの印象を生み出す。だがリーフェンシュタールは、そのリアルな感触よりもなめらか

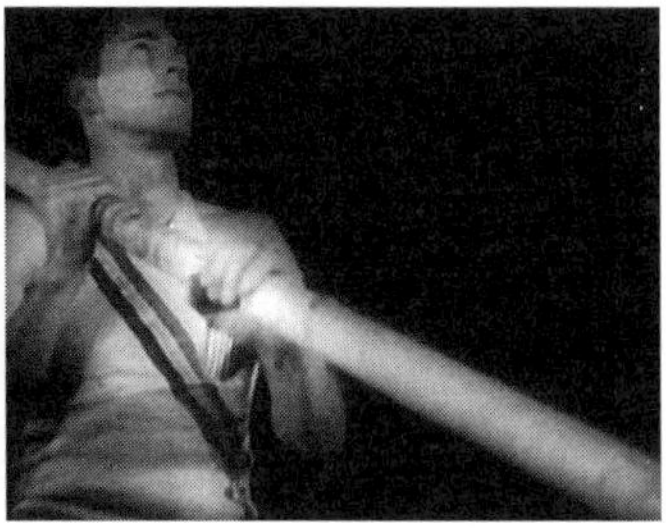

fig. 5, 6　同前

な統一感のある映像感覚を重視した。ゼッケンの数字の反転というカメラ前の現実との齟齬は、彼女にとって優先すべき問題ではなかったのだ。

リーフェンシュタールは映像そのものに集中する。『オリンピア』はまず映像のみで編集され、音声は全てアフレコされた。つまり現場の音声を考慮することなく、完全に映像本位の編集がおこなわれているのだ。リーフェンシュタールは音声映画時代に映画監督となった人物だが、映像編集はサイレント映画の方法に則っている。したがって、音楽や効果音は映像を補強する要素としてのみ用いられる。彼女にとって映画とは視覚的運動であり、しかもそれは単純かつ心地よいリズムを刻むものだ。そこには一九二〇年代の前衛的な抽象映画からの影響がある。▽8

こうした特徴を見てゆくと、リーフェンシュタールをファシスト美学と関連付ける議論は、彼女の映画美学の政治への応用という幅広い視野で考察せねばならないだろう。彼女は現実の体制に奉仕しようとしたのではなく、自身の映像世界において絶対的な支配者であろうとした。強く健全で美しいものを称揚する彼女の美的感性は、ナチ時代においてもっとも適した思想的親和性と体制的基盤を得たのである。だからこそ彼女の作品世界では、ヒトラーと鉤十字と若い兵士たちがスポーツ選手やヌバ族の戦士たちと交換可能であり、その技法は他の全体主義的な企図にもたやすく応用可能である。リーフェンシュタールの美的一貫性ゆえに、彼女の作品は「ファシスト美学」の見本としてあまりに明瞭な参照項を芸術史に残したのだ。

ところで映画『オリンピア』の結末には人間がほぼ全く登場しなくなる。これは国際的なスポーツの祭典の締めくくりとしてはかなり異様な演出である。スタジアム上空に向けられた巨大サーチライトの列が上空で焦点を合わせる「光のドーム」の下で、スタジアム内部で様々な国旗と五輪旗が戯れる光とオブジェの幾何学的なバレエを展開する。これらは明らかにミニチュアセットで撮影されている。この人間的な個性を全て捨象した無人空間が、リーフェンシュタールの前衛的な感性ゆえに生まれたものであり、それが「ファシスト美学」の一つの到達点だとしたら、彼女とナチスの親和性は千年帝国の行き着く先を不気味に予告していたのだろうか。

4　人種主義とスポーツ——ジェシー・オーウェンスの場合

二一世紀になり、ナチスドイツを題材にした劇映画はいよいよ数限りなく製作されている。中にはリーフェンシュタールが登場人物となる作品もある。製作者は、もはやモデル本人からのクレームや介入を恐れる必要はない。それによってメディアで再生産されるリーフェンシュタール像は際限のないヴァリエーションを許容することになった。そこに新たな問題が浮上する。

一例を挙げると、二〇一五年製作のアメリカ映画『栄光のランナー／1936ベルリン』（監督：スティーヴン・ホプキンス）である。映画は原題を*Race*という。これは「競走」と「人種」の二重の意味で用いられる。映画の主人公は、ベルリンオリンピックでアメリカ代表として出場したアスリートのジェシー・オーウェンスであり、彼がオリンピックで競技する場面では撮影者としてリーフェンシュタールが登場する［fig.7］。

映画の原題が示唆するように、物語の重点はジェシー・オーウェンスがアメリカ社会で黒人として受けた差別や抑圧という逆境の中でトップアスリートとして台頭してゆくドラマである。彼が代表として選ばれたベルリンオリンピックは、人種主義で知られたナチスドイツで開催される。当初は出場を躊躇するオーウェンスだったが、むしろ人種主義者ヒトラーの国から金メダルを奪うという闘志を持ってドイツに乗り込む。結果は皆の知る通り、金メダル四つ獲得という目覚ましい記録を達成した。

映画後半のベルリンではナチスの首脳によるオーウェンスへの拒絶が描かれるものの、競技場面でのオーウェンスは常にヒーローとして喝采を受ける。むしろ人種主義の犠牲者はアメリカチームのリレー選

fig.7　スティーヴン・ホプキンス『栄光のランナー／1936ベルリン』（2015）

手としてベルリン入りした二人のユダヤ人であり、彼らは試合直前になってナチスの横槍で出場を阻止される。その代わりにオーウェンスがリレーに出場し、さらなる金メダル獲得となるわけだ。だがアメリカに帰国したオーウェンスは、必ずしも皆に祝福されたわけではなかったというエピソードを伝えて映画は終わる。

アメリカ国内の黒人差別と政治的事情を克明に描いた『栄光のランナー』ではあるが、ナチスドイツはかなり一面的に悪役として描かれている。映画は史実と異なる描写も多い。競技場面は特殊撮影を多用した躍動的な映像で、オリンピックスタジアムを三六〇度回転して捉えるパノラマ、上空からの俯瞰、短距離走場面では選手を正面から捉えてトラックを駆け抜ける。こうした自由自在な撮影アングルが二一世紀の典型的なスポーツ映像だとするなら、全てを現実に撮影したリーフェンシュタールの映像は、現在ではむしろドキュメンタリー的なものの制約と限界を示すように見える。映像のリアリティをめぐる状況はもはや別の次元に達しているのかもしれない。

それより注目したいのは、この映画でのリーフェンシュタールの描かれ方である。彼女が監督する記録映画『オリンピア』は、ナチ党の全面的な協力と庇護のもとで製作されているが、本作に登場するリーフェンシュタールは驚くほど中立的な立場をとる。ドイツ選手の活躍のみを撮影させようとするゲッベルス宣伝相と鋭く対立し、人種に関係なく優れた選手の記録を後世に伝えるという使命を全うする高潔な人物となっている。生前のリーフェンシュタールが演じた非政治的芸術家のイメージが新たなフィクションの衣を纏って復権しているのだ。これは彼女個人の名誉の問題にはとどまらない。むしろ彼女のナチ時代の活動における政治的コンテクストがそこで隠蔽されてしまうことがより大きな問題だろう。リーフェンシュタールと『オリンピア』の政治性については、冷静かつ批判的な読みを継続してゆかねばならない。さもないと歴史の相対化の身振りの中に歴史修正主義が巧妙に紛れ込む。リーフェンシュタールの『オリンピア』について、政治か美的評価かのどちらか一方だけを優先させる思考では、現代のリベラル社会における「表現の自由」をめぐる二項対立の隘路に容易に追い込まれてしまう。この映画と作者をファシズムの誹りから切り離すことが公正な評価をもたらすのではない。この映画で生み出された優れたスポーツ映像の数々は、それがナチス体制下で実現されたからこそ考察に値するのである。すでにこの事態を予言した、一九七四年におけるソンタグの言葉を最後に引いておきたい。

リベラルな社会においては、一度排斥された人間を復活させるにしても、〔……〕復活はもっと遠回しに、目立たぬようになされる。リーフェンシュタールのナチス時代の過去は、突如として容認されるようになったわけではない。文化の車輪がひと回りして、それがもう問題にならなくなったというだけのことである。リベラルな社会は上から冷凍パック入りの歴史を押しつけるかわりに、趣味のサイクルがひと回りして論点がその意味を失うのを待つという手を使うのだ。▽9

▽1 リーフェンシュタールの訃報に際してドイツでの追悼記事にもこの言葉は登場する。その記事では、彼女の自己正当化の態度はナチスに加担した他の映画人と違いはないが、発言の声がひと際大きかったため、彼女にばかり注目が集まったと述べられている。Lutz Kinkel, Der Nachlass der „Ewigen“ – ein Nachruf tagesschau.de 9. 9, 2003［https://tsarchive.wordpress.com/2003/09/09/meldung307040/］（2019/12/13）.

▽2 リーフェンシュタールの頑な態度との対比として興味深いのは、映画『ゲッベルスと私』（二〇一六）である。宣伝相ゲッベルスの秘書だったブルンヒルド・ポムゼルが一〇三歳にしてナチ時代のことを語っている。結局当時の体制からは逃れられなかったというある種の諦念が示される。だがリーフェンシュタールはそうした悔恨や諦念という姿勢すら示さなかった点が異なっている。

▽3 このエピソードは近年ドイツで『ベルリン36（Berlin 36）』（監督：カスパー・ハイデルバッハ、二〇〇九）として映画化されている。オリンピックでの競技シーンをクライマックスにすることなく、映画のラストには存命中だったベルクマン自身が登場し、オリンピック出場が叶わなかった当時のことを回想する。なお映画ではラッチェンはマリー・ケッテラーと改名されており、ナチスの策略で無理やり女性としてスカウトされたかのように描かれているが、実際の彼女は三四年から女性選手として活躍していた。

▽4 リーフェンシュタールのナチ党大会映画を題材にして、プロパガンダというあまりに多義的な概念について、映画作者の意図、ナチ党の意図、制度的なもの、美的な要素、事実歪曲、映画の受容といった様々なレベルをカテゴライズすることの提案が以下の文献でなされている。Sven Kramer, *Transformationen der Gewalt im Film. Über Riefenstahl, Amery, Cronenberg, Egoyan, Marker, Kluge, Farocki.* Bertz+Fischer; Berlin, 2014, S. 21–48.

▽5 スーザン・ソンタグ『土星の徴しの下に』富山太佳夫訳、みすず書房、二〇〇七年、九九頁。

▽6 リーフェンシュタールの伝記によれば、『オリンピア』冒頭の聖火点火の場面に登場するランナーは、たまたまロケ地で見出した無名の青年だった。服を脱がされた彼が理想の古代ギリシャのランナーの身体をしていたために起用された。撮影中、リーフェンシュタールはカメラマンに「もっと彼を撮って、もっと、〔……〕なんてきれいなのかしら!」と叫んでいたと撮影助手の証言がある。以下の文献を参照。スティーヴン・バック『レニ・リーフェンシュタールの嘘と真実』野中邦子訳、清流出版、二〇〇九年、二六〇頁。

▽7 ただし各国の上映バージョンが別々に作られ、それぞれの国の選手の活躍を加えている。その意味ではナショナリズムそのものが否定された映画ではない。

▽8 リーフェンシュタール一〇〇歳の誕生日に際してドイツで発表された記事において、彼女の映像美学について、音声映画の導入によって凋落の危機に瀕した美的な映画モダンが、よりによってナチ時代のモダンに結び付いた例であると述べられている。ナチスの凡庸な芸術趣味は造形芸術に限定され、映画や写真など新しい技術メディアにとっては、モダニズムを実践する余地が大いに残されていたからだという。そうした映画のモダン性に属するものが一九二〇年代の前衛映画や新即物主義などの、サイレント映画時代の遺産である。Daniel Kothenschulte, Franfurter Rundschau, 22. August. 2002. S. 17を参照。なおこの文献は以下の書籍から引用した。Lario Leis, *Leni Riefenstahl*, Rowohlt Taschenbuch Verlag; Reinbeck bei Hamburg, 2009. S. 79.

▽9 ソンタグ『土星の徴しの下に』九一―九二頁。

II

05

熱狂の頂

日本におけるパウル・ヴォルフの受容と戦前のスポーツ写真

打林 俊
Shun UCHIBAYASHI

序

ライカと切つても切れない関係にあつたパウル・ヴォルフの名前は、写真に関係のない人は勿論のこと、たとえ写真に興味を持つ人でも戦後にはじめた人には馴染みの薄いことと思う▽1。

残念ながらその言葉通り、こんにち彼の名を聞いたことがある人はほとんどいないだろう。だが、一九三〇年代半ばから戦前にかけては「ダゲール、ニエプス等の名を知らぬ写真家でも、ウォルフならば一応は知つてゐる」▽2とさえ言われた、日本における「世界一有名な写真家」こそがパウル・ヴォルフであった。彼は、一九三四年に初めて『アサヒカメラ』で紹介された際には名前さえ間違えられていたにもかかわらず、わずか一年後には国民的写真家になっていた。以降、終戦間際まで広く日本国民からの人気を得て、写真文化に留まらず、戦時下ではプロパガンダにも利用されていった。

世界的な視点でこの写真家を簡潔に言い表してみるならば、「ライカの唱導者」というのが最も的を射ているだろう。彼は、一九三〇年代前半に暗室での薬品調合を誤って微粒子現像法を発見し、当時最先端だったこの小型カメラにおける唯一の難点とされていた、引き伸ばしプリントによって生じる画像の荒れを解決した。その成果とも言える全紙（四〇×六〇センチ）という、当時としては驚くべき巨大プリントを携えて、ライカの製造元エルンスト・ライツ社の主催による展覧会を世界中で開催した。こんにちでもかろうじて伝わるヴォルフの功績である。

ところが、日本ではエルンスト・ライツの展覧会に先立って個展が開催され、それ以降の人気ぶりは冒頭に述べた通りである。日本国民の熱狂ぶりは、世界のどの国よりも圧倒的で、場合によっては本国ドイツよりも熱狂的だったかもしれない。当時のある批評家によれば、ヴォルフの表現が最も輝いていたのは、ナチスのプロパガンダに取り込まれる以前のベルリンオリンピック頃だという。[3]そしてそれは、日本人のヴォルフに対する熱狂の頂であったようにも映る。

本章では、ヴォルフの日本での受容を詳らかにしつつ、ベルリンオリンピックを主題とした彼の写真集とライカとの関係を中心に、その影響を考察していきたい。

1　新興写真から「反省の時期」へ

二〇世紀初頭の欧米における写真表現の動向を見ると、第一次世界大戦を境にピクトリアリズムが退潮し、モダニズム写真の萌芽が見られるようになっていく。ピクトリアリズムの表現特質を大まかに規定してみると、イメージはふんわり、ぼんやりとしていて、あえかなロマンチシズムがその底流にある。他方でモダニズム写真は、レンズのもつ機械的再現能力を最大限に活かし、鮮鋭な描写力で捉えられたネガから印画紙にそのまま焼き付けるストレート・プリントが重視されていった。初期モダニズム写真では、ピクトリアリズムのロマンチシズムに相対するものとして、即物性も重要なキーワードとなってくる。

モダニズム写真とはかくあるべしと世界に印象付けた象徴的なできごとに、一九二五年のラースロー・モホイ＝ナジの『絵画・写真・映画〈*Malerei, Fotografie, Film*〉』（バウハウス叢書第八巻）と二八年のアルベルト・レンガー＝パッチュの写真集『世界は美しい〈*Die Welt ist Schön*〉』が刊行されたことが挙げられる。さらに翌年、ドイツのシュトゥットガルトで〈映画と写真国際展〉が開催され、同展をもとに編集された写真集『写真眼〈*Foto Auge*〉』は、実験的かつ前衛的表現の作品が大半を占めた。中でも、被写体のクローズアップや同じモチーフが並んだ反復性のある構図は、新即物主義と呼ばれる表現動向の特徴とみなされ、ドイツに端を発する初期モダニズム写真は急速に世界に広がっていく。日本では一九三一年に〈映画と写真国際展〉の写真部門のみが、〈独逸国際移動写真展〉として巡回したのを節目に、「新興写真」の名の下にモダニズム写真へと大きく舵を切っていった。

だが、初期モダニズム写真の流行表現とも言える新即物主義の栄光は、数年と経たずにドイツでも下火になっていく。そして、その熱狂を冷静に導いたのはイギリスだった。ロンドンで発行されていた世界的写真年鑑『フォトグラムス・オブ・ザ・イヤー〈*Photograms of the Year*〉』の編集長フランシス・モーティマーは一九三二年版の巻頭で次のように語る。

大きな規模でデテールを再現することが流行になった。それは技巧のより大なる完成を必要とする自然の長所をもつてゐた。この傾向はしかしそれに淫する弊を齎らした。特に旧大陸〔ヨーロッパ大陸〕において著しく、アメリカではやゝその度が少なく、イギリスでは反響が認められる程度であつた▽4（森芳太郎訳）

この著述が日本語訳で紹介されるのは一九三八年のことであるが、それを待たずとも、日本の写真界でも新興写真の魔法には限界が見えはじめていた。当時の日本で最も影響力をもった美術批評家の一人である板垣鷹穂は、そのほころびを敏感に察知している。

写真芸術の社会的進出を回顧する場合に、一九二九年と云ふ年号が種々の忘れ難い追憶を残してゐることは、更めて述べるまでもないであらう。雑誌、年鑑、著書、展覧会等を通じて窺はれる一九二九年の写真界は、新興の機運に著しく活気づいてゐたのである。

然るに、それから五年も経過した一九三四年は何うであつたか？　この年のはじめに諸外国から輸入された年鑑類を開けてみた人達の多くは、その所謂「反動的傾向」に驚かされたやうである。

かゝる観察が何処まで正しいか？　それは別問題とするが、少なくとも此処に、写真芸術にとっての「反省の時期」を認めることは、或程度まで出来さうに思はれる。▽5

板垣が「反省の時期」を察したその年、エルンスト・ライツ社によるヴォルフの展覧会が日本に巡回した。こうした時代背景は、日本でのヴォルフ受容を検討する上で見過ごすことはできないだろう。日本におけるヴォルフの評価を紐解くにあたってもう一つ指摘しておかなければならないのは、それが複雑な事情によって三段階に分けられるということである。すなわち、一九三四年から三六年の前半、一九三六年後半から三八年、そして、一九三九年から四二年である。ここではその全貌を語ることはできないが、第二段階におけるベルリンオリンピックをめぐる写真集を中心に考察していくこととし、必要に応じてその前後の段階についても触れておきたい。

2　朝日新聞社によるヴォルフの紹介

その第一段階は、「新興写真」を超えたモダニズム写真の伝道者としてのヴォルフ評価である。日本で初めてヴォルフが紹介されたのは一九三四年三月のことで、一点の作品が『アサヒカメラ』に掲載された。だが、彼の名は「ウルフ」と記されているほどの無名だった［fig.1］。ヴォルフの日本での快進撃は、この年に『ライカによる私の経験（*Meine Erfahrungen mit der Leica*）』がドイツで刊行され、本国での空前の人気が日本に伝えられたことを契機にはじまる。事実、わずか九ヵ月前には名前さえ間違えられていた写真家の作品が『アサヒカメラ』三四年一二月号の表紙を飾ったのである。注目しておきたいのは、日本のピクトリアリズムを絶頂に導き、それを「新興写真」一色に染め替えた朝日新聞社（すなわち『アサヒカメラ』の発行元）が重要な役割を担っていることだ。実際、ヴォルフは『アサヒカメラ』一九三五年五月号と八月号でも相次いで表紙を飾り、その間も数点の写真が誌面に掲載されていた。

エルンスト・ライツ社主催によるヴォルフの展覧会が日本に巡回するわずか二週間前の三五年九月七日から一二日には、同誌主催で〈パウル・ヴォルフ氏作品展〉を日本橋の白木屋で開催している。写真提供は日本工房とあり、ドイツ帰りの写真家にして日本工房の創設者、名取洋之助の伝手であったことは間違いない。『アサヒカメラ』の展覧会評には「普段ならばさ程見かけぬ学生の姿が白木屋の出入口に珍らしく沢山流れ

fig.1　日本で最初に紹介されたヴォルフの作品（『アサヒカメラ』1934年3月号）

てゐる。エレベーターで寿司詰めに遭つて、写真展のある階に止ると殆んど全部はき出された。人の浪は其処等の売場を素通りしてどん〳〵展覧会場に繰込まれる」▽6との盛況ぶりが語られている。

しかし、それはヴォルフの人気というより、モホイ＝ナジやレンガー＝パッチュに代表される「ドイツ新興写真」の熱に浮かされていた人々が、大々的な新聞広告を見て、新たにかの国から招来したと噂される写真に殺到したというのが正しいだろう。この展覧会評には、「新聞で餘り宣伝するから何んなにか……と期待して来たんだが、何だこんなものか」という声を耳にしたとも述べられている。その「期待」とは何を指していたのだろうか。展覧会評の冒頭に手がかりを求めてみよう。

> 写真芸術に関心を持つ人々乃至、之に携はる人々に取つて独逸と云ふ国は、特殊の響き、——恐らくは英国、米国のそれよりも遥かに大きな魅力を持つてゐるであらう。之は近代の写真芸術の先駆的な発展を示した。限られた少数の写真芸術作家達が独逸のものを代表して強く印象づけられてゐるものに外ならない。その中モホリー・ナギーは彼の特異な或ひは新奇な作品に依り最も多く日本に紹介され、世界の舞台に於て独り光芒を放つものであるかの如く或種の人々には考へられてゐるのかも知れない。▽7

この言葉は、一九三五年の段階では依然として大衆の「新興写真」熱が高かったことをうかがわせている。だが、朝日新聞社がヴォルフをモダニズム写真の最新の、かつ穏健な作風の作家として位置付けたかったことは、成澤玲川《れいせん》による『アサヒカメラ』掲載の批評からもうかがえる。

古い「芸術写真」〔ピクトリアリズム〕も新しい「新興写真」も既にその使命を終つたと見てよい。ウオルフの作風に永遠性が認められるのは、中庸の道を歩むからで、それだけに一時的流行を刺戟するやうな奇矯なカメラ・アングルはない。彼の今一つの大きな特色は作品の一枚々々がストリーを持つことである。作品それ自体が内容を説明する。〔……〕それは詩であり芸術である。今後もいろ〳〵な新傾向写真が現出するであらうが、ウオルフの領域はそのために侵されることなく、反つてその中庸の道が、燦として写真の大道を指示するであらう。▽8

ラディカルを乗り越えた中庸こそが、真のモダニズム写真表現の到達点だと成澤は主張しているのである。朝日新聞社は、大衆の趣味としてまだ一掃することができない「新興写真」熱に新たな表現傾向の写真を投じて、大衆を飽きさせないためのコンテンツを常に提供する義務を自負していたのである。それは『朝日新聞』に掲載された記事の「新しい撮影法　我写真界への警鐘と見る」という見出しからもうかがい知ることができる[fig.2]。とはいえ、名取洋之助のヴォルフに対する評価は『アサヒカメラ』で展開されたものとはやや異なっていたようである。

ポウル・ウォルフは、偉大なる素人作家である。さういふと彼は営業写真家ではないやうに聞えるが、彼ほど自分の写真を売つてゐる商売的な写真家はないだらう。然し何んといつても彼の写真から受ける感じは偉大なる素人だ。独逸に於ける写真家としての彼の地位は或る意味で日本の大衆小説作家の如き地位にあり、独逸に於いて純粋な本格的写真家を語る場合、その話から省略されている写真家である。

彼は報道写真家ともいへない、芸術写真家とも云へない、肖像写真家ともいへない、勿論日本でいふ商業写真家でもない、然し、彼に強いて一つの肩書きを附けるならば、彼は広い意味での商業写真家とするのが、先づ一番当を得てゐやう[▽9]。

名取がそれまでに日本に紹介してきたドイツの写真家は、エーリッヒ・ザロモンやムンカーチ・マールトン（もっとも彼は正確にはハンガリー人だが）といったルポルタージュ写真家だった。名取の意見を全面的に支持することはできないが、「大衆小説家の如き地位」というのは言い得て妙である。それこそが、国民的写真家と呼び得るにふさわしい評価に直結してくるのだった。

新しい撮影法
我写真界への警鐘と見る
ウォルフ氏の作品展

fig. 2　白木屋でのヴォルフ展の記事（『東京朝日新聞』1935年9月10日付）

3 シュミット商会によるヴォルフとライカのプロモーション

白木屋での最初のヴォルフの展覧会が終了してわずか九日後、九月二一日から二九日の会期で、今度はシュミット商会の提供でエルンスト・ライツ社が世界に巡回させていた〈ライカ作品展覧会（パウル・ヴォルフ）〉が開かれる。会場は白木屋からほど近い小西六本店（コニカ→現コニカミノルタ）のホールだった。ライツ社の東洋総代理店であるシュミット商会が、ここで一足遅れてヴォルフの日本におけるプロモーションに乗り出してきたのである。小西六の社史によれば、この展覧会には延べ一万五〇〇〇人の来場があり、九月二六、二七、二八日には、会場となったホールで日本におけるライカユーザーの第一人者である木村伊兵衛らの講演を開催したという。[10] 展覧会はこののち日本国内を巡回し、一九三六年五月には東京に戻って伊勢丹で〈パウル・ヴォルフ博士 ライカ作品日本決別展覧会〉と称して再度展示され、さらに満州、中国、シンガポールでも開催されると報じられている。[11]

この間、一九三六年の一月には『大阪朝日新聞』の夕刊でヴォルフの作品が「冬を描く」というタイトルで連載され、三月には大阪朝日新聞社から『四季の表情』と題した一二枚組のポートフォリオが発売される。写真集の体裁ではなく、額装して壁に飾るための綴じられていない作品集だったが、日本で出版されたヴォルフの写真集としてはこれが最初となる。

ここまでが第一段階の大まかな動向である。朝日新聞社とシュミット商会がお互いの動きを事前に把握していたのかは定かではないが、少なくとも朝日新聞社の方がわずかながら早く、しかし大々的に（ライカではなく）ヴォルフをプロモーションしたため、シュミット商会にしてみればそれは幸運だったに違いない。なぜならば、彼らの目的はライカを売ることにあり、日本のカメラ史上の伝説とも言える「ライカ－コンタックス論争」[12]の最中だったのである。次の段階ではヴォルフとライカの関係はより密接になっていくが、すでに一九三六年前半の段階で、日本における彼の人気は確たるものになっていたのである。

4　三ヴァージョンのベルリンオリンピック写真集

第二段階、すなわち一九三六年の後半から一九三八年にかけては、日本でヴォルフが最も盛んに紹介された時期にあたる。写真産業界や出版界は大衆のヴォルフ人気に応えて展覧会を開催し、雑誌で特集を組み、写真集を出版した。

さらに付け加えれば、この段階ではライカの人気も高まっていた。一九三四年には雑誌『月刊ライカ』が創刊され、『アサヒカメラ』でも、一九三五年を境にライカ関係の記事が急激に増加することなどに見て取れるように、当初は別個だったヴォルフとライカの知名度は足並みを揃えていく。

ヴォルフの著書の翻訳は、英語はもとよりイタリア、スウェーデン、フランス、ポルトガル、スペイン、トルコなど各国語に翻訳され出版されていたというが、[13]日本では、この時点では書籍形態で日本語のテキストが付されたものは出版されていない。当時のヴォルフ熱を鑑みれば『ライカによる私の経験』の翻訳本が登場してしかるべき状況のようにも思われる。だが、この熱狂は別のものを巻き込んで燎原の火と化す。それは、オリンピックだった。

事実、日本で発売されたヴォルフの最初の写真集は、ドイツのカール・シュペヒト（Karl Specht）社が一九三六年に出版した『私が１９３６年のオリンピックで見たこと（*Was ich bei den Olympischen Spielen 1936 sah*）』を原書として、同年に丸善から出版された英語版の *What I saw at the Olympic Games 1936* である。その背景には、一九三六年七月に次回オリンピックの開催地が東京に決定したことも大きく関係している。

一九四〇年の東京オリンピックは、三五年のオスロ会議で開催地の決定が見送られ、ベルリンオリンピックに合わせて開かれた招致委員会でようやく、アジア初のオリンピックとして開催が決まったものである。のちに同盟国となるイタリアもローマでの開催に名乗り出ていたが、ムッソリーニの譲歩によって東京開催が決まった。東京オリンピック開催決定の熱狂はすさまじいものがあった。新聞各紙はオリンピック特集とでも言わんばかりに紙面を割き、銀座には早くも五輪旗が掲げられていた[fig.3]。水泳日本代表監督の松澤一鶴《いっかく》はそうしたオリンピック熱を次のように証言する。

オリムピック、オリムピックと、世間では非常に騒いで居る様でありますが、実は、日本国民位オリムピック熱の盛な国民は無いと考へるのでありまして、例へば私どもが此度伯林から帰つて参りまして、第一に気がついたことは、伯林で見た数よりも、遥に東京で見たネオンサインのオリムピックマークである五輪の装飾の数の方が多かつたと言ふ、誠におかしい現象に出会したのであります。[14]

五輪熱は街中に留まらず、こんにちでは考えられないことだが、代表選手団がベルリンに出発した直後から、新聞には公式スポンサーとは到底考えられないラジオや粉ミルク、パイナップルの缶詰の広告までもが五輪をあしらったデザインで出稿されている［fig.4］。

ドイツ、オリンピック、ヴォルフ。これらは、当時多くの日本人の琴線に触れる響きをもっていた。これらを一つにしたパウル・ヴォルフによるベルリンオリンピックの写真集が日本で出回ることは自然のなりゆきだったと言えよう。だが、なぜ丸善版の『私が1936年のオリンピックで見たこと』は英語なのだろうか。しかも、同書は英語版でありながらニューヨークのウィリアム・モロー社（William Morrow & Co.）が出版したアメリカ版『パウル・ヴォルフのライカによるスポーツ写真

銀座は早くもオリムピック風景
【けふ本社撮影】
fig. 3　銀座に掲げられた五輪旗（『東京朝日新聞』1936年8月1日付号外）

（*Sports Shots from Paul Wolff's Leica*）』の刊行よりも早く、ドイツ語からの英訳のテキストも異なる。原書と二つの英語版を比較すると、丸善版の書名はカール・シュペヒト版の原題 *Was ich bei den Olympischen Spielen 1936 sah* との対応をはじめ、内容の構成やデザインも完全に一致している。

それに対して、ウィリアム・モロー版は書名がまず異なる。ブルクハルト・フォン・レズニチェクの序文も省かれ、代わりに原書では巻末に簡素に掲載されている各競技のメダリスト一覧が冒頭にあてられている。そのほか、掲載番号一〇九の、スタジアムにナチスの旗が掲げられている写真が収録されておらず、ナチス色軽減の編集方針が見て取れる［fig.5］。

また、*What I saw at the Olympic Games 1936* という書名で丸善以外からの出版が見出せないことから、丸善は販売代理店ではなく、同社が独自に翻訳権を得て英訳出版したものと考えられる。その正確な発行日を示す情報はないが、『月刊小型カメラ』では「此画集の値段は、ドイツで七マーク五〇、日本で六円見当、独逸語版は既に輸着市販されて居り、英語版は十一月中に到着」[▽15]と報じられている。ウィリアム・モロー版の発売は一九三七年なので、この英語版は丸善版を指しているものと判断できよう。同書をカール・シュペヒト版とほとんど同じタイミングで出版することができたのには、実はもう一つ理由がある。それは、奥付には明記されていないが、

fig. 4　五輪をあしらった台湾合同鳳梨株式会社のパイン缶詰の広告（『東京朝日新聞』1936年6月8日付）

書中のノドの部分に数カ所小さく"Made in Germany"と印刷されているのが見受けられることから知れるように、ドイツで制作されたためだった（ウィリアム・モロー版はアメリカで印刷と明記されている）［fig.6］。丸善は、次期東京オリンピックとヴォルフへの大衆の熱狂というまたとない機会を利用したかったのだろう。そのため、制作時間を大幅に短縮するためにドイツで制作するという手段を取ったのだろうが、同国では日本語の組版が不可能だったために英語版での制作に踏み切ったと考えられる。

さらに、カール・シュペヒトと丸善を仲介した可能性のある人物として指摘しておきたいのが、名取洋之助である。名取は三七年にシュペヒトから写真集『大日本（*Grosses Japan*〔*Dai Nippon*〕）』を出版しており、三六年の再渡独はオリンピック取材と同書の編集を兼ねたものだった。『大日本』は、駐ドイツ大使だった武者小路公共《きんとも》が序文をしたためているという事実からもうかがい知れるように、対外宣伝という政治的要素が強い。

ここには日独防共協定の成立が大きく関係しており、『私が1936年のオリンピックで見たこと』の出版にも同様の政治的背景があったことを見過ごすことはできない。事実、名取が言うようにナチスは巧妙な対外宣伝を展開しており、一九三六年にドイツで出版されたヴォルフの写真集『スキー仲間のトニー（*Skikamerad Toni*）』は、同年五月に同盟を締結したイタリアにおけるドイツ宣伝の一環だったとされている。同様の文脈において、同盟国間の宣伝のためにも同書の日本流通は重要な意味をもっていたと言い得るのだ。

　そうした背景から見れば、『大日本』と『私が1936年のオリンピックで見たこと』は同盟国相互の対外宣伝という地平でカウンターパートになっていると考えることもできよう。それゆえ、カール・シュペヒトと洋書の輸入販売を専門としていた丸善の間を取り持ったのが、いち早く日本にヴォルフを紹介した実績もあり、ドイツへ向けた日本宣伝の写真集制作を担った名取、あるいは防共協定の締結交渉にあたった武者小路である可能性は十分に考えられよう。

　次いで、一九三七年にはシュミット商会が独自に編集した『ライカによる第十一回伯林オリムピック写真集』が出版されるが、これは日本人のニーズにより応えたものだった。注目すべき点は初の日本語版写真集であることに加え、掲載作品全てがヴォルフの撮影にもかかわらず、その三割以上が日本人選手を捉えた写真だというこ

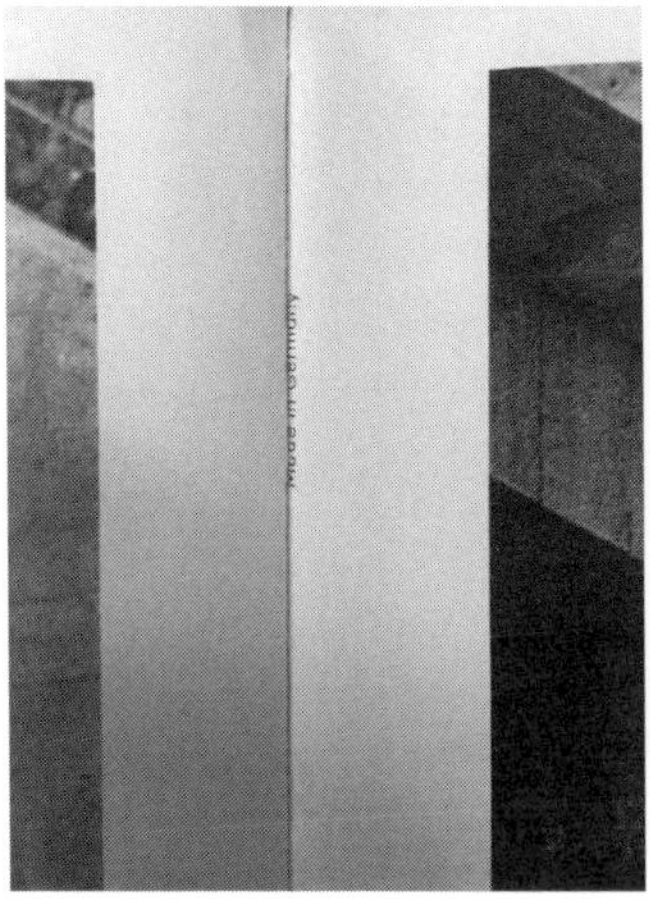

fig. 5　モロー版で削除された no. 109（パウル・ヴォルフ『1936 年のオリンピックで私が見たこと』1936）
fig. 6　丸善版のノドの部分（同前）

とである。

同時に、関連イベントとして銀座三越ではエルンスト・ライツ社主催による〈伯林オリムピックライカ写真展覧会〉を開催し、開会前日にあたる三月一一日には日本ライカ連盟の主催で、この写真集に寄稿した木村伊兵衛、松澤一鶴、大宅壮一らを招いて帝国ホテルで〈オリムピックと写真の講演会〉を開催し、ロビーにはヴォルフの作品も展示されていた。さらにこの催しは、『写真新報』五月号において巻頭一八ページにおよぶ「ライカとスポーツを結ぶオリムピックと写真の紙上講演会 パウル・ウオルフ氏オリムピック写真紙上展覧会」として特集される。

丸善が国際的なコネクションを活かして素早い出版を実現させたことも驚きだが、シュミット商会はエルンスト・ライツ社とのつながりを最大限に活用し、丸善に喫した遅れを内容面でカバーしたのである。丸善版もカール・シュペヒト版と同価格帯の六円程度と考えられ、金丸重嶺《しげね》の証言によれば一五〇〇部が瞬く間に売れたというが、[▽16] 対するシュミット版は二円五〇銭だったというのだから、売れ行きもよかったことだろう。

テレビのない一九三〇年代にあって、視覚的にオリンピックを伝えるのは新聞や雑誌の写真だった。しかしその掲載枚数、情報量には多くの制約がある。そのような中で、『私が1936年のオリンピックで見たこと』は、いわばオリンピックの総体的な視覚記録だったと言える。

この写真集については『月刊小型カメラ』誌主筆の堀江宏がいち早く論評を出しており、「数千枚に及ぶ撮影の中から選んだ数十葉の作品は、其の大部分が「さすがにヴオルフ氏だ」と思はせるに足るもの」（傍点筆者）とする反面、「其の中には、常人にも容易に撮れるものも入つてゐないわけではありません〔……〕「スポーツ写真」として、スポーツの立場から見た場合には、幾分か物足りないものもあるにはあります」と、辛口の批評も忘れていない。▽17 もっとも、こうした批判的文言とセットで現れるポジティブな評価には「オリムピック記録としての写真画集を纏めあげるといふ場合には、単なる作品集とは当然異なつた立場にあることは当然で〔……〕新聞や雑誌に発表された所謂スポーツ写真とは格段に優つてゐるものが数多く収録されてゐます」とも述べられている。▽18

たしかに、この写真集は競技だけでなく、ベルリンオリンピックで初めておこなわれた聖火リレーやジャーナリストたちの取材の様子、施設などの写真も網羅的に収められており、堀江の言葉を借りるならば「オリムピックによつて醸し出された伯林内外の空気」を「ヴオルフ氏の快腕」で見事にまとめ上げたものだった。[19] 対独的立場をとっていたアメリカで改変してまで発売されたのも、このあたりに理由を求めることができるだろう。

もしもこの写真集のウィークポイントを挙げるならば、それは堀江があたかも言いたげな総花的という点にあった。同様に美術評論家の仲田定之助《さだのすけ》も「彼としては比較的平凡無味、単なる記録に終つたやうな作品も相当あるのは、オリムピック大会のリポータージユとして出版との制肘をうけてゐる為めであらうか」[20] との見解を述べている。他方、仲田が賞賛するのは「飛ぶやうに邁進するスプリンター（16）、レンズに描かれるプールのモザイク（61）〔〕碇泊するヨット（77）、スタヂイアムを埋める看衆（15）、飛鳥のごときダイヴ（68）など流石に写真の奥義に徹した佳作」[21]（括弧内の数字は『私が1936年のオリンピックで見たこと』の作品番号）だった［fig.7-11］。

ところで、堀江宏は批評の最後に「巻中に多くの同胞〔日本人選手〕の写真を見るのは、私達にとつて愉快にも怡しいことであります」[22] との印象を語っているのだが、シュミット商会の『ライカによる第十一回伯林オリムピック写真集』における編集方針は、まさにそこに重点をおいたものとなっている。井上鍾《あつむ》は、シュミット版の序文の中で丸善版との違いを念頭におきつつ、以下のように同書を性格付ける。

> 蒐められた写真の種類から見れば完全なオリムピック写真記録といふには幾分遠いものではあり

上：fig. 7　no. 16／右中：fig. 8　no. 61／右下：fig. 9　no. 77／左中：fig. 10　no. 15／左下：fig. 11　no. 68
（いずれも同前）

ますが、日本選手の活躍を中心としてスタンド風景、村〔選手村〕の憩ひ等に及び、オリムピックを語るに相応しいものであり、また世に謂ふ芸術写真の範疇には入れ難いものであるとしても、写真人への価値ある示唆と暗示に豊んだものではあると信じます。[▽23]

丸善版から四ヶ月も遅れたせいか、この写真集に対する批評は存外少ないものの、ヴォルフに対して必ずしも前向きとは言えない見解を示してきた木村伊兵衛をもってして「実にうまい、見直したのです〔……〕彼が高等写真家としての役割を果たしてゐることが分ります。あの写真を見れば何の文字がなくてもオリムピックの興奮が、スポーツの美しさが、文章以上に語られてゐるのであります」[▽24]と言わしめるものであった。日本人選手に関しても、例えば、総合馬術の陸軍大尉西竹一《にしたけいち》男爵やマラソンの孫基禎《そんきてい》は人気のあった選手で、彼らの写真は丸善版には掲載されていなかったし、また新聞・雑誌の報道などと比較してもはるかに躍動感のある写真が掲載されている［fig.12］。

シュミット版は、カール・シュペヒト＝丸善版より掲載枚数が少ないとはいえ、その半額以下という価格は驚きに値する。シュミット商会はオリンピックと日本人選手という主題とともに、ヴォルフを通じてライカという名称を広く普及させることを目的としていたのではないだろうか。ヴォルフ自身も、こうした表現はまさにライカでなければ成し得なかったことをシュミット版の序文で強調しているように、競技写真からスナップ写真まで、緩急のついたさまざまなシーンに対応するのは小型カメラならではの特徴だった。この編集方針が日本人たちの心をつかんだことは想像に難くない。

　ライカ－コンタックス論争においてコンタック派の急先鋒に立っていた佐和九郎が、のちに嫌味を込めて「ライカは商売がうまいこと、宣伝に費用をおしまず、手段を選ばず、徹底的にやるということでは、カメラの歴史の中で、ライカに及ぶものがない」▽[25]と述べたように、ライカというものを日本人にとって馴染深いものにする役割も果たしたと言えよう。実際、シュミット版の書名は「ライカによる第十一回伯林オリムピック写真集」であるし、関連イベントや雑誌特集も「伯林オリムピックライカ写真展覧会」「ライカとスポーツを結ぶ」とあるように、同社が重視したのは、こうしたスポーツ写真がライカだからこそ成し得る表現だと位置付けることにあったのである。

fig. 12　パウル・ヴォルフ《総合馬術野外騎乗に於ける西大尉の奮戦》（no. 74『ライカによる第十一回伯林オリムピック写真集』1937）

ところで井上鍾は、先に引いた序文で「世に云ふ芸術写真の範疇には入れ難いものであるとしても」と断りを入れているが、当時、スポーツ写真と写真芸術の関係はどのように捉えられていたのだろうか。同書の刊行に際して開かれた〈オリムピックと写真の講演会〉に登壇した四人の講演者の観点はさまざまだが、やはりヴォルフやライカは通底するキーワードだった。そして、彼らがそれ以外にもう一つそろって取り上げた話題があった。それは、次期東京オリンピックの芸術競技における写真部門である。

オリンピックは今日でこそスポーツの祭典だが、一九一二年のストックホルム大会から一九四八年のロンドン大会までのうち七大会で、スポーツを主題にした芸術作品の公募をおこない、スポーツ競技同様にメダルが授与される芸術競技というものが正式に組み込まれていた。種目は絵画、彫刻、建築、文学、音楽の五部門だったが、東京オリンピック組織委員会は、一九三七年初頭の段階で、ここに写真と工芸の部門を新たに加えるよう国際オリンピック委員会（ＩＯＣ）に上申している。だが、すでに一度否決された経緯があり、三七年五月の報道によれば、それを理由に種目追加不可とのＩＯＣ会長ラ・トゥール伯名義の声明を受け取ったという。[▽26]その後も粘り強く働きかけを続けたようで、同年一二月には東京視察のために来日したＩＯＣ委員の意見を取り入れ、再度上申の方向を国内委員会で決議している。[27] とはいえ、ＩＯＣで正式に採択されなくとも東京オリンピックに限っては開催国裁量で追加可能だったようで、『アサヒカメラ』誌上ではその準備という名目で「オリムピック芸術競技スポーツ写真訓練」なるコンペも開催されるほど、すでに写真界は芸術競技の話題でもちきりになっていた。

また、一九三〇年代に流行した、写真の技術や理論を分野ごとにまとめた叢書の中にも「スポーツ写真と報道写真」（『アマチュア写真講座』日本放送出版協会、一九三六）、『スポーツ写真の撮り方』（アサヒカメラ叢書第一三巻、一九三六）、「スポーツ写真撮影法」（『最新写真科学大系第17巻』誠文堂新光社、一九三六）、「スポーツ写真」（『新修写真科学大系第10巻』誠文堂新光社、一九三八）、『スポーツ写真のコツ』（玄光社写真全書、一九三九）など、スポーツ写真の巻や章が組み込まれ、ベルリンオリンピックを境にアマチュア層でも関心が高まっていたことがわかる。芸術競技を取り仕切る大日本体育芸術協会の写真部門評議員[28]たちは、各競技のルール熟知や写真技術の向上をさかんに説いており、これらの著述もそれに呼応する内容となっている。

ただし一方で、『アマチュア写真講座』が「スポーツ写真と報道写真」という章立てになっていることや、『写真月報』一九三五年六月号のスポーツ写真特集の書き手が全員新聞社のカメラマンであることに象徴されるように、スポーツ写真は報道写真に近しいものとされていた観があり、批評家などからは、アマチュア写真家がオリンピックに採用されるような競技を撮影する機会がないという問題もたびたび指摘されていた。〈オリムピックと写真の講演会〉でも、松澤一鶴が「日本での之までの競技を見ましても、新聞社写真斑〔ママ〕が最も良い位置を占めてぐるりと競技者をとり巻いて終ひ、見物席のものはその頭越しにちらりちらりとしか競技者を見る事は出来ないと言ふ有様▽[29]」だと述べ、次に登壇した松山慶三《けんぞう》はアマチュアがおかれた状況を的確に指摘する。

アサヒカメラの〔前述のコンペの〕募集の種目をみますと、ハイキングや何か全部含まれてゐるやうな訳で〔……〕競技場に於ける運動競技といふものに、あまり大して〔アマチュアが撮影機会を得られるという〕期待を持てないからではないかと思つてゐるのですが、神宮〔体育大会〕なんかの写真を撮つてゐる話をきゝますと、あれは非常に新聞か雑誌にうるさい関係がありまして、スポーツ何とかの学会金を出されまして、現在の会員の二者以上の推薦を必要とするとかいふ条件があり、とてもそれに加盟してやるといふ程には普通の人はならないだらうと思ひます。▽[30]

つまり、新聞社の社員たちはオリンピックに採用されるような競技の撮影について解説をするアマチュア写真家たちの指導者の役割を担ってはいるものの、それらの撮影はまさに彼らによって阻まれるという、スポーツ写真をアマチュアリズムの中に成立させるにあたっての齟齬が生じていたのだ。

さらに事情が複雑なのは、東京オリンピックまで三年と迫る中、芸術競技における写真の審査方法や審査員をどうするかという問題をも抱えていることだった。大日本体育芸術協会の写真部門評議員が、一九二〇年代からアマチュア写真文化（＝写真芸術）を支えてきた写真家や新聞社の重役、批評家を中心に構成されていることからも明らかなように、オリンピック芸術競技は、スポーツ写真をアマチュアリズムの中に成立させるオリンピズムを前提としていた。例えば、名取洋之助が評議員に名を連ねてもよさそうなものだが、そうならないあたりに、アマチュア写真芸術の系譜に位置付けようという意識が見て取れる。名取がさかんに紹介してきたムンカーチ・マールトンなども同時代に優れたスポーツ写真を残しているが、それも名取が排除されたことによって光が当たっていないように見える。対して重要になってきたのが、名取も言っていた「偉大なるアマチュア」という日本におけるヴォルフの位置付けだったのだ。実際に写真部門を設けた際の審査員をどうするかについては板垣鷹穂や森芳太郎が論じているが、その意見に共通するのは外国人を含めることで、彼らがともに挙げたのはやはりヴォルフだった。

ここでいま一度ヴォルフのオリンピック写真に立ち返ってみても、その表現の幅は単なる報道写真や記録写真に留まらないバランス感覚をもっており、実際、仲田定之助が「写真の奥義に徹した佳作」として挙げた作品の傾向もそこに一致するのである。板垣、森、仲田がいずれも大日本体育芸術協会評議員だったことを考えれば、少なくとも評議員の批評家たちは、ヴォルフをアマチュア写真家がスポーツ写真の手本にすべき存在だと考えていた共通認識が浮かび上がってくる。

はたして翌一九三八年七月、日本は東京オリンピック開催権を返上するにいたったが、結局のところ、その時点までにスポーツ写真のありかたが具体性を帯びることはなかった。だが、それはスポーツ写真という分野を当時のアマチュアリズムの中で成立させることへの限界でもあったのではないだろうか。本格的にモダニズム写真が成立しようとし、写真の社会的用途が拡大を見せる中で、日本では商業写真家であるとかスポーツ写真家であるといった今日的な細分化・専門化はまだ確立していなかった。それこそが近代写真の萌芽的段階でのヴォルフの位置付けの曖昧さにつながってくるのだが、この曖昧さは本格的な戦時体制への突入に影響され、ヴォルフへの評価にも変容をきたすのである。

7 「報道写真家」としてのヴォルフ

ヴォルフへの評価変容の裏には、彼を写真報国（プロパガンダ）の旗手に仕立て上げるというシュミット商会と内閣情報局の巧妙な戦略があった。同社と急速に近しい関係になっていた番町書房は、一九四〇年に『パウル・ヴオルフ傑作写真集』を出版しており、その刊行予告の広告にも「好きで写真を写して居る吾々にも国家協力が望まれて居る今日の日本に、本書の出版は写真アマチユアの行くべき道を「これだ！」と示し」た一冊になるとうたわれている。わずか三年前の一九三七年には、日本の写真文化を担うアマチュアリズムはオリンピックの理念とまさに一致するなどと言われていたにもかかわらず、今や写真立国を自負していた日本のアマチュア写真に向けられるエネルギーは翼賛体制へと変容していったのである。

　おりしも、この写真集発行翌月の一九四〇年一二月には大政翼賛会の傘下組織として、興亜写真報国会が発足する。同会は、活動目的に「写真を以て戦線銃後の慰問を徹底化すること」[31]や、「個人主義的、自由主義的な耽美乃至歪曲せられた芸術至上主義を排撃する」[32]ことを掲げ、報国のための報道写真、すなわち銃後の国民生活の記録をアマチュア写真家に仕向けていった。『パウル・ヴオルフ傑作写真集』の広告文は明らかにその方向性と軌を一にしている。興亜写真報国会とシュミット商会、番町書房の明確なつながりを示す資料は管見の限り見出せないが、注目したいのは、興亜写真報国会を指導する立場にあった内閣情報官の林謙一が『パウル・ヴオルフ傑作写真集』の序文をしたためていることである。そこには、ヴォルフの位置付けの驚くべき変化が見られる。

　ヴオルフの写真は報道写真ではないといふ人がある。その人は報道写真をおそらく手狭に考へてゐる人である。パンは食パンだけがパンではない。木は柏のみではない。ヴオルフの作品集『ゾンネ』は彼が家族と共にひと夏北海の沿岸を旅した折の太陽の賛歌をテーマとした『美しい報道写真集』である。同じく『アルバイト』は働く人の愉悦に取材した独逸の近代工業を描く立派な報道写真である。また『オリムピック一九三六年』は最も完備し且つ美しいベルリン・オリムピック大会の報告書である。〔……〕たとへ趣味にせよ、業にせよ、吾々の写真の営みが国家の規範と軌道に乗つて前進しなければならない時、報道写真の勉強こそ急がねばならず、拡めねばならない。ヴオルフを知りヴオルフを学ぶは決して徒労ではない。▽33

この強引なまでのヴォルフ像の変化にはさらに続きがある。翌一九四一年から四二年にかけて、『ライカによる私の経験』が、『ライカ写真』『ライカ写真の完成』の二分冊で翻訳刊行されるのだが、すでに戦局はかなり悪化し、出版物に供する用紙には統制がかけられていた。それを管轄していたのが内閣情報局だったのだ。

この翻訳は、日本でヴォルフが熱狂の頂へと上り詰める最中の一九三四年に堀江宏とアルス、シュミット商会の間で出版計画が持ち上がったが実現はしなかった。それが戦時体制や日独間の同盟関係を逆手に取るような形で出版されたのは皮肉というよりほかない。だが、すでに雑誌の統廃合が進み、もはや国民的写真家の代表的著作の書評を載せる雑誌は存在していなかったのである。

名取洋之助がかつて述べたような、何者とも言い表しようのない「大衆小説家の如き」写真家は、八年の間に日本社会が抱いた国民的関心や社会状況に翻弄されながら評価されていったのである。もちろん、日本を訪れたことのないヴォルフ本人はこれを知る由もなく。

8　むすびにかえて

ここまでみてきたように、当時の日本のヴォルフ人気は熱狂的で、評価軸のさまざまな変容を経たとはいえ、長いものであった。その頂は東京オリンピック招致というもう一つの熱狂と重なり、モダニズム写真にさらなる拡大と深化を促そうとしていた。

写真芸術と報道写真の二項対立的枠組みの中で近代写真のありようを論じるのは、日本の初期モダニズム写真の特徴であり、そこから戦時下の表現の抑圧に向かうまでの流れはアマチュアリズムとプロフェッショナルなモダニズム写真の分岐点にもあたるため、これまで包括的には考察されてこなかった。ヴォルフはまさにこの境界をつなぐ役割を果たしている。さらに、スポーツ写真という、これまでモダニズム写真の中では十分に考察されてこなかった分野でも重要な意味を担わされているのは、近代写真史を捉え直す上での重要な示唆ではないだろうか。スポーツ写真の明確な成立は戦前には成し得ることがなかったが、その一つの契機を作ったヴォルフの名前さえもが戦後には忘れ去られていたという事実は、写真史研究の未熟な点を露呈していることにもなろう。

本論はスポーツ写真という主題を通してその序説を示したにすぎない。マンフレッド・ハイティングが述べるように、「彼を暗闇から連れ戻し、写真家としての人生を祝福する」[34]ためのスタート地点に、我々はようやくたどり着いたのである。

▽1 大場榮一「パウル・ヴォルフを憶う」『紀伊国屋月報』八号、一九五一年、八頁。

▽2 金丸重嶺『海外作家五十人集』東京朝日新聞社、一九四五年、一〇五頁。なお、この引用では写真家がダゲール、ニエプスを知らないというようにも解釈できるが、前後の文脈から考えれば、「ダゲール、ニエプス等は名前の知られぬ写真家でも、ウォルフならば一応は知っている」という文意であると解釈される。

▽3 堀江宏「ヴォルフ氏イタリア作品集」『月刊小型カメラ』一九三八年一一月号、三〇一頁。

▽4 森芳太郎、金丸重嶺『アルス最新写真大講座第13巻――新興写真術』アルス、一九三六年、二〇三頁（Francis James Mortimer, "The Year's Work," *Photograms of the Year*, Iliffe & sons, 1932, p. 3）。

▽5 板垣鷹穂「1935年の写真界に」『フォトタイムス』一九三五年一月号、一一三頁。

▽6 網代弘章「パウル・ヴォルフの写真展を契機として」『アサヒカメラ』一九三五年一一月号、六五七頁。

▽7 同前。

▽8 成澤玲川「Dr. Paul Wolff 傑作写真集」『アサヒカメラ』一九三五年一〇月号、四二二頁。

▽9 名取洋之助「ポウル・ウオルフの身上」『カメラアート』一九三六年一月号、二二頁。

▽10 小西六写真工業編『写真とともに百年』小西六写真工業、一九七三年、四〇八頁。

▽11 堀江宏「ヴォルフ氏と山の撮影」『月刊小型カメラ』一九三六年三月号、一一〇頁。

▽12 写真技術の研究家であった佐和九郎はカール・ツァイス株式会社（同社の日本総代理店）が一九三五年に発行した「コンタックス総合カタログ兼仕様書」の中で、匿名ではありながら明らかにライカであるとわかるカメラの欠点を並べ立ててコンタックスの優位性を主張した。また、同年八月にもK.K.なるペンネームの人物（佐和であるという説もある）によって「「ライカ」と「コンタックス」とどちらがよいか?」という記事が『アサヒカメラ』に寄稿され、両社のカメラを比較して点数を付けている。ライカの外見がヴェス

ト・ポケット・コダックに似ている、剛性が弱いなどの外見的理由にはじまり、機構上の比較においてもコンタックス優位が説かれた。これに対しシュミット商会は、一九三六年のパウル・シュミットの死後同社の社長となった名文家、井上鍾の執筆で、これらに事細かに反駁したパンフレット『降り懸かる火の粉は振り払わねばならぬ』を三万部発行した。「降り懸かる火の粉」とは、コンタックス擁護派によるライカ中傷の暗示である。さらに、一九三六年三月には浅沼商会が『最新型コンタックスの進歩したる点』というパンフレットを発行し、コンタックス擁護に乗り出している。この泥仕合はドイツ政府からの自粛要請によって下火になったと言われる。だがその実、代理店は中傷合戦をやめたものの、一九六一年のコンタックスの生産中止まで日本の写真界では論争が続いていた。この論争については、以下の文献を参照した。中川一夫『ライカの歴史〔復刻版〕』写真工業出版社、一九九四年、三七―三八頁。

▽13 Manfred Heiting, Ryuichi Kaneko, *The Japanese Photobook 1912–1990*, Steidl, 2017, p. 236.

▽14 松澤一鶴「伯林オリムピック大会から拾ふ」（「ライカとスポーツを結ぶオリムピックと写真の紙上講演会」に採録）『写真新報』一九三七年五月号、七頁。

▽15 堀江宏「ヴオルフ氏のオリムピック作品」『月刊小型カメラ』一九三六年一一月号、一九六頁。

▽16 金丸『海外作家五十人集』、一〇五頁。

▽17 堀江「ヴオルフ氏のオリムピック作品」、一九六頁。

▽18 同前。

▽19 同前。

▽20 仲田定之助「どんなスポーツ写真がいいか」『アサヒカメラ』一九三七年四月号、七八七頁。

▽21 同前。

▽22 堀江「ヴォルフ氏のオリムピック作品」、一九六頁。

▽23 井上鍾「序」『ライカによる第十一回伯林オリムピック写真集』シュミット商会、一九三七年、五頁。

▽24 木村伊兵衛「ライカとオリムピック」（「ライカとスポーツを結ぶオリムピックと写真の紙上講演会」に採録）『写真新報』一九三七年五月号、一六－一七頁。

▽25 佐和九郎『佐和写真技術講座2 カメラとレンズ』アルス、一九五四年、一六八頁。

▽26 『読売新聞』一九三七年五月一八日付、四面。

▽27 『東京朝日新聞』一九三七年一二月一八日付、八面。

▽28 評議員の顔ぶれは板垣鷹穂、星野辰雄、金丸重嶺、鎌田彌寿治《やすじ》、高桑勝雄、塚本閤治《こうじ》、名取洋之助、成澤玲川、仲田定之助、中山岩太《いわた》、大村斎《ひとし》、大江素天《そてん》、安本江陽《こうよう》、松野志気雄、福原信三、江崎清、福森白洋《はくよう》、秋山徹轍《てつすけ》、北尾鐐之助、森一兵、森芳太郎らとある（「オリムピック芸術写真競技ニュース」『アサヒカメラ』一九三七年四月号、七九三頁）。

▽29 松澤「伯林オリムピック大会から拾ふ」、八頁。

▽30 松山虔三「ライカと云ふカメラの話」（「ライカとスポーツを結ぶオリムピックと写真の紙上講演会」に採録）『写真新報』一九三七年五月号、九－一〇頁。

▽31 「興亜写真報国会結成」『東京朝日新聞』一九四〇年一二月二一日付、七面。

▽32 「本会の指導方針」『日輪』一九四二年一月号、五九頁。

▽33 林謙一「追ひつけ追ひ越せヴォルフ」『パウル・ヴォルフ傑作写真集』番町書房、一九四〇年、一〇頁。

▽34 Heiting, Kaneko, *The Japanese Photobook 1912–1990*, p. 237.

II

06

スポーツ漫画映画とナショナル・ボディ

戦前期日本のアニメーション表現に見るスポーツ的身体

渡邉大輔
Daisuke WATANABE

1　スポーツとアニメーション表象

『巨人の星』（一九六八―一九七九）、『あしたのジョー』（一九七〇―一九八一）、『エースをねらえ！』（一九七三―一九七九）といった戦後昭和期の作品から、『テニスの王子様』（二〇〇一―二〇一二）、『Free!』（二〇一三―二〇一四）、『ユーリ!!! on ICE』（二〇一六）といった近年の話題作にいたるまで、各種の体育競技やスポーツを題材にしたアニメーション作品は、今日まで高い人気を誇っている。▽1 二度目の東京オリンピックを迎えた二〇二〇年の現在においては、こうした「スポーツアニメ」の需要と注目度はますます高まっていくことだろう。

ところで、こうした無数のキャラクターたちの健全な身体の躍動＝アクションそれ自体を描くことを主眼としたスポーツアニメとは、ある意味では、アニメーションという表現や歴史そのものの可能性とも深く関わっているといえる。例えば、戦後日本アニメーションの草創期から活躍した名アニメーターの大塚康生は、東映動画に入社する際、入社試験として一人の少年が重い槌を振り上げてから下ろすまでの動作のプロセスをアニメートする作画を課題で出されたエピソードを紹介している。▽2 身体における特定の身振りから別の身振りまでのプロセス、例えばウォルト・ディズニー・スタジオ黄金期の名アニメーター、フランク・トーマスとオーリー・ジョンストンが記すように、こうした「ある絵から次の絵に至る動きこそが、アニメーションの核心」▽3（傍点引用者）であることは間違いない。

しかもこのことは伝統的なアニメーションの場合、さらにそれらの動きを過度に誇張・変形・歪曲して表現することにその顕著な特性が認められてきたといえる。例えば、その代表的な事例として、まさにトーマスやジョンストンら草創期のウォルト・ディズニー・スタジオのアニメーターたちが教科書的に体系化した「ストレッチ・アンド・スクウォッシュ」（潰しと伸ばし）をはじめとする数々の誇張的なアクション表現があるだろう。ストレッチ・アンド・スクウォッシュとは、アニメーションにおいて、生き物（キャラクター）が動く時に派生する筋肉や関節の柔軟性・伸縮性を現実よりもオーバーに表現する作画上の原則である。この他、「アンティシペーション」（予備動作）、「フォロー・スルー」（後追い）などといった同様のこれらさまざまなディズニー・カートゥーンの作り上げた「原則」は、アニメーションという映像表象が本来的に孕む、実写映像とは異なる、身体表象における柔軟で伸縮自在な変形可能性――トーマス&ジョンストンのいう「可塑性」[4]を如実に体現するものでもあるだろう。

ちなみに、こうした主に一九三〇年代に前面化することになるディズニー・アニメーションの可塑的な身体性は、他方で同じディズニーの著名な短編連作「シリー・シンフォニー」（一九二九―一九三九）などに晩年のセルゲイ・エイゼンシュテインが見出していた「原形質性（plasmaticness）」と呼ばれる固有の性質とも通じている。[5]原形質とはこれもまたいわば「アニメーション表現固有の形状の自由な変形可能性」を意味しており、エイゼンシュテインはこれを「かつて――そして――永久に割り当てられた形式の拒絶、硬直化からの自由、いかなるフォルムにもダイナミックに変容できる能力」[▽6]などと定義している。すなわち、エイゼンシュテインの捉えたこのディズニーの原形質性もまた、トーマス&ジョンストンのいう可塑性を、ある意味ではよりラディカルに先鋭化させた性質だと理解することもできるだろう。[▽7]ともあれ、先の大塚によれば、草創期の東映動画においてもストレッチ・アンド・スクウォッシュをはじめとしたアメリカン・カートゥーンの作画技法のディシプリンは紹介されており、[▽8]これらは少なくとも伝統的な商業アニメーションの文脈においては一種の規範化された技法として世界的に流通していたことが窺える。そして、あえてまとめれば、こうしたアニメーション固有の「可塑的」で「原形質的」な身体性が、スポーツのような多様な身体動作の行使を主眼とする題材において最も効果的で、かつ純粋な形で発揮されるものであることも確かだろう。

　というのも実際に本章の論旨からも興味深いのは、実は当時のディズニーのアニメーターたちがこうした身体性を見出す契機の一つとなったのが、他ならぬ「スポーツする身体」の発見であったという事実があるからだ。まさしくトーマスとジョンストンは以下のように述べている。

> 私たちは新聞のスポーツ欄を見て、今まで見過ごしていた宝の山を発見した。そこには、人間が体の各部位を伸ばし、激しい動きをしながら、ありとあらゆる格好をしている写真があり、それが人体の柔軟性をみごとに示していたのだ。私たちが考えてきたアニメーションの原則は、腕や

脚がこぶやふくらみを作ったり、長くまっすぐ伸びたりする中に、はっきり表れていた。肉体的な変形を示す写真のほかに、喜びや苛立ち、集中心など、スポーツの世界にある強烈な感情を選手が全身で伝えている写真もたくさんある。私たちはそういう写真に啓発され、新たな角度からものを観察できるようになった。▽9（傍点引用者）

ここでいわれているように、ディズニーに代表される二〇世紀アニメーション固有の表象の内実には、まさにこれもまたいかにも二〇世紀的な文化である「スポーツする身体」が深く関わっていたのである。

*

本章の以下の論述では、以上のようなアニメーション表象やその歴史における「スポーツする身体」との関わりの一端を考察する。とはいえ、ここでより具体的に分析対象とするのは、冒頭に掲げたような現代のよく知られる商業アニメーション作品（スポーツアニメ）ではない。実はこうしたスポーツや体育競技を題材としたアニメーションは、日本でもはるか戦前の一九三〇年代にはすでにいくつか作られていた。本章で注目したいのは、これら戦前期に日本で製作されていたスポーツを題材とする数本の短編アニメーションである。

知られるように、いまから約一〇〇年前、一九一七年に初めて制作された日本の国産アニメーションは、とりわけ戦後の東映動画設立以前の戦前・戦中期には表現技法、制作体制、受容環境などさまざまな点で現在とはかなり異なったあり方をしていた。例えば、それらはおおよそ大正期半ばから昭和戦前期にいたるまで、「漫画映画」「漫画喜劇」「漫画」、あるいは「線画」「線映画」「線画喜劇」などといった呼称が多様に用いられ、次第に前者は娯楽的作品、後者は教育的・広告的作品に区別して用いられるようになる。また、それらの国産アニメーションは、ごく少人数の絵描きによる手工業的システムで制作されており、さらに実写の劇場用長編映画とは別に、そうした実写作品の添え物的な上映や、あるいは公共施設や学校施設などで教育目的での上映が一般的であった。

いずれにせよ、そうした戦前期の国産漫画映画の中でスポーツや体育競技を主題にした作品の代表的な事例が、村田安司らが横浜シネマ商会で製作したいくつかの短編作品群であった。この論文では、この村田安司を中心とする、こうした一九三〇年代に制作された国産スポーツ漫画映画の特徴的な映像表現やモティーフを分析し、それらの作品が描き出す固有のスポーツ表象が、当時の国産アニメーションや時代的文脈の中でいかなる意味を担っていたのかを考えてみたい。

2　一九三〇年代のスポーツ漫画映画とオリンピック熱

　さて、戦前期に制作され、現在でも市販のＤＶＤなどで観ることができる主要な「スポーツ漫画映画」の作品としては、『動物オリムピック大會』（一九二八）、『おい等の野球』『おい等のスキー』（ともに一九三〇）、『漫画レビュー　春』（一九三二）、『体育デー』『ダン吉島のオリムピック大會』（ともに一九三二）などの作品が挙げられる。[10]いずれも二分あまりから一〇分あまりの短編である。そして、先に挙げた作品のうち島田啓三の人気漫画を原作にした『ダン吉島のオリムピック大會』以外の作品は、すべて村田安司が横浜シネマ商会で手掛けた作品群である。

　それでは、まず村田安司の経歴についても簡単に確認しておこう。村田は一八九六年に横浜に生まれ、主に戦前に活躍した日本の草創期の代表的なアニメーション作家の一人である。[11]中学卒業後に映画館の看板描きの仕事をしていたが、関東大震災で被災し、旧知であった佐伯英輔の横浜シネマ商会に入社する。アニメーション技術は一時期、山本早苗に師事していたようだが、ほとんど独学だったという。二七年に『猿蟹合戦』を初制作。その後、横浜シネマ商会で企画・脚本の青地忠三、撮影の上野行清と組んで、短編教育アニメーションのレーベル「アテナ・ライブラリーシリーズ」（一九二五―一九三九）で五〇以上の短編作品を量産した。制作技法はセルアニメーション導入以前の切り紙アニメーションであり、この方法の名手といわれた。三七年に横浜シネマ商会を退社した後、戦中は村田漫画製作所所長、日本映画社美術課長、戦後は日本漫画映画社専務などを歴任。晩年は再びＣＭやＰＲ映画の制作に携わり、六六年に七〇歳で没した。

まず、村田の作品に代表される戦前期のスポーツ漫画映画に共通して見られる特徴として、第一に人間はほとんど登場せず、数種の擬人化された動物たちがキャラクターで登場すること、第二に競技をめぐるシリアスなドラマはなく、動物たちの試合や競技の様子が一貫してコミカルな演出で描かれること、そして第三に、『動物オリムピック大會』『体育デー』『ダン吉島のオリムピック大會』のように、一種目の競技（スポーツ）が題材になるというよりは、オリンピックのように複数の競技がトーナメント方式で描かれることなどが挙げられる。

以上の三点のうち、前の二点はスポーツ漫画映画に限らず、戦前の国産アニメーション全般に共通する特徴でもある。重要なのは、やはり三点目のオリンピックをモティーフにした作品の多さだろう。というのも、もとよりこの時期にスポーツやオリンピックを題材にしたアニメーションが目立って作られるようになっていた背景には、むろん、それらに対する社会的関心が日本国内においても急速に高まっていたからに他なるまい。

例えば、一八九六年――奇しくも村田の生年であり、またシネマトグラフが日本で初公開された年――にはじまる近代オリンピック大会に日本が初めて参加したのは、一九一二年のストックホルム夏季大会（第五回）からである。そしてその後、二〇年のアントワープ夏季大会（第七回）で熊谷一彌《いちや》がテニス男子シングルス、ダブルスで日本最初のメダル（銀）を獲得。さらに村田が『動物オリムピック大會』を制作した二八年に開催されたアムステルダム夏季大会（第九回）では織田幹雄が陸上男子三段跳びで日本人初、個人ではアジア人最初のオリンピック金メダルを獲得する。あるいはこの大会では織田に続き、鶴田義行も競泳男子二〇〇メートル平泳ぎで当時の世界記録を樹立して金メダル、さらにこの大会から参加可能になった女子競技でも、伝説的な陸上選手、人見絹枝《ひとみきぬえ》が陸上女子八〇〇メートルで銀メダルを獲得するなど、日本人の活躍が初めて華々しく記録されたオリンピックでもあった。そして、このオリンピック熱は四〇年の「幻の東京オリンピック」の構想にまで繋がっていくことになる。

いずれにせよ、一九二〇年代末から三〇年代前半における「スポーツ漫画映画」の台頭は、おそらくはこうした日本とオリンピックをめぐる時代的文脈とも無縁ではないだろう。事実、すでに触れたように、戦前において国産アニメーション（漫画映画、線画）は、劇場用の実写物語映画とは別に、学校施設での児童生徒の情操教育、知識教授を目的とした「講堂映画会」などマイナーな文脈で上映され、同時にそれらは実写の教育映画、児童映画、記録映画などと一緒に上映される機会が多かった。[▽12]そして当時、自身の代表作『のらくろ』（一九三一―一九四一）もしばしばアニメーション化されていた漫画家の田河水泡《すいほう》は、ベルリンオリンピックが開催された三六年、日本最初の映画教育の専門誌『映画教育』に掲載されたある座談会において、オリンピックのニュース映画とともに数本の漫画映画が上映された映画会を鑑賞したと語っている。[13] このように、当時のスポーツ＝オリンピック漫画映画の数々は、おそらくは同時代の高まる「オリンピック熱」を背景として制作され、その文脈において当時、子どもたちを中心に受容されていったと考えられる。

3　村田安司の漫画映画におけるスポーツ的身体

それでは、その中でも村田が手掛けたスポーツ漫画映画作品には、固有の特徴としてどういうものがあったのだろうか。それらは第一に、ディズニー・カートゥーンとはまた異なった、キャラクターの身体のラディカルな可変性・可塑性、第二にキャラクターの動きのディズニー的なフル・アニメーション表現とは異なった作画表現、第三にさまざまな「モノ」（ノンヒューマン・エージェンシー）の自律的な躍動性、そして第四に、アニメーション世界を構成するさまざまな記号的要素の可変性などの点が挙げられるだろう。

まず、後二点から見ていく。村田の漫画映画作品では、キャラクターたちの持つさまざまなガジェット＝物体が通常の物理法則を離れて自由自在に動き回る。『動物オリムピック大會』ではシロクマが失敗した棒高跳び競技を撮影していたサルが代わって競技に挑戦することになるが、そこで棒高跳びのバーが両脇の支柱を離れて空中に魔法のように浮遊する。また、円盤投げでゾウが投げる円盤はそのまま空中を飛び続け、ライオン大会会長の頭上で一瞬、顔が現れるとライオンの帽子を取り、その後、ＵＦＯのように山のはるか向こう側にフワフワと飛び去ってしまう。ゾウとサルによる槍投げ競技でも槍が生き物のように雲の上まで舞い上がり、そのまま雲の中で風船を飲み込んだブタを追いかけ回す。あるいは、『おい等のスキー』でも雪の急斜面を、傘を敷いて滑り出したタヌキは、やはり傘に乗って空中を飛行する。このように、村田の作品ではモノはあたかも現代の人工知能（ＡＩ）を搭載したドローンのように自律的・能動的にキャラクターとともに蠢くのである。

さらに、彼の作品では作中で絵と「吹き出し」などの記号が自在に切り替わるという趣向も随所に見られる。『動物オリムピック大會』では二〇〇メートルハードル競技で「オーイ」という四角い形の吹き出しが次第にサルの顔に変わる。また、やはり『おい等のスキー』では冒頭部分で雪山の頂のウサギが発した「オーイ」という吹き出しが白い雪球に変わり、向かい側の山頂にいるウサギに当たる。このようなノンヒューマンな物体の蠢きや多様な記号の生成変化もまた、アニメーション表象に固有の要素であり、ここでの村田の実験的な演出はそれ自体興味深いものがある。▽14

とはいえ、本章にとってより重要だと思われるのは、むしろ前二者の、キャラクターの身体性や動きにまつわる論点の方だろう。村田の作品では、動物たちの身体がまるで粘土かアメーバのように自由自在に伸縮したり切り離されたりする演出が目につく。『漫画レビュー 春』では、物語終盤で実にさまざまな動物が登場し、五人抜き花相撲大会が始まるが、この中でブルドッグにのされたクロネコの身体が真っ二つに割れると、クロネコの上半身と下半身はそれぞれ別に動いて退場する。また、逆にアヒルに押し出されたブルドッグは尻尾がゴムのように細長く伸びる。また、『おい等のスキー』でも、ウサギとともに雪山でスキーをはじめたタヌキは、猛スピードで立ち木の枝にぶつかると、スキー板を履いた下半身が胴体を離れて滑走していってしまう。さらに二匹のウサギの方も二つの身体が合体して雪ゾリに変化する。傘を敷いて滑走したまま空に上がったタヌキも口がプロペラに変化する……と、この短編ではウサギとタヌキの身体が、次々と変貌し、また身体の部位が餅のようについたり離れたりするのである。

さらに、以上のように描かれる村田のキャラクターたちには切り紙アニメーションという制作手法ならではの独特の動きが見られる。この点についてはは数少ない村田論の発表者である呉恵京が注目している。呉は『太郎さんの汽車』(一九二九)の一場面を図示しながら、村田の切り紙アニメーション表現の特徴の一つに、キャラクターの身体を、各部位の動くパーツごとに分割して動画を描いている点を挙げている。つまり、村田の漫画映画では顔の中で口の部分のみ、全身のうち上半身のみといったパーツごとの動画表現が顕著に見られるのである。呉はこうした特徴を、いわゆる「口パク」や「バンク・システム」などで知られる『鉄腕アトム』(一九六三―一九六六)以来の戦後テレビアニメの「リミテッド・アニメーション」技法と近似的な表現として論じている。▽15 この点に関して、呉は触れていないが、ここには村田のスポーツ漫画映画の中で頻出する、試合の観衆たちによる「拍手」の表現も含まれるだろう。『おい等の野球』や『体育デー』などの作品では、スポーツ競技をスタジアムの観客席で観覧する大勢の観衆が一斉に拍手する場面がしばしば登場する［fig.1］。しかし、ここでの拍手の手の動きは、実際のそれよりもはるかにハイスピードで、まるでフィルムの早回しのように作画されているのである。

いずれにせよ、セル導入以前の切り紙アニメーションが主流であった戦前期の国産アニメーションにおいて、こうした表現は何も村田だけのものではなく、また、切り紙とセルという異なったメディウムにもかかわらず、呉のように戦前の村田の作画表現を戦後のテレビアニメのリミテッド・アニメーションの技法と単純に同一視してしまうことにも注意が必要だろう。とはいえ、少なくとも村田の漫画映画の表現や演出が、当時のディズニー・カートゥーンのそれとは異なる、独自の要素を備えていたこともまた明らかである。この点については、村田自身の考えを表明した文章が残されている。

私は漫画映画を作りはじめて十年になるが、どれもこれも気に

fig.1　村田安司『おい等の野球』(1930)

入らない。自分でも少し地味すぎるからだと気付いてはゐるが、周囲の人々は別な意味で硬すぎると言ふ。何故人々はそう言ふか？　それは米国漫画映画の影響ではないかと思ふ。

我国の漫画映画家の中には米国漫画映画の形までも模倣してゐるのがある。しかし、米国漫画映画の形は米国人に適合したものであるから、そのまゝ日本に移しても決してよくなるとは思はない。もし米国漫画映画の形式に改変を加へるならば日本人独特のものでやつて行きたいものである。▽[16]

（傍点引用者）

ここで村田は、自身のアニメーションの「地味すぎ」て「硬すぎる」という評価（個性）の理由を、他の国産アニメーションの多くが蒙っている「米国漫画映画の影響」を意図的に避けたためであり、それは「日本人独特のもの」を目指した結果なのだと弁明している。この村田の発言にすでに注目していた呉は、キャラクターの顔や容姿を意識的に日本人らしい特徴にして描いた村田の作品を、同様の作画表現を強調した『火垂るの墓』（一九八八）や『おもひでぽろぽろ』（一九九一）といったスタジオジブリの高畑勲によるアニメーション作品と対比しつつ、彼がすでにアメリカ的なキャラクター表現や動きを相対化しようと試みていたことを指摘している。▽[17]

ともあれ、この村田の主張は、これらの作品群が制作された三〇年代当時の国産アニメーションをめぐる制作環境や批評的言説のパラダイムを俯瞰する時、きわめて興味深く思われる。というのも、例えば、アニメーション史研究者の佐野明子をはじめ複数の論者が指摘するように、[18]この時代、日本のアニメーション界ではディズニーやフライシャー兄弟を筆頭とするアメリカン・カートゥーン（アメリカ製の子ども向け娯楽アニメーション）の制作体制や表現技法が急速に「規範化」されていったからである。例えば、その一つの契機となったのが、ディズニーやフライシャー兄弟のトーキー・アニメーションの日本初公開であった。

よく知られるように、世界最初の本格的な――サウンドトラック方式を採用した――トーキー・アニメーションはウォルト・ディズニーが制作したミッキー・マウスの劇場初公開作『蒸気船ウィリー』*Steamboat Willie*（一九二八）だが、日本で初めてトーキー・アニメーションが輸入公開されたのは、一九二九年九月五日に新宿武蔵野館で封切られたマックス&デイヴ・フライシャー兄弟の『螢の光』（一九二九）だとされる（とはいえ、この直後にミッキーのトーキー短編も同館で初公開された形跡がある）。その後、続々と輸入公開されたアメリカ製トーキー・アニメーションは、国内の観客や批評家たちから熱烈な注目を浴び、とりわけミッキーと、フライシャー兄弟の人気キャラクターであるベティ・ブープは、昭和モダニズムの消費文化の中で象徴的なアイコンと化していくまでになった。例えば、当時二二歳の映画評論家・双葉十三郎は三二年のあるエッセイで、ベティ・ブープへの熱烈な偏愛を吐露するのみならず、アメリカン・カートゥーンのキャラクターたちが備える原形質的な身体能力に早くも注目している。

発声漫画は面白い、ベテイービンボウ、ミツキイの愉しさと、フリツプ、オスワルド、ボスコウ、等の笑ひとの間には、格段の距離があるとは言へ、とにかく、楽しいのは事実である。〔……〕発声漫画になると、忽ち爪をはがして吸取り紙にし絞つてはたいて、又元の通りはめ込むのである。音楽をやらうとすれば、髪をのばして糸の代りにし、肋骨を叩いてシロホンに替へる。自動車がほしければ、持つているステツキを横にし、石ころを二つくつつければよい。こゝでは僕らが日常に味ふ不足感が一切無い。[19]

その後も三〇年代前半頃から映画館ではアメリカン・カートゥーン数本を「漫画大会」や「漫画短編大会」と称して長編映画と併映するプログラム、あるいは「十銭漫画劇場」という、漫画映画のみを廉価で上映する企画が流行した。こうしたアメリカ製トーキー・アニメーションの台頭によって、この頃から日本の映画批評においてもアニメーション（漫画映画）が本格的にその対象になりはじめるのである。

いずれにせよ、こうした趨勢の中で、アメリカン・カートゥーンの制作体制や表現技法が日本の映画言説において急速に「規範化」していく。もとより、一九一〇年代の「純映画劇運動」のように日本の映画人が欧米の映画形式に優位性を見出し、規範的モデルとする事例は映画史においてそれ以前からも存在した。だが、やはりこの時期にもまた国産アニメーションをアメリカ製のそれに及ばない「未熟」なものとみなす言説が台頭したのである（こうした傾向は、ある面では「東洋のディズニー」を目指して設立された戦後の東映動画まで続いていく）。あるいは、こうした言説にも後押しされて、国産アニメーションのキャラクター表現などにもアメリカン・カートゥーンの影響が色濃く反映されていった。例えば、瀬尾光世の『お猿の三吉 突撃隊』（一九三四）にはクララベル・カウなどアメリカン・カートゥーンのタッチを思わせる動物のキャラクターが多数登場する［fig.2］。さらにスポーツ漫画映画の一作である『ダン吉島のオリムピック大會』でも、徒競走の号令係として明らかにミッキーをモティーフにしたキャラクターが登場するのだ［fig.3］。結論をいえば、先の村田の主張は以上のような当時の文脈を踏まえた時、アニメーションをめぐる時代の支配的なパラダイムに対して、きわめて批判的に向き合っていたことがわかるだろう。そして同時に、スポーツ漫画映画はそうした彼の考えを最も端的に表現する素材でもあったはずである。

上：fig. 2　瀬尾光世『お猿の三吉 突撃隊』（1934）
下：fig. 3　作者不詳『ダン吉島のオリムピック大會』（1932）

4 ナショナル・ボディの形成と映像メディア

村田が一九三〇年代に相次いで手掛けた一連のスポーツ漫画映画作品は、高まる「スポーツ熱」「オリンピック熱」を重要な背景にしつつ、当時の国産アニメーションの支配的なパラダイムであったアメリカン・カートゥーンのディシプリンに対する「日本人の手になるアニメーション」という視点からの相対化の意味も少なからず込められていた。ところでその後、アメリカン・カートゥーンをめぐる規範的言説や作画表現もまた、早くも三〇年代の後半には日中戦争以降の戦局の拡大に伴うナショナリズムの高揚の中で変化を余儀なくされる。こうした過程から振り返ると、村田らのスポーツ漫画映画もある種の「政治性」を帯びてくるだろう。その点を確認して、本章を締めくくることとしたい。

もともと一八世紀末のヨーロッパで誕生し、一九世紀後半の明治国家に輸入された近代スポーツ文化・思想は、産業革命・消費社会以降の資本主義国家の国民の「余暇《レジャー》」であると同時に、彼らの「ナショナルな身体」を形成する重要な機制としての役割も果たしてきた。例えば、唯物論研究会のメンバーであった哲学者の森宏一は、ベルリンオリンピックの翌年に『唯物論研究』に寄稿したスポーツをめぐる小論において、日本におけるスポーツ文化の大衆的浸透がオリンピックなどを通じて一九二〇年代頃から本格的に広がったとしつつ、現在においてはそれは「国防」の目的においても重要になりつつあると論じている。[20]

周知のように、近代日本における西欧のスポーツ文化・思想の紹介は、一八七〇年代初頭（明治初年）のアメリカからのベースボール（野球）の渡来を端緒に次々ともたらされた。他方、国内では同時期に施行された学制において、児童生徒や学生を対象に、各種武道を基にした体育教育に加え、それらの西欧スポーツもナショナル・アイデンティティの修養のための一部として積極的に導入されていく。したがって、近代日本においてはスポーツ文化が本来備えていた遊戯性・レジャー性・祝祭性といった要素もまた、児童（国民）の身体を統制し、政治の主体であるとともに客体でもあるような「ナショナリスティックな身体」に根本から作り変える手段として機能することになる。[21]

いずれにせよ、スポーツ史研究の通説によれば、[22]こうした日本における近代スポーツ文化による「ナショナル・ボディ」の形成が全面的に花開いた時期が、まさしくスポーツ漫画映画が台頭し、オリンピック熱に浮かされた一九二〇年代後半から三〇年代であった。例えば、これも日本人初の金メダルが出たアムステルダムオリンピックが開かれ、村田が『動物オリムピック大會』を制作した二八年、国内では日本共産党員の一斉検挙、いわゆる「三・一五事件」が発生している。そして、この事件以降、国民の身体の包摂的な統制を促す「スポーツ」という実践は、左翼思想（マルクス主義）対策の手段としても再認識され、国家行政のもとに位置づけられていく。事実、いわば「スポーツの国家政策化」が開始されたこの二八年には文部省体育課課長・北豊吉の旗振りのもと、日本放送協会が

「全国ラジオ体操」の放送を開始するのである。

むろん、ラジオ体操同様、こうしたメディアによるナショナル・ボディの形成は、映像メディアによっても古くからなされてきた。例えば、村田の『漫画レビュー春』には花相撲のシーンが登場するが、かつて筆者は明治末期に子どもたちに人気を呼んでいた、大相撲の取り組みを写した実写映像、「相撲活動写真」が孕んでいた近代日本におけるナショナルな身体鍛錬との関係について論じたことがある。[23] そうした映画を媒介としたある種のナショナル・ボディの構築の契機は、実はスポーツ漫画映画と同時期の一九三〇年前後にも見られた。映画研究者のミツヨ・ワダ・マルシアーノは、その一端を、一九二〇年代前半から三〇年代初頭まで日本映画で流行した「学生スポーツ映画」というジャンルに見出している。「ハリウッド映画の一つのジャンルである「カレッジ・コメディー」の、日本における「学生スポーツ映画」というジャンルへの応用は、単なる映画テクストの模倣を基調にしたジャンルの借用という単純なプロセスをとるのではなく、明治維新以来の「富国強兵」という概念、また近代スポーツの普及を通してナショナリズムを強化するという時代の要請と密接に結びつきながら再構築されたものであった」[24] とそこで彼女が記すように、この青春ドラマの一ジャンルはハリウッド映画の「カレッジ・コメディ」に範を仰ぎながらも、後者が主人公《ヒーロー》の勝利のためにロマンスを形作るのに対し、前者はむしろ母校やスポーツなどの「大義」のための物語が前景化するという、日本独自の改変がなされていたという。そして、そうしたジャンルのヴァナキュラーな改変によって、それらの映画は観客（の身体）に対しても、スポーツを通じた国民意識の形成を促すことを可能にしたと考えられるのである。

こうした〔アジア民族に対する差別的関係とアメリカによる被差別的関係という二重の民族問題を抱えた〕状況下で、当時の近代性の象徴ともいえる欧米近代スポーツの完全なる担い手が、国民国家という意識と重なり合いながら構築された。その身体は、日本的伝統のコードにもまったく反することのない理想的な身体、すなわち本章でいう「ナショナル・ボディー」であり、それが大衆文化である映画によって構築され、撒種されていった。[25]

ワダ・マルシアーノは、一九三〇年前後に台頭した学生スポーツ映画というジャンルが、アメリカ映画のジャンルを規範的モデルとし、なおかつ近代スポーツという欧米的な文化実践を題材にしながらも、それら双方を「日本的伝統のコードにもまったく反すること」なく巧みに換骨奪胎したことで、国民意識に裨益する「理想的な身体」＝ナショナル・ボディを陶冶する格好の「権力装置」になりえたのだと捉えている。だとすれば、本章で見てきた同時代の村田らのスポーツ漫画映画の数々も、当時の支配的なパラダイムであったディズニーなどアメリカン・カートゥーンの表象体系との絶妙な距離感のうちに、まさしくもう一つの、「日本的伝統のコードにもまったく反することのない理想的な身体」＝ナショナル・ボディの生成に、国産アニメーションの側から関与する可能性をも手にしていたのではないだろうか。

二度目の「民族の祭典」を迎え、いままた改めてスポーツに対する熱い視線が注がれる一方、映像全般のディジタル化に伴い、「アニメーション」というジャンルにもまた新たな光が当てられつつある現在の日本において、およそ九〇年近く前に村田安司らが手掛けていたスポーツ漫画映画の世界は、この意味で、いまなおさまざまな手掛かりを与えてくれるだろう。

▽1　現代のスポーツ文化とアニメの関わりについては例えば、須川亜紀子「スポーツ文化――現実から／への影響」須川亜紀子、米村みゆき編著『アニメーション文化55のキーワード』ミネルヴァ書房、二〇一九年、七六―七九頁などを参照。

▽2　大塚康生『作画汗まみれ［改訂最新版］』文春ジブリ文庫、二〇一三年、二四頁以下。

▽3　フランク・トーマス、オーリー・ジョンストン『生命《いのち》を吹き込む魔法』高畑勲、大塚康生、邦子・大久保・トーマス監修、スタジオジブリ訳、徳間書店、二〇〇二年、五二頁。

▽4　同前、七二頁。

▽5 エイゼンシュテインのディズニー論／原形質論は近年のアニメーション研究や映像文化論で注目されている議論の一つである。日本語論文では以下が詳しい。今井隆介「〈原形質〉の吸引力──エイゼンシテインの漫画アニメーション理論」加藤幹郎編『アニメーションの映画学』臨川書店、二〇〇九年、一一一五六頁。また、現代でこうした原形質性が注目される理由の一つとして、アニメーション研究者の土居伸彰が論じるように、それがディジタル以降のアニメーション表象においてとりわけ顕著に見られるようになっている事実が挙げられるだろう。以下を参照。土居伸彰『個人的なハーモニー──ノルシュテインと現代アニメーション論』フィルムアート社、二〇一六年、一八〇─二二五頁。渡邉大輔「アニメ化する映画／映画化するアニメの現在」高瀬康司編『アニメ制作者たちの方法──21世紀のアニメ表現論入門』フィルムアート社、二〇一九年、二三〇─二三七頁。なお、映像の可塑性がアニメーションを含む今日の映像文化全般で持つ意味については、以下の拙論も参照。渡邉大輔「「可塑性」が駆動するデジタル映像──「生命化」するビジュアルカルチャー」限界研編『ビジュアル・コミュニケーション──動画時代の文化批評』南雲堂、二〇一五年、二二五─四九頁。

▽6 セルゲイ・エイゼンシュテイン「ディズニー（抄訳）」（今井隆介訳）『表象』第七号、二〇一三年、一六〇頁。

▽7 アニメーション研究から註釈を挟んでおけば、土居伸彰が的確にまとめているように、トーマス&ジョンストンのいう可塑性とエイゼンシュテインが定式化した原形質性とは、厳密には相容れない概念である。例えば、よく知られたところではドイツ生まれの社会学者ジークフリート・クラカウアーは主著『映画の理論』において、かつて現実の物理法則に照らして徹底して文脈破壊的（＝原形質的）な表象を探求するという点においてアニメーション固有の魅力を発揮していたディズニー作品が、『白雪姫』*Snow White and the Seven Dwarfs*（一九三七）以降の「長編化」を主な契機として、実写映画的なアプローチが前景化してしまい、い

わば単なる「リアリズムのカリカチュア」（トーマス&ジョンストン）に堕してしまったことを批判している。すなわちこの場合、ともに似たような形状の変形可能性を備えるとはいえ、可塑性は原形質性に対し、その足場をリアリズム＝実写映画的な現実の方に置くものと理解されるのである。以下の文献や著作を参照のこと。土居伸彰「柔らかな世界——ライアン・ラーキン、そしてアニメーションの原形質的な可能性について」加藤編『アニメーションの映画学』、五七—一一〇頁、及び土居『個人的なハーモニー』、一一三頁以下。

▽8 大塚『作画汗まみれ』、四七—五〇頁。

▽9 トーマス&ジョンストン『生命を吹き込む魔法』、五四頁。ちなみに、エイゼンシュテインもまた、原形質性の特徴の一つとして、「躍動する身体」（ニューヨークの黒人ナイトクラブの「スネーク・ダンサー」の身体）を挙げていた。エイゼンシュテイン「ディズニー（抄訳）」、一六〇頁。

▽10 なお、『体育デー』は三四年に『動物の運動會』というタイトルで再版されている他、DVDボックス『日本アニメクラシック・コレクション』第二巻に収録されている『動物相撲大会』（一九三二）という作品（映像）は実は『漫画レビュー 春』の中の花相撲のシーンの断片映像である。また、このDVDでは『体育デー』は『動物村のスポーツデー』というタイトルになっている。『ダン吉島のオリムピック大會』の作者は管見の限り、未詳である。

▽11 村田を中心的に扱った先行文献・研究はきわめて少ない。岡本昌雄「村田安司と漫画映画」（全一〇回）『映画テレビ技術』一九九一年一一月号—一九九二年八月号。呉恵京「昭和の切り紙アニメーション作家 村田安司」『法政大学大学院紀要』第六二号、二〇〇九年、一六三—一七七頁。

▽12 戦前の国産アニメーション、及びそれらと密接に結びついた「映画教育運動」（「活映教育」）については、以下の文献を参照。渡邉大輔「日本映画における児童観客の成立——戦前期の映画教育運動との関わりか

ら」日本大学大学院芸術学研究科博士後期課程芸術専攻学位論文、二〇一一年。渡邉大輔「教化映画化教材映画か――「動く掛図」論争以後の教育映画／映画教育の言説と実践」岩本憲児、晏妮編『戦時下の映画――日本・東アジア・ドイツ』森話社、二〇一九年、一〇五―一二六頁。赤上裕幸『ポスト活字の考古学――「活映」のメディア史 1911–1958』柏書房、二〇一三年。赤上裕幸『ポスト活字の考古学――「活映」のメディア史 1911–1958』柏書房、二〇一三年。

▽13 今坂一男、濱田廣介、西田正壽、大藤信郎、小川一郎、田河水泡、内山一夫、青地忠三、北川冬彦、関猛、瀬尾光世、關野嘉雄「漫畫映畫座談會（一）」『映畫教育』第一〇五号（一九三六年一一月号）、一三頁。

▽14 例えば、『動物オリムピック大會』の冒頭で描かれる選手宣誓の場面では、宣誓を務めるサルが、「………我々は正に其の最善を画して、必ずスポーツマン?………スポーツ・ビースト・シップの精神を発揮することを誓ひます」と述べる字幕が入るが、ここにもキャラクターたちの「ノンヒューマン性」が暗に強調されていると見ることもできよう。

▽15 呉「昭和の切り紙アニメーション作家 村田安司」、一六七頁。

▽16 村田安司「漫畫映畫の話」前掲『映畫教育』第一〇五号、一三頁。

▽17 呉「昭和の切り紙アニメーション作家 村田安司」、一六八―一六九頁。とはいえ、村田の漫画映画にアメリカン・カートゥーン的な表現技法がまったく認められないわけではない。他方で呉も、『おい等の野球』などの作品にストレッチ・アンド・スクウォッシュに似た表現が取り入れられていることも指摘している。

▽18 例えば、佐野明子「1928–45年におけるアニメーションの言説調査および分析」（『財団法人徳間記念アニメーション文化財団年報 2005–2006 別冊』財団法人徳間記念アニメーション文化財団、二〇〇六年、一五―一九頁）を参照。また、岩本憲児、アーロン・ジェロー、マーク・ノーネス監修『日本戦前映画論集――

映画理論の再発見』（ゆまに書房、二〇一八年）の第九章「漫画映画論」の収録論文、筆者によるテーマ解題も参照のこと。

▽19 双葉十三郎「ベティ・ブープの論理」『新映畫』一九三二年一〇月号、三〇―三二頁（前掲『日本戦前映画論集』四七九頁に所収）。

▽20 森宏一「スポーツ・その一側面観」『唯物論研究』第五八号、一九三七年、二二二―二二五頁（『文化社会学基本文献集 唯物論研究〔選〕』第Ⅰ期戦前編第三巻、吉見俊哉監修、日本図書センター、二〇一一年、三三四―三三七頁に所収）。

▽21 例えば、以下を参照。吉見俊哉「運動会の思想――明治日本と祝祭文化（近代の文法）」『思想』No.845、一九九四年一一月、一三七―一六二頁。玉木正之『スポーツとは何か』講談社現代新書、一九九九年、同『スポーツ解体新書』朝日文庫、二〇〇六年。

▽22 例えば、坂上康博『権力装置としてのスポーツ――帝国日本の国家戦略』講談社、一九九八年、八六頁以下参照。

▽23 渡邉大輔「初期映画に見る見世物性と近代性――「相撲活動写真」と明治期日本」岩本憲児編『日本映画の誕生』日本映画史叢書15、森話社、二〇一一年、二〇九―二四〇頁。

▽24 ミツヨ・ワダ・マルシアーノ『ニッポン・モダン――日本映画1920・30年代』名古屋大学出版会、二〇〇九年、九六頁。

▽25 同前、一〇二頁。

III

III

07

イヴ・クラインの柔道

中尾拓哉
Takuya NAKAO

「スポーツ／アート」の境界を捉えるために、一人の「柔道家がおこなっていた芸術／芸術家がおこなっていた柔道」、そしてそれらが浸透し合った「身体」を尋ねる。夭折の「芸術家」として知られるイヴ・クライン[1]（一九二八―一九六二）が、「柔道家」として求めた「動きの優美と純粋さ[2]」とは何か［fig.1］。その「柔道家／芸術家」人生の重なりを追う。

クラインの友人であり、パリ郊外フォントネー＝オー＝ローズに柔道クラブ「オリンピック」を構えていた柔道家ジャン・ヴァレイユは回想する。

畳の上ではなかったので、受身をせずに動くことのみの稽古をしました。クラインは私たちに同じ動きを何百回もさせました。率直に言えば、ひどい仕打ちでした。容赦なかった。とても辛かったのですが、彼は私たちに、強くなるために日本ではこうするのだと断言しました。皆とても熱心で、意欲的だったので彼に従いました。彼は、私たちの知らない新しい方法を日本からもたらしていたのです。[3]

fig.1　柔道の「形」を実演するイヴ・クラインとジャン・ヴァレイユ，アメリカン・センター（パリ，1955頃，Photo by Miltos Toscas, *Yves Klein*, Museo Universitario de Arte Contemporáneo, Universidad Nacional Autónoma de México eds., Mexico, 2017）

クラインは講道館柔道を教えるため、一週間の研修を企画した。ブローニュの森には、フランスで柔道を指導する有段者の柔道家が集まった。彼は、同じ動きを一時間でも二時間でも休むことなく続けた。まるで卓球選手のような反射神経で[4]――。

1 空の広がり

イヴ・マリー・クラインは一九二八年四月二八日、南フランスのニースで具象画家の父フレッド・クラインと抽象画家の母マリー・レイモンの間に誕生した。幼少期のイヴは、パリで両親が経済的困難に陥る度に、ニースの母方の実家へと預けられ、マリーの両親と伯母のローズ・レイモンに迎えられた。「勝利の女神ニケ」に由来する名を持ち、地中海の交易拠点として開かれたニースには、オレンジ色の屋根の街並、そして夏はよく晴れる温暖な地中海性気候の青空が広がっていた。

一九四六年、若きクラインは志望していた商船大学の資格試験に落第すると、以後、アカデミックな教育機関に所属することはなかった。この時期に彼は両親――具象画家／抽象画家――の影響下で、馬のいる風景や海岸の景色、および形態や色彩の構成に取り組み、わずかではあったが絵を描く。

クラインの空間感覚は、両親が追い求めた絵画の「アヴァンギャルド」によって拡張されていた。

具象と抽象の間で様々な色彩に囲まれ、それに魅了された青年が色彩の広がりを自身の目で確かめるために描いたのが、「モノクローム」の絵であった。[▽5] 光の波長を捉えようとする点描主義の手法に基づき――しかし単色の点で――画面に色彩を塗り込めたのである。[▽6] 若きクラインは、ニースの青一色の空を見上げ、その色彩の広がりの中へと引き込まれていった。

> 私がまだ青年だった頃、一九四六年に、「現実的＝想像的」な幻想の旅を通して空の向う側に我が名を署名しに行ったことがあった。あの日、ニースの海辺に寝そべっていた時、雲もない私の美しい青空のそこここに飛んでいる鳥に私は憎しみを覚えはじめたのだった。なぜなら、私の作品のうちで最も美しくまた最も大きなものに、鳥たちは穴をあけようとしていたからだ。[▽7]

そして時を同じくして、クラインの空間感覚は、「スポーツ」によっても拡張されていたのである。彼はニースの警察署のクラブで、空手やキック・ボクシングに似たフランス発祥の格闘技「サバット」に打ち込んでいた。そこではまた、数人の警官たちが畳らしき敷物の上で護身術として「ジウジツ」をおこなってもいた。クラインは仲間たちと、彼らにはスポーツらしく見えなかったこの稽古を、何の役にも立たないものだと嘲笑したという。そのような中、黒帯（初段）の教師が二人、パリから指導に訪れ「ジウドウ」を教えることとなった。当時のクラインの心境は、次のように記されている。

しかし、今から考えると、これも全くたわいもない柔道にすぎないものであったのだが、ジウドウに対する、従来のわれわれの無関心な、冷笑的態度を、すっかり一変させてしまったのだ。なぜか?

原理がちがうのだ。ただの腕力や体力ではない。すなおな技術、全くジウドウの語原の字義どおり「やわらかい道」ではないか。

僕は、即座にサヴアトを見限って、柔道好きとなってしまった。いわゆる「柔よく剛を制す」という、その柔道活動にあこがれを持つこととなった。▽8

フランス語で「靴(savate)」の意であるサバットは、かつては紳士の護身術でもあり、靴を履いたまま、キック・ボクシングやムエタイのように脛で蹴りを受けず、また脛ではなく靴先で相手を狙う格闘技である。つま先が届く範囲で牽制し合うため横蹴りの応酬となり、その遠距離からの蹴り技にはどこかバレエのような華麗さが宿る。視覚的な打撃から、知覚的な組み手へ——。すなわちサバットが持つ可視的な力から、柔道が持つ不可視的な力——柔よく剛を制す——への移行によって、クラインの身体感覚は大きく変化していったのである。

一九四七年九月二日、クラインは白帯となり、柔道教室へと週に三回のペースで通い始める。▽9そして、およそ三ヶ月後の一二月一九日には黄帯となる。彼はこの柔道教室で、後の芸術家アルマン、すなわちアルマン・フェルナンデスと、後の詩人パスカル・クロード、すなわちクロード・パスカルと出会う。フランスでは一九三五年に川石酒造之助《みきのすけ》が「日仏柔道クラブ」を創立し、その指導によって柔道が広められていたが、「フランス柔道柔術連盟」が一九四六年に設立されたことを考えると、当時はフランス柔道界の黎明期にあたる。クラインはパリに出向いた際には川石の道場へと赴き、柔道家たちと交流したという。[10] 若者たちはかつてのジャポニスムのように、新たな格闘技に宿る神秘的な雰囲気に魅了され、異国文化への憧憬の念を抱いたのであった。パスカルは「私たちは柔道をし、そこに秘められた哲学を見付けるために、ごく自然に日本に行きたいと望みました。〔……〕身体的な柔道と精神的な柔道に惹き付けられたのです。私たちにとっては二つともなければならず、そして私たちを不屈にしたのは精神的なものでした[11]」と回想した。

彼らは、「身体的／精神的」なものが浸透し合う「柔道」を感知していた。ある日、三人はニースの海辺で宇宙を分割し、それぞれの栄光を獲得することを誓い合う。そしてイヴ（五七年まではイヴ名義で活動する）は、空の広がりを手に入れようとした。[12] クラインにとってのモノクロームの先駆とは、カジミール・マレーヴィチのシュプレマティスムよりも、一三―四世紀の画家ジョットが描いた「空」であった。[13] 彼はその青く広がる空間に、無限の可能性をみたのである。

私が〈モノクローム〉の〈アイディア〉、そのはっきりした見通しを得たのは、一九四七年のことだった。その時このアイディアはむしろ知的に訪れてきたのだということを言っておかねばならない。それは当時私が熱心につづけていたあらゆる探求の成果なのだ。[14]

クラインは、「モノクローム」を捉えた、この「あらゆる探求の成果」の一つ目に「柔道」を挙げた。[15]一瞬で投げられ、宙を舞う感覚。方向感覚とともに、身体は「空間そのもの」へと消失する。そしてモノクロームは、線――空を横切る鳥のような――すなわち輪郭、形、構図を拒絶する「空間そのもの」である。彼は「すべての絵画は、それが具象であろうと抽象であろうと、いわば牢獄の窓のようなものであり、線はその鉄格子をかたちづくる。自由は、遠くはなれた色彩や主調のなかにある」[16]と空の彼方の色彩へと浸透していくような空間を求めていたのだ。

よく知られているように、柔道を通じて親しくなった三人は、一九四七年の終わり（あるいは四八年の初め）に、マックス・ハインデル著『薔薇十字のコスモゴニー』を読み、その科学的知識、秘教的思索によって神秘主義へと傾倒していく。[17]「薔薇十字会」の教えを記したクラインのノートの表紙には、ライト・ブルーの厚紙でできた円盤が飾られていた。ハインデルは、純粋精神の空虚を青と結び付け、「青は精神性の最も高度な典型」[18]としていたのである。

この頃、三人は定期的にアルマンが住んでいた建物の屋上に登り、胡坐をかいたり、うつ伏せになったりしながら、長時間の瞑想を実践していた。アルマンによれば、それは体を離れ、空間を浮遊し、空虚の中へと入っていくような体験だったという。[19]そして、クラインは三人が集まる、アルマンの父が営む家具店の地下室の天井を――まるで洞窟に描かれた空のように――ライト・ブルーのモノクロームで塗った。その壁には手形や足形を押したとされるが、当時の彼は手形、足形、疑問符などで色を付けたシャツを着用していた。クラインは、この身体に染み込む色彩、およびそれを外部へと印付ける行為に対して「私の中にある心理的なものすべてに直面している」[20]と感じていたのである。そうして彼は、レスリングマットに柔道家仲間たちの手形の痕跡を付けたり、柔道家を青く塗ることについて話したりしたという。[21]

クラインは一九四八年五月四日に橙帯、九月二四日には緑帯となる。「身体的／精神的」なものを求めるクラインにとって、「絵画」と「柔道」は分かち難く結び付いていた。生前未発表となった「柔道、気合、絶え間ない勝利についての考察」と題された文章の中には、次のような言葉が書き記されている。

柔道は私の絵画の概念において、ある役割を果たしているのかと、度々尋ねられた。私は今まで、いつも「いいえ」と答えてきた。

実は、これは不正確だ。柔道は私に多くのことをもたらした。私は柔道を絵画とほぼ同時に始めた。私が自身の物理的な身体と生きるように、それらはどちらも私とともに生きていたのだ。[22]

2 極東の空気

一九四九年一一月、クラインは英語と柔道を学ぶために、パスカルとともにロンドンへと渡る。そこで、イギリスに柔道を伝えた小泉軍治によって設立された「武道会」へと通い、小泉の指導を一年間にわたって受けている。[23] そして毎週火曜日と金曜日の一九時から二二時まで、および日曜日の朝に稽古をしながら、生計を立てるために父親の友人が営むオールド・ブロンプトン・ロードにある額縁店で働いた。クラインは日々、大量の膠、顔料、ワニス、金箔などの素材に直接触れるという機会を得たのである。この頃から彼は、媒剤に混ざることでヴァルールを失ってしまった油絵具よりも、粉末顔料そのものを好むようになる。

クラインは、白いカルトンに単色のグワッシュやパステルを用いて、モノクロームの絵を制作し、私的にのみ披露した。[24] まだ芸術家として作品を発表していなかったクラインの試作において何よりも重要なのは、彼が「モノクローム」の中に「顔料の一粒一粒をまったき自由の状態のまま保つ可能性」[25] を模索していたことである。それは点描主義に端を発する――しかし光のきらめきではなく粒子のうごめきのような――「点」が充満する空間の探求であった。
一九五〇年一〇月二二日、クラインは青帯となる。さらに五一年一月に、今度はスペイン語を学び、二月にはパスカルとともにマドリードへと向かう。この時、クラインは現地で柔道と柔術を教えていた「武士道会」で稽古をしながら、柔道の指導にも当たっている。[26]
八月三〇日、ニースの柔道クラブ「レーモン・ルーセル」で茶帯となる[27]（入門者の白帯は稽古によって色を深くするように、次第に黒へと変わっていく）。また、秋になりパリへと戻ると、東洋語学学校で日本語を学び始める。この時期にクラインは、日本人の美術評論家・植村鷹千代と出会う。植村は抽象画家であるクラインの母マリーを訪ね、そして彼女には日本での柔道修行を夢見る息子がいることを知った。植村いわく、これをきっかけにして、クラインは日本に渡ることを決めたという。[28]
一九五二年、クラインはパリでフランスにおける講道館柔道の先駆者である柔道家ジャン・ボージャンと一緒のクラスに通いながら、六月一六日、黒帯を取得する。[29] そして「もう矢もたてもたまらなくなり、もえるがような熱情」を抱いて、「柔道のメッカ」である日本へと向かう決意を実行に移す。[30]
八月二三日、フ・マルセイエーズ号に乗船し、途中、クレタ、スエズ、ジブチ、コロンボ、シンガポール、サイゴン、マニラ、香港と停泊しながら、九月二三日、横浜港へと到着した。こうして念願であった訪日が果たされたのである。彼は問おうとしていた、「柔道は単なる子供騙しか、あるいは剛健な芸術か[31]」と。

一〇月九日、フランスで取得した黒帯が日本で認められなかったため、クラインは再び白帯として講道館に通い始める。[32] 一ヶ月ほど植村宅に滞在した後、約三ヶ月は画家で千葉大学教授であった山口正城《まさき》宅に滞在し、それからは別の外国人柔道研修生とともに麹町の三番町ホテルに宿泊した。[33] 夏季休暇で帰国するフランス人講師の代わりに日仏学院で日本人やアメリカ人にフランス語を教え、またフランス人の子ども二人の家庭教師のアルバイト、さらには両親の展覧会を企画し、売上金の一部を生活費に充てるなどしていたが、資金源は何よりも伯母からの寛大な送金であった。

クラインは日本語を学んではいたものの、上手く会話することはできなかったようである。[34] パリでは、柔道に専念するために日本に留学すると告げると周囲の友人たちにからかわれたというが、日本でもそれは変わらなかった。[35] 極東の空気に「精神的なもの」を熱望して訪日したクラインが想像していたよりも、戦後日本の柔道は体育プログラムとして修正されていたのである。[36] 彼は、それでも柔道は偉大であり、現代の主知主義をはるかに超えるものだと信じていた。[37] クラインは、毎日かかさず五、六時間の稽古にはげみ「講道館の稽古では、どんな場合にも、思いがけぬ驚嘆の一つ一つが見出されると云ってもよい」[38] とその心境を記している。一九五三年一月一一日に講道館の初段、そして七月一六日に二段を取得した。[39]

講道館では、「能柔制剛（柔よく剛を制す）」のみならず、相手の力に順応するばかりではない、積極的に攻撃に転じていく能動的な姿勢に「精力善用」の原理を掲げている。これは講道館柔道の創始者である嘉納治五郎が「いやしくも事をなさんとせばそれに向かって精神、身体の力を最も有効に使用しなければ何事も立派な成果は望まれるものではない」[40]とした、倫理思想および生活規範としての精神的・道徳的価値、すなわち「道」として示され続けてきたものに他ならない。精神と身体の力を最も有効に使用することは、柔道技術の根本原理である。事実、クライン自身もこうした柔道における動きを独自の感性で捉えている。

　しかし、有り体に云って、僕には、他のスポーツは、すべてうま味のない、そっけもないいものと思われる。もちろん動作の純正から表現される、特殊な美しさはあるとしても、それらは数学的なグラフの構造のように、全く生命力のかけたマチスの画のようにも思われるのだ、〔ママ〕

　これに反し、柔道には「人間味」が横溢している。その日その日に、生命が漲っている。道場に於ての原理は、又日常生活の原理でもある。[41]

　クラインは、いわゆるスポーツの合理的な動きを「数学的なグラフの構造」とし、その運動を「全く生命力のかけたマチスの画」と表す。彼は柔道に宿る生命が漲る身体感覚を追い求めていたのだ。

　しかし、激しく稽古に打ち込む中で、クラインは当時の柔道家や力士がそうしていたように、様々な興奮剤を使用するようになっていた。[42]カルシウムを自身で注射し、またアンフェタミンを合法的に調達して摂取していたのである。クラインが心筋梗塞で死を迎えるまで継続されることになるこのアンフェタミンの使用は、集中力と運動量のレベルを引き上げ、彼の性格を熱烈なものへと変容させていった。この頃、伯母に宛てられた書簡には「私は徹底的にこの神聖な柔道の稽古をし、偉大な柔道家、チャンピオンとしてフランスに戻らなければならない」[43]と強い意志が記されている。

クラインは、講道館四段を取得するという目標を立てた。当時のフランスでは、三段の者がすでに六〇名ほどいたのに対し四段は五名しかおらず、講道館四段の取得者は皆無であった[44]。彼は同じ伯母宛の書簡に「私は講道館四段を絶対に取得しなければなりません。それがなければ帰れません。勝負に負けです。〔……〕講道館では私はもっともすぐれた外国人研究生という評判をとっており、先生方はみなさん私が四段はもちろん、五段さえとれると評価してくださっています」[45]と綴っている。

とはいえ、当時のフランス人最高段位である四段の取得は、この若き柔道家にとって厳しい目標であった。彼は続けて「残念ながら、先生方は皆多かれ少なかれ反‐外国人で、少なくとも外国人は一〇回昇段試験に合格するか、あるいは先生方がお金に誘惑されなければ、外国人に段位を与えないと決めています」[46]と、この段位認定に対する不満と疑念を吐露している。そこでクラインは、スペインの柔道連盟に、講道館四段を取得すれば技術顧問とすることを認めてもらい、さらに伯母には、彼が四段取得後、パリに講道館の柔道クラブを設立し、そのための資金三〇〇〇―四〇〇〇万フランの投資を保証するという手紙を講道館の秘書宛に出してもらうことを画策したのである[47]。

こうした普及活動の「ブラフ（クライン自身が認める）」の効力も加わってか、一九五三年一二月一八日、クラインは講道館四段を取得する［fig.2］。実際、七月に二段となった彼が一二月に突然四段になるということは、何らかの政治的な働き掛けがなければ不可能であっただろう。講道館長の嘉納履正は、クラインの「熱意」と「未来のプロジェクト」を評価し、彼が講道館柔道の精神と技をヨーロッパへと伝えることを望んだのである▽48。目標であった講道館四段の段証書を手にしたクラインは一二月末、横浜港からラ・マルセイエーズ号に乗船し、一九五四年二月三日にマルセイユへと戻る。

fig. 2　講道館四段の段証書（1953）

3　線と空間

クラインは「出来るだけ永く日本に滞在し、当地で得られるだけの技術上のほんとうの実物を土産に、フランスへかえる暁には、講道館の心髄をフランスの仲間につたえたいものと念願している」▽49と述べていたが、彼の留学の目的は段位取得だけではなかった。それは講道館柔道の解説書の出版である。クラインは帰国後の四月にパリのグラッセ社と契約し、一一月に『柔道の基礎（*Les fondements du Judo*）』を刊行する［fig.3］。

柔道の練習には、「形《かた》」と「乱取」の二つの形式があり、「形」は、相手がこのように押してくればこう引く、あのように打ってくればああ外すなど、あらかじめ定められた順序に従っておこなわれるものである。「形」は、投げる側である「取《とり》」と、投げられる側である「受《うけ》」に分かれる。「乱取」は、自由に技を掛け合うものである。

『柔道の基礎』において、講道館の「形《かた》」、すなわち「投《なげ》の形」「固《かため》の形」「極《きめ》の形」「柔《じゅう》の形」「古式《こしき》の形」そして「五《いつつ》の形」が、三七五枚におよぶ写真とともに解説されている。[50] 書籍の冒頭には、嘉納治五郎の「形《かた》は柔道の美学である。／形《かた》（フォルム）の中に、柔道の精神がある。それなしで目標を見付けることはできない」という言葉が掲げられた。クラインは序文に、そうした「形」を通じて体得した「柔道」に関して、次のように書いている。

> 私は、鍵を探すのに時間を無駄にし、落ち着きと冷静さを欠き、鍵穴を上手く見付けられないよりも、扉を突き破る方がはるかに良いといつも考えていた。〔……〕

fig. 3　イヴ・クライン『柔道の基礎』（グラッセ, 1954）

私には、賢明で博学な形《かた》の一方でセンセーショナルで荒れ狂った摑み合いをおこなうという日本での時間が、六ヶ月間も必要だった。ある日、突き破るにはあまりに厚い最後の扉に、息切れし、くたびれ、いらだち、立ち止まった。そしてようやく、静かに微笑んでいる講道館の古い師の一人から、すでに長い間、私に差し出されていた鍵をかっとなって取ったのである。「そして、私は錠の鍵をただ単に回し、扉を開けた[▽51]」。

ここには、サバットのような打撃ではなく、柔道の「形」が持つ力学に焦点を当てたクラインの「身体的／精神的」な変化が記されている。相手の体勢を崩し、同時に自分の身体を掛けに都合の良いように構え、相手が剛体となった瞬間に、一気に力を集中させ技を掛けること。柔道ではこうした「作り」と「掛け」を連動させ、相手の力を利用しながら全身の力を発揮し、相手を投げるのである。この「運動」が、鍵を回すような「最小限の力」、すなわち「柔《やわら》」として表されている。

ところで、クラインは日本で柔道家として生活しながら、絵を描いていたのであろうか。当時、日本に滞在中のフランス人たちは親密に交流していたが、クラインはあくまでも柔道家として認識されていたようである。彼はロンドンの時と同じように、日本でも仲間たちにのみモノクロームの絵を見せていた[▽52]。そのような中、フランス大使館に勤めていた、後の大使夫人アンドレ・ロスは、クラインからデッサンを贈られたという。彼女によって、クラインは「話しながらしょっちゅうデッサンをしていてそれが線ばっかりだった」▽53という様子が伝えられている。

　しかし、なぜクラインは自ら拒絶していた「線」を描いていたのであろうか。確かに著書には、「取」と「受」の足の捌き方を説明した、五〇におよぶ手書きのダイアグラムが載せられている［fig.4］。あるいは「取」が「受」を投げる度に、それぞれの「形」によって描き出される「身体的運動」に、空間的なヴェクトル＝線を見ていたのであろうか。植村鷹千代の記憶によれば、クラインの思惑は次のようなものであった。

> 名目も実質も柔道の強勉にあったのだが、彼はやはり感受性の強い芸術家だった。柔道を学ぶかたわら、絵画についてさまざまなアイディアを考えては、私どもに話していた。柔道についてさえ、そのムーヴマンをアブストラクトの絵画的表現で系統立ててみたいという考えをしばしば話していたが、その考えを、当時日本にも紹介され出していたマクラレンやコクトオなどが手がけたフィルム直か描きのあの手法をも活用した方法で、映画作品を制作しようというアイディアにまで熟してきた。▽54

植村はこの取り組みについて、まだ実験的な映画に対する関心が低かっ

fig. 4　体捌きのダイアグラム（『柔道の基礎』）

た当時、様々な映画制作所に当たってみたが、費用も莫大であり、スポンサーも見付からなかったとしている。そして、山口正城が千葉大学から写真を撮る学生を動員し、撮影機を借り、講道館の幹部講師が協力しながら、フィルムの制作は進められていたのではないかと推測された。

確かに、帰国したクラインの荷物の中には、偉大な柔道家や日本チャンピオンの技を撮影した、何百枚もの貴重な写真、および約八〇〇〇フィートの映像フィルムが入っており、後者は九本のフィルムとしてまとめられることとなる。▽55 そして、彼はジャン・コクトーに宛て、自身の柔道体験を抽象的に表す映画の監督を依頼する手紙をしたためた。実際には送られることのなかった、この「シナリオNo.1の構想——柔道」によれば、映画は「様々な日本のスポーツから、柔道の詩的方式を解放する」▽56 ことを目的としたものであった。しかし、この映画が制作されることはなかった。

だが、それだけではない。クラインは一九五四年に「「戦い」(線と色彩の)あるいは(モノクロームの提案に向けて)」と題した映像のシナリオを、絵コンテ付きで構想している。それは美術における線と色彩の終わりなき戦いであり、自由を制限する線の「偽のレアリテ」によって征服されてきた色彩の物語である。そこには「下」という漢字が[①通常の表意文字の記号][②草書体][③図案化された近現代風のもの(まだ判読可能)][④今日の侵略的な主調(判読不能)][⑤日本の書の流派に現在あるいくつかの事例(画面全体の線)]へと変化する五つの絵コンテが描かれていた▽57[fig.5]。

線と空間。クラインが柔道にみた運動は、この書における線の流動が引き起こす空間化に等しいのではないか。そして、この「線」の動きが次第に充満していく空間は、クラインが「顔料の一粒一粒をまったき自由の状態のまま保つ可能性」をみた、「点」が充満するモノクロームの絵画のあり方に重なり合う。シナリオには、その線に満たされた空間に対峙する時、「色彩の表面の前で、直接的に魂の物質の前にいる」[58]と書かれている。後に、彼は言う「線は疾走し、無限へと向うが、それにたいして色彩は、無限のなかに「在る」のだ」[59]と。

それは具象と抽象、いずれの「線」をも超えたところにある、全的な解放を表すのかもしれない。彼は、「柔道、気合、絶え間ない勝利についての考察」の中に、次のように記している。

> 私たちの物理的身体は骨格と肉で構成されている。骨の中で、脳の物質とほぼ同一の物質である骨髄が循環する。骨は身体の線である。その線は、知性、理性、アカデミスムである。肉とは受難である。それは原罪という堕落後の人間の知性によって創り出された。それは人間を支えているものである。人間はそれのおかげで生きているのである。人間の中にある精神、純粋な感性、生命それ自体は、身体的なものと情動的なものに

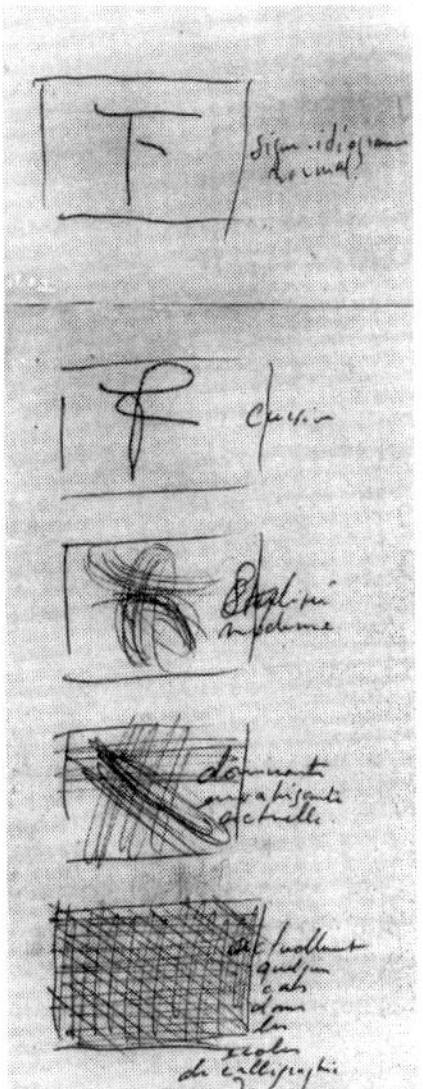

fig. 5　「「戦い」（線と色彩の）あるいは（モノクロームの提案に向けて）」シナリオ（部分, 1954/58–60）

結び付けられているそれらすべての外にあるのだ。[60]

クラインが線の重なりの先に感じていたものとは、彼が語った生命を欠いた「数学的なグラフの構造」のような線形運動が、幾重にも、そして無限に重なり合い、「色彩」へと向かっていくような、そうした生命の漲る空間であったに違いない。と同時に、彼が絵画について「線はその鉄格子をかたちづくる。自由は、遠くはなれた色彩や主調のなかにある」と述べたように、身体から切り離されている空間、すなわち「人間の中にある精神、純粋な感性、生命それ自体」の表現は──「点」「線」「面」そのいずれでもない──「色彩」によって立ち上げられなければならない。それは、彼が「魂の物質」と呼んだ内なるヴィジョンなのであった。

4 漲る空虚

一九五四年二月一九日、「フランス柔道柔術連盟」へと出向いたクラインに、彼があれほど執着した講道館の段証書が認められないこと、そしてフランスでの能力試験を受けなければならないことが告げられた（したがって、クラインの「フランス柔道柔術連盟」における取得段位は訪日以前のもの）。これは当時、フランス柔道界は講道館派と川石派に分裂しており、連盟が川石の指導法「メトード・カワイシ」を採用していたこととも無関係ではない。改めて試験に合格しない限り、公式のヨーロッパ選手権への参加や、フランスでの指導許可が下りない。クラインは深く失望し、伯母宛の書簡に「私は嫉妬、ねたみ、そして不誠実にしか遭遇しなかった」と綴り、フランス柔道界が「真の」柔道家を認めることを恐れたのだとすら考えた。▽61

講道館四段という、当時のフランス人最高段位を取得したクラインが思い描いていたのは、講演や実演をするために、ヨーロッパ柔道選手権へと呼ばれ、またフランスやイタリアなど数多の柔道クラブを訪れ、皆に熱狂的に迎えられる自身の姿であった。▽62 クラインは、柔道を変えるのは柔道連盟ではなく、自分であると信じていたのである。そうした状況下で、同年五月、スペイン柔道連盟から技術監督としてマドリードへと招かれ、柔道家として講道館柔道を広めることに貢献した。そこで彼は、様々な色の、比較的大きなモノクロームの絵を柔道場に掛けるようになる。▽63 また、道場の主宰者フェルナンド・フランコ・デ・サラビアの協力のもと、彼の父が営む印刷所から画集『イヴの絵画』を刊行する。製本綴じされていないこの書籍には、一〇色のモノクロームの紙が直接貼られ、ニース、ロンドン、マドリード、パリ、東京と、彼が柔道をしながら旅をしてきた時間と場所とともに掲載されていた（色紙のサイズやキャプションの組み合わせは、本によってランダムに変えられている）。こうした事実からも、クラインがこの時マドリードで柔道から芸術へと活動領域を広げていく変化を追うことができる。

しかし、スペイン柔道連盟との不和や、彼自身の本拠地であるフランスで柔道を伝えたいという願いもあり、クラインは一一月にはパリへと戻る。[64] 一二月には、彼が日本滞在時から準備していた『柔道の基礎』が出版される。グラッセ社の宣伝用冊子には、自身で「私はこの本で、ヨーロッパ柔道が見落とす大部分のものをもたらしたいと望む。技術の正確さだけではなく、美学を[65]」という言葉を寄せたのであった。彼がブリュッセルでおこなわれたヨーロッパ柔道選手権へと出向いた際は、著書のサイン会やテレビ出演もした。[66] その後、一九五五年二月、パリのアメリカン・センターで指導者の口が見つかり、クラインは一九五九年一二月まで、フランス柔道連盟の承認なしでできる範囲で柔道を教えることとなる。[67] フランス柔道連盟に彼が認められるのは、一九六一年まで待たなければならなかった。

このように、専心してきた柔道家としての活動に翳りが見え始めた頃、一九五五年春、ついにクラインは「絵画」を公に発表することを考える。〈サロン・デ・レアリテ・ヌーヴェル〉にオレンジ色のモノクローム絵画を出品しようと試みたのである。

けれども《オレンジリード色の世界の表現》と題されたその作品は、具象画のすべてを拒絶していた抽象画家たちのこのサロンから「展示拒否」の通告を受ける。委員会からの、「点を一個」「線を一本」、あるいは「別な色のスポット」を描き足しさえすれば、展示可能だという申し入れに対し、クラインはいかなるものも付け加えようとはしなかった。[68] この出来事の後で彼は、初個展〈イヴの絵画〉展を、ラコスト出版社の展示室で開催することとなる。事実、クラインの「モノクローム」は「抽象」というよりも、各々が独立し、それでいてすべてが均質であるような、「顔料の一粒一粒をまったき自由の状態のまま保つ可能性」を求めて制作されている。それは顔料という物質に宿る、「色彩」という非物質なのである。様々な色彩のモノクローム絵画は相互に干渉せず、あるがままに「それ自体である雰囲気や〈考えもつかない〉気分をつくりだす」[69]ものでなければならない。

同年九月、クラインはモンマルトルのクリシー大通り一〇四番地に、伯母の資金提供により講道館柔道の教室を開く（母マリーによれば、そこは一九五五年までフェルナン・レジェが絵画を教えていた場所であった）[70]。毎晩一八時から二一時のコース、いつでも参加できる個別コース、子どもや入門者向けの特別コースがあり、「形」の練習、そして日本で撮影した映像鑑賞などがおこなわれた［fig.6］。教室には、ブラスリー「ラ・クーポール」のオーナーの息子や、マルセル・デュシャンの史上初の書籍としてのモノグラフを記すことになるロベール・ルベルの息子ジャン＝ジャック・ルベルなどクラインに近い世代の若者たちが通っていた。[71] この時期にもクラインは二冊目の柔道書、すなわち日本で柔道を学ぶということについての『柔道

104 Boul. de CLICHY
JUDO
KODOKAN
ATTAQUE
DÉFENSE
COURS
TOUS LES SOIRS
18H A 21 H
COURS
PARTICULIERS
A TOUTE HEURE
ENTRÉE LIBRE
COURS
SPÉCIAUX
POUR ENFANTS
ET DÉBUTANTS
ETUDE
DES KATAS
PROJECTIONS
DE FILMS
RÉALISÉS
AU JAPON
YVES KLEIN
CEINTURE NOIRE 4ème DAN DIPLOMÉ PAR LE
KODOKAN DE TOKYO

fig.6　柔道教室のポスター（1955頃）

の冒険』の執筆や、嘉納履正著『写真解説講道館柔道』（一九五六）の翻訳を構想し、さらに柔道界における評判を高めようとしていた[72]。しかし、入会者があまり増えなかったことを含め、経済的な理由により、一九五六年夏、わずか一年足らずで教室は閉鎖をよぎなくされた。

ここで重要なのは、クラインが自身の柔道教室において、一〇〇平方メートルのマットとともに道場の壁に七から八メートル大の青、白、薔薇色のモノクローム絵画を設置していた、ということである[73]。例えば、彼は同じく一九五六年二月にコレット・アランディ画廊で〈イヴ――モノクロームの提案〉展を開催し、そこでは、緑、赤、黄、ヴァイオレット・ブルーの色彩が、大小様々なモノクローム絵画として展示されたが、この時、彼は鑑賞者がモノクローム絵画同士を比較していることに気づく[74]。しかし、それらは色彩相互で反響し合うポリクロームではなく、あくまでも鑑賞者が色彩の空間へと入り込むためのモノクロームでなければならない。なぜ、多色ではいけなかったのか。クラインは次のように語っている。

一枚の絵のなかに二色の色彩が存在するや否や、闘争が開始される。心理的そして情動的な領域で二色の色彩によるこの闘争が与える絶えざる劇から、観る者は快楽を引出し、その快楽はたぶん洗練されたものではあるだろうが、哲学的そして純粋に人間的な見方からすれば、ずっと病的なものだ[75]。

だからこそ、クラインは柔道場に、モノクローム絵画を設置していたのであろう。柔道の修練が闘争から、身体的な統一へと向かうためにも――「自由は、遠くはなれた色彩や主調のなかにある」――精神統一はモノクロームによってなされなければならない。クラインがモノクローム絵画を「完全な平穏さにおける絶対的な統一の観念」[▽76]だと提示したように、単一の色彩を見る者は二元論を超えた色彩空間の中へと浸透していくことができる。そこでは、あらゆる極が消去されるのである。

　モノクロームの可能性を自覚してから一〇年が経った一九五七年、クラインはミラノのアポリネール画廊において〈青の時代〉展を開催する。再び様々なモノクローム絵画が出品されたが、その中の一室ではモノクローム絵画同士の比較を避けるため、単色、すなわちウルトラマリン・ブルーのモノクローム絵画が、同じサイズで一一点展示された。ＩＫＢ（インターナショナル・クライン・ブルー）と命名されるこの青色が塗り込められたパネルは、壁から二五センチほど離されて――まるで壁面とも分離し、浮いているように――掛けられていた。[▽77]しかし、クラインは後にこの展覧会を振り返り、「私の絵画は私の芸術の灰にすぎない」[▽78]と述べている。

　この時期のクラインの作品には、彼の日本文化への傾倒がみられ、屏風をＩＫＢで塗り込めた作品は、その立体的な平面によってモノクローム絵画を三次元へと移行させていくようである。ただし、クライン自身も訪日時は日本の生活を体験したのみであったと語っており、これまで日本におけるイヴ・クライン研究では、日本文化からの影響は少ないとされてきた。[79]

けれども、初個展〈イヴの絵画〉ですでにクラインのモノクローム絵画の重要性を看取し、〈イヴ――モノクロームの提案〉展に序文を寄せた美術評論家ピエール・レスタニーは、同じくクラインと親しかった美術評論家・瀬木慎一に、次のように話している。

たとえばイヴ・クラインのモノクロームの提案も、彼の日本への旅行がなかったら生まれなかったのではないかということも、十分に考えられるわけです。もちろん、それと並んで一方では抽象芸術そのものの中に一つの新しい観念、より一層律動的で、また詩的であるような空間の観念があることは事実です。しかし、この空間の観念も、おそらくアメリカを通してではあろうけれど、極東の伝統との確かな出合いによって決定されたものではないかということも考えられる。[80]

瀬木がこの発言に対して、西洋と東洋の出合いには技術と精神、すなわちマチエールやリズム、および禅の影響があると指摘すると、レスタニーはそうした相互理解は外部からの視点とならざるを得ないとし、「西欧人は常にこれらのテクニックや、精神的態度の観客であった」[81]と答えている。しかし、少なくともクラインは「観客」ではなかった。クライン自身が、一九五七年に「私は描く時、自分が試合前の柔道チャンピオンのようだと感じる」[82]と述べたが、彼が柔道の「体感」をもって制作をしていたことは確かであり、両者はまさに不可分なのであった［fig.7］。柔道は、絵画を「精神的空間」へと向かわせる力を有していたのであり、そこにこそモノクローム絵画のあり方そのものが見え隠れしている。

> 柔道は、絵画空間が何よりも精神的修練の産物であることを理解する助けになった。事実、柔道は、精神的空間における人間の身体の発見なのだ。▽83

一九五八年四月二八日から五月五日まで、クラインはイリス・クレール画廊において、〈第一物質の状態における感性を絵画的感性へと安定させる特殊化〉展を開催する。彼は画廊から机や椅子などの家具を外に出し、室内を白一色にし、扉の外側は青く、内側は白く塗ることで、空間の内と外に色彩の対比をつくり出した（オープニングでは、「ラ・クーポール」で準備された青いカクテルが振る舞われた）。この何も展示されていない展覧会は「空虚」展という通称で呼ばれるが、しかしそのことよりもむしろ、この展覧会名に託されている「特殊化」にこそ注目しなければならない。

fig.7　柔道着を着てゲルゼンキルヒェン市のオペラ・ハウスのコンペティションのための作品を制作するイヴ・クライン，カンパーニュ・プルミエール通り14番地のアトリエ（パリ，1957頃，*Yves Klein Germany*, Antje Kramer-Mallordy, Rotraut Klein-Moquay eds., Paris: Éditions Dilecta, 2017）

かつてクラインが「空」から抽出した「モノクローム」は、「点」や「線」そして、モノクローム絵画自体の「面」を充満させる「空間」、すなわち「漲る空虚」という極致へと到達したのである。クラインの「モノクローム」および「空虚」とは、「カンヴァス」および「画廊」という絵画「平面」や展示「空間」の「制度」を支えに、反転し、「二次元」および「三次元」において「何もない」という虚構――「トリックやいかさま」[84]――を体験させることを求めるものではない。それはアルベール・カミュがこの展覧会の芳名帳に「空虚に満たされた力」と記したとされるように、クラインの「絵画的感性」、すなわち「点」「線」「面」が無限に重なり、「気」が充溢する「空間」へと鑑賞者が「身体」を投げ出し、それぞれが「精神的空間」に入り込む、そのようなマインドフルネスの体験の場に他ならなかったのだ。

5 宙空の身体

一九五九年、クラインが海綿にＩＫＢを塗り込めた作品を〈海綿の森の中のレリーフ〉展で発表し、ドイツのゲルゼンキルヒェン市のオペラ・ハウスの壁面に巨大な壁画を完成させたこの時期、彼はヴァレイユが開いた柔道クラブ「オリンピック」に度々現れた。ヴァレイユによれば、クラインが得意としていた技は「大車」であった。「大車」は、「取」は「受」を真前、もしくは右（左）前隅に浮かせて崩し、右（左）脚を「受」の下腹部にあて、軸として前方へ回転させて倒す投技である。クラインは競技としての柔道には興味がなく、いつも「形」の練習をしていたという。[85]

しかし、彼はこの頃、以前に比べて柔道にあまり打ち込まなくもなっていた。アメリカン・センターでも、柔道は他の者に教えさせ、時々顔を出すだけであった。[86] そして、クラインの「芸術（art）」と「武術（art martial）」は――文字通り――一つの「形《かた》（フォルム）」になろうとしていた。彼は、この変化を次のように語る。

私は絵筆の時間が終わり、私の柔道の知識がようやく役立つとわかる日まで抵抗しました。私のモデルは私の絵筆のようでした。〔……〕私はその後間もなく、柔道大会の白いマットに似た大きな画布の上で繰り広げられる娘たちのバレエの一種を考案しました。[87]

当時のフランスの柔道教室には、本物の畳は敷かれていなかった。日本から取り寄せるにしても輸送費がかかるため、代わりにシートを張っていたのである。その上での柔道は、畳とは違って、体や足の痕跡が少しの間ではあるが残っていたという。[88]

クラインは大きな白い布を床に広げ、大量の青の塗料をぶちまけた。「柔道の試合では、空中に飛び上る動作が次に、大きな白い布の上に滑る動作に拡がってゆく。空中の身振りと地上の身振りとがお互いをひきのばしていた」[89]という彼の体験に等しく、まさにモデルは「白い布の上」で滑り、転がり、落下し、反り返り、クラインが「柔道の攻撃のようだ」[90]とした絵画を描いていった。それゆえ、「人体測定（anthropométries）」と称されるこの作品制作が最初に試みられたのが、アメリカン・センターを通じて知り合った、冒険家、活動家でありながら、柔道四段で『柔道のすべて――その歴史、技、哲学』（一九五二）の著者であり、国際的に活動する柔道家でもあるロベール・ゴデのアパートで開かれたパーティーであったことは特筆すべきである。クラインはそこでこの取り組みを一九五八年六月五日におこなった。

公開制作は、そのおよそ二年後となる一九六〇年三月九日、パリのアンテルナショナル・ダール・コンタンポラン画廊において実施された。約一〇〇人の観客が見守る中、タキシード姿で白ネクタイを締めたクラインが現れ、身振りで指示を出すと、三人のバイオリニスト、三人のチェリスト、三人の聖歌隊の九人の男たちによって、クラインが単和音で作曲した《モノトーン・シンフォニー》が演奏され、三人の裸体モデルが体にＩＫＢを塗り込め、白い紙の上に直接、身体を押し付けた[fig.8]。

この「絵画」から「身体」の「痕跡」への移行は、クラインがかつて「私の中にある心理的なものすべてに直面している」とした、自らの手足を絵具に浸し、手形や足形を押した行為に起源を持つ。さらに、日本滞在時に彼が面白がり真似をしたという魚拓や力士の手形[91]、そして《ヒロシマ》（一九六一）と題された、人体の形をネガとした、地を青、図を白へと反転させた「人体測定」が存在するように、亀井文夫監督の記録映画『生きていてよかった』（一九五六）の一場面、広島に投下された原子爆弾の放射熱で壁に焼き付けられた人間の影とも通じている。▽92

しかし、クラインは「人体測定」の制作プロセスにおいて、「絵画」から「空間そのもの」への移行を超え、「形」にこだわり——競技としての柔道ではなく——突き詰めた「柔道」に立ち上がってくる「精神的空間」を、「身体」を通じてどのように表現できるのか、ということもまた強く意識していたはずである。

> 私は柔道という冒険や昔の武道を生きるために日本へ赴くことによって、「画家」という自分の天職と闘ったが、それと同じように「演劇人という」天職とも闘った。だがまさしく、この柔道が、身体的そして精神的な形《かた》の習練によって、私自身に反して、演劇という芸術のための訓練の形成をもたらした。この成り行きは予知できないものだったが、他の如何なる成り行きとも同じく（たぶんそれ以上ではないとしても）有益で深遠なものだった。▽93

fig. 8 「人体測定」の公開制作, アンテルナショナル・ダール・コンタンポラン画廊（パリ, 1960年3月9日, Photo by Harry Shunk and János Kender, Pierre Restany, *Yves Klein*, New York: Harry N. Abrams, Inc., 1982）

さらに、この「人体測定」――柔道のマットの上でおこなわれるバレエ――について、クラインは白髪一雄のフット・ペインティングを念頭に置きながら、次のように述べている。

私自身は、身体に絵具をぬりたくって生きた筆になろうなどとは決してしないだろう。それとは逆に、むしろスモーキングを纏って、手には白手袋をはめるだろう。〔……〕私からは離れて別個に、そして私の眼のまえで私の指図によって、芸術の制作はなされなければならない。そこで、作品が実現されはじめるや否や、私はそこに身を正して立つ。儀式に立会うように、身を清め、静かに、心を鎮めて、生ずる出来事を完全に自覚し、触知可能なこの世界に生れ出てくる芸術を受容れる用意をととのえて、そこに身を正して立つのである。▽94

この時、講道館の「形」の中に、「五の形」という未完成で名称のない、五つの技があることが想起される。これは、大きな意味での柔道の攻防を水などにたとえ、その力を「身体」で表現するものである。『柔道の基礎』においても、小田常胤（九段）が「取」を、クラインが「受」を実演している。その一部では、双方が両腕を上げて、互いに渦を巻くように回り、相寄っていく。「取」が「受」の胸に右腕を押し当てながら双方後退し、胸を押された「受」が引き潮にさらわれるように後ろへ崩れていく。勢いを付けて走り進む両者がまさに波のように激突しようとした時、「取」は素早く体を

「受」の脚下に捨て、強い勢いで走ってきた「受」は、不意に脚下に飛び込んだ「取」の体を飛び越えて、大きく前方に回転する［fig.9］。「五の形」は、しっかりと組み合うのではなく――最後には完全に触れずに――力の駆け引きによってのみ技をかける、という優美な動作を特徴とする。

「人体測定」は、「身体」を直接的に介入させ、「モノクローム絵画」と「柔道のムーヴマン」に宿る精神性を――文字通り――重ね合わせている。一瞬で投げられ、宙を舞う感覚。そして落下し、畳の上に叩き付けられ、時に引きずられる感覚を表すこと――「空中の身振りと地上の身振りとがお互いをひきのばしていた」ように［fig.10］。クラインは語る。

> 私が柔道において興味を持っているもの、私を夢中にさせるものはムーヴマンである。常に抽象的で純粋に精神的な、そして瞬間の情熱と情動を混ぜ合わせたムーヴマンの終わりなのだ。▽95

こうした「身体的運動」とその痕跡によって、絵画は制作プロセス自

fig. 9　イヴ・クラインと小田常胤による「五つの形」の実演（東京, 1953, *Yves Klein: Corps, couleur, immatériel*, 2006）

fig. 10　イヴ・クライン《無題（ANT 104）》（1960, 顔料, 合成樹脂, カンヴァスに貼った紙, 278 × 410cm, フォンダシオン・ルイ・ヴィトン蔵）

体を出来事とし、生命が漲る空間を表現する形式――パフォーマンス――へと移行する。そこでは、かつて「全く生命力のかけたマチスの画」とされた線形運動ではなく、まさにクラインが「そのムーヴマンをアブストラクトの絵画的表現で系統立ててみたい」と望んだあり方の一形態が創出されていよう。それは、一九五六年に発表された、アンリ・マティスが一九五四年に死を迎える直前まで制作していたカラー・リトグラフのシリーズ「ブルーヌード」を――「身体的運動」の痕跡から――生き生きと透けさせてみせる。

このような、その度ごとに立ち上がってくる力の流れこそ、何よりもクラインが柔道の中で感じていた芸術であったのだ。クラインの「芸術／柔道」は、この力の現れにおいて捉えられなければならない。

柔道、それは芸術である。偉大な音楽と同じく価値のある芸術である。なぜならば、新たにおこなおうとする度に、再創造されなければならないからである。それは個人的で、普遍的な芸術である。なぜならば、闘いの中にある芸術だからだ。言い換えれば、人生そのものなのである。▽96

ある日、クラインは柔道クラブ「オリンピック」にいくつもの青いカンヴァスを持ち込んだ。別の日には青の塗料を入れた容器とともに現れ、一〇メートルの壁一面を塗り始めた。そして、またある日、彼はヴァレイユに次のように言った、「聞いてくれ、私にはセンセーショナルなアイディアがある。私は空虚の中に身を投げる。その小さな家の前で。シートを持ち出して、私が飛ぶんだ。君の生徒に来るように言ってくれ……」▽97と。内側を青く塗った空間とその外側に広がる空虚という対比は、外側を青、内側を白とした「空虚」展を反転させているかのようである。

次の日曜日、ヴァレイユは一〇人ほどの生徒を集め、シートを摑んだ。柔道場の向かいの家の高い円形窓からクラインは、「準備はいいか」と叫ぶと、答えを待たずに、身を投げた。彼はシートの上に落下する。それを一〇回ほど繰り返したのである▽98［fig.11］。

一一月二七日、『ディマンシュ（日曜）』という日刊紙の第一面に、このクラインの跳躍の写真とともに、「空間の画家、空虚に身を投ず」と題した記事が掲載される［fig.12］。

柔道四段黒帯のチャンピオンでもある単色者は、定期的にダイナミックな空中浮遊の練習をつんでいる！（ネットはあったりなかったり、命がけだ）。〔……〕

イブ：「私は空間画家だ。抽象画家ではない。その反対の具象画家、レアリストだ。空間を描くには誠実であろう。私は現地に赴かねばならない。この空間そのものに」▽99

これは、フランスの夕刊全国紙『フランス・ソワール』に似せてクライン自身が刊行し、パリ中の新聞売店で販売したものである（いつもの新聞だと気づかずに購入した人もいたであろう）。内容はすべてクラインの記事で占められていた。同じく第一面には、「空間、そのもの」と書かれた「モノクローム絵画」を表す矩形を見付けることができる。また「目まいから《ヴェルティージュ》威信《プレスティージュ》へ」と題した記事には、「長年にわたり、私は空中浮遊のための訓練を積んできて、そこに効果的に達するための手段をよく知っている（柔道の受身）▽100」と書かれている。クラインは、「柔道（「柔の道」）、それはまさしく受身の発明（それは事実、柔道の創始者・嘉納治五郎の最も重要な研究の一つである）と呼ぶことができる▽101」と記したこともあった。

芸術家は正装し、裸体モデルという絵筆すら用いず、柔道家たちが持つシートへと落下し、そしてフォトモンタージュで写っているはずのシートと、それを持っていた彼らを消去した。宙空の身体は、「芸術」と「柔道」

fig. 11　1960 年 10 月 19 日に撮影された跳躍するクライン（Photo by Harry Shunk and János Kender, *Yves Klein: In / Out Studio*, ed. Matthias Koddenberg, Dortmund: Verlag Kettler, 2016）
fig. 12　『ディマンシュ（日曜）』1960 年 11 月 27 日（55.7 × 38cm, *Ibid.*）

の双方で目指された「精神的空間」を表すのであろう。上昇するようにのけぞった姿勢、それは、その度ごとに「身体」と「精神」を一つにしようとする運動のあり方そのものである。クラインが柔道に求めた「動きの優美と純粋さ」は、その痕跡、すなわち「ムーヴマンの終わり」を消去することにおいて——彼が自身で「灰」とした作品ではなく——「空間そのもの」へと重なり合う。

凡庸な柔道家は精神ではなく、身体的に、情動的に実践する。真の柔道家は精神と純粋な感性において実践する。それゆえ人生が絶え間ない勝利であるかのように、彼は勝つ、常に勝つのだ。▽102

単色者（le monochrome）は、「スポーツ／アート」が浸透し合った「身体」を通じて、かつての「空」の中へと、ただただ跳躍する。それは、二色の色彩が混ざり合い単色となるような「精神」に宿る「動きの優美と純粋さ」である。そこにこそ、「身体的運動」と「精神的空間」を一つにするクラインの「モノフォルム」ではない、無形の「モノクローム」そのものが見えるのである。

▽1　日本においては「クライン」という読みが定着しているが、フランス語では「クラン」となる。

▽2　Terhi Génévrier-Tausti, *L'envol d'Yves Klein: L'origine d'une légende*, Paris: Area revue)s(, 2006, p. 52.

▽3　*Ibid.*, pp. 83–84.

▽4　*Ibid.*, p. 83.

▽5　Yves Klein, "Le dépassement de la problématique de l'art," *Le dépassement de la problématique de l'art et autres écrits*, Paris: École nationale supérieure des beaux-arts, 2003, p. 80.

▽6　Yves Klein, "L'aventure monochrome," *Le dépassement de la problématique de l'art et autres écrits*, p. 242.

▽7　Yves Klein, "Chelsea Hotel Manifesto, New York, 1961," *Le dépassement de la problématique de l'art et autres écrits*, p. 299（イヴ・クライン「私は描いてきたが故に［その二］」千葉成夫訳、『gallery』フジテレビギャラリー、一九七九年一一月号、頁付なし）。

▽8　イーヴ・クラン「日本の柔道を學んで」『柔道』一九五三年一〇月号、四九頁。

▽9　クラインの段級位取得日は、Sidra Stich, *Yves Klein*, Stuttgart: Cantz, 1994, pp. 16 and 35を参照。

▽10　クラン「日本の柔道を學んで」、四九頁。

▽11　Génévrier-Tausti, *L'envol d'Yves Klein*, p. 14.

▽12　*Yves Klein: Corps, couleur, immatériel*, Centre Pompidou eds., Paris, 2006, p. 283.

▽13　Klein, "L'aventure monochrome," p. 258.

▽14　*Ibid.*, p. 241（『イブ・クライン展』財団法人高輪美術館、滋賀県立近代美術館、いわき市立美術館、西武美術館、朝日新聞社、一九八五年、一一〇頁）。

▽15　クラインは「あらゆる探求の成果」として、柔道、薔薇十字会、ジャズピアノ、そしてオーケストラを持つ

夢を挙げた。*Ibid.*

▽16 Klein, "Le dépassement de la problématique de l'art," p. 81（イヴ・クライン「わたしの空間」『抽象芸術論』瀬木慎一訳編、昭森社、一九六八年、一八七頁）.

▽17 一九四八年六月には、クラインとパスカルはカリフォルニア州オーシャンサイドの「薔薇十字会」に入会し、通信コースで指導を受け始める。*Yves Klein: Corps, couleur, immatériel*, p. 283.

▽18 Thomas McEvilley, "Yves Klein and Rosicrucianism," in *Yves Klein: 1928–1962 A Retrospective*, Houston: Institute for the Arts, Rice University eds., New York: The Arts Publisher, Inc., 1982, p. 241.

▽19 Stich, *Yves Klein*, p. 18.

▽20 *Yves Klein: 1928–1962 Selected Writings*, The Tate Gallery eds., London, 1974, p. 19.

▽21 Arman, "L'esprit de la couleur," October 1960, quoted from Stich, *Yves Klein*, p. 269, n. 4, and *Yves Klein: 1928–1962 A Retrospective*, p. 267.

▽22 Yves Klein, "Réflexions sur le judo, le kiai, la victoire constante," unpublished manuscript, Yves Klein Archives.

▽23 クラン「日本の柔道を學んで」、四九頁。

▽24 *Yves Klein: Corps, couleur, immatériel*, p. 283.

▽25 Klein, "L'aventure monochrome," p. 245（イヴ・クライン「モノクロームの冒険」千葉成夫訳、『イヴ・クライン展』フジテレビギャラリー、一九七九年、頁付なし）.

▽26 クラン「日本の柔道を學んで」、四九頁、および Nuit Banai, *Yves Klein*, London: Reaktion Books, 2014, p. 38.

▽27 *Yves Klein: Corps, couleur, immatériel*, p. 285.

▽28 植村鷹千代「日本にいたイヴ」『イヴ＝クライン rétrospective yves klein』東京画廊、一九六二年、頁付なし。

▽29 Banai, *Yves Klein*, p. 44.

▽30 クラン「日本の柔道を學んで」、四九頁。

▽31 Yves Klein, "Journal de Paris, La Marseillaise," February 13, 1952, quoted from Klaus Ottmann, *Yves Klein: Works and Writings*, Barcelona: Ediciones Poligrafa, 2010, p. 42.

▽32 *Yves Klein*, Centre Georges Pompidou Musée national d'art moderne eds., Paris, 1983, p. 31, and *Yves Klein: Corps, couleur, immatériel*, p. 285.

▽33 『イブ・クライン展』、一〇六頁、および Banai, *Yves Klein*, p. 49.

▽34 『イブ・クライン展』、一〇七–一〇八頁。

▽35 Yves Klein, "The Spirit of Athletes is Abstract," *Overcoming the Problematics of Art: The Writings of Yves Klein*, Translated by Klaus Ottmann, Putnam: Spring Publications, 2016, p. 2.

▽36 日本では一九四五年の敗戦後、連合国軍総司令部（GHQ）の政策により、学校や公的施設での武道の実施は禁止されていた。しかし、そのような状況下にもかかわらず、柔道には、戦前から「国際化」の実績があったことや、進駐軍関係者や軍人に柔道への理解者が多くいたこともあり、一九四八年には全日本柔道選手権大会が復活し、一九四九年には「講道館有段者会」を発展させるかたちで、柔道の全国的組織である「全日本柔道連盟」が結成される。会長には当時の講道館長であった嘉納履正《りせい》が就任し、本部は講道館に設置された。そして一九五二年、「全日本柔道連盟」は「国際柔道連盟」に加盟した。井上俊『スポーツと芸術の社会学』世界思想社、二〇〇七年（第二刷）、六一–六三頁を参照。

▽37 Klein, "The Spirit of Athletes is Abstract," p. 2.

▽38 クラン「日本の柔道を學んで」、四九頁。

▽39 一方で、クラインは同年の五月中旬に薔薇十字会を退会している（*Yves Klein: Corps, couleur, immatériel*, p. 285)。これまでクラインの芸術は、薔薇十字会や聖セバスチャン騎士団への入会と強く関連付けられ、論じられてきた。ここでそれらを比較する紙幅はないが、いずれにせよ一九四七年から五九年頃まで継続的に取り組まれてきた柔道の重要性は強調されなければならない。

▽40 講道館『決定版 講道館柔道』講談社、一九九五年、二八頁。以下、柔道の技に関しては本書を参照。

▽41 クラン「日本の柔道を學んで」、四九頁。

▽42 *Yves Klein*, p. 31.

▽43 *Ibid.*, p. 32.

▽44 一八八二年に、嘉納治五郎によって、旧来の「柔術」は「柔道」という新しい名を与えられ、再構成された。講道館の国際的な発展は、柔術を身体文化として認知させようとする近代化＝スポーツ化にこそあった。嘉納は柔術各派の技を比較検討し、力学や運動生理学の原則に基づき理論的に体系化していったのである。技は説明可能なものとなり、さらに修行者のモチベーションを高めるために段位制が導入された。嘉納は囲碁や将棋の世界において以前から用いられていた段位制を取り入れ、修行段階の明確な目安を定めたのである。従来は「目録」「免許」「皆伝」の三段階が基本であったが、それぞれの修行者の間に隔たりがありすぎたため、初段から始まり、「皆伝」に相当する段位として十段を取り入れた。井上『スポーツと芸術の社会学』、七〇–七二および八〇頁、また当時の有段者数は『イブ・クライン展』、一〇六および一一三頁を参照。

▽45 *Yves Klein*, p. 32.（『イブ・クライン展』、一一三頁）.

▽46 *Ibid.*

▽47 *Ibid.*

▽48 講道館秘書からの「率直に申し上げて、四段か五段を、今年中というような短時間で彼〔クライン〕が取得することは不可能です」という一二月七日付の手紙からわずか一一日後、一二月一八日付で、講道館四段の段証書が発行されている。*Ibid.*, and Stich, *Yves Klein*, p. 37.

▽49 クラン「日本の柔道を學んで」、四九頁。

▽50 「投の形」は代表的な投技を一五本、「固の形」は代表的な固技を一五本、「極の形」は真剣勝負の「形」で、座っている居取が八本と立っている立合が一二本、「柔の形」は体育を目的とする基本的な技が一五本、「古式の形」は嘉納治五郎が自身の学んだ起倒流柔術の「形」の中から、講道館の精神を表すものとして残した二一本、そして「五の形」は未完成で名称のない、水や天体などの運動を身体で表現する五つの技で構成される。著書において、「投の形」「固の形」「極の形」ではクラインが「取」となり、渡辺貞三（当時四段）が「受」となっている。また「極の形」の長刀・短刀を扱う技では浅見三平（当時七段）、「柔の形」ではイゴール・コレア（当時二段）が「受」をおこなっている。そして「古式の形」は、浅見が「取」、「五の形」は小田常胤《つねたね》（九段）が「取」となり、クラインが「受」をおこなった。

▽51 Yves Klein, *Les fondements du Judo*, Paris: Éditions Dilecta, 2006, p. 17.

▽52 植村「日本にいたイヴ」、頁付なし。

▽53 東野芳明、峯村敏明、松浦寿夫「鼎談　青は超えられたか」『季刊みづゑ』一九八五年夏号、一六頁、および『イブ・クライン展』、一〇六頁。

▽54 植村「日本にいたイヴ」、頁付なし。

▽55 撮影にあたってクラインは、同じく講道館の研修生であったハル・シャープのカメラを使用していた。Génévrier-Tausti, *L'envol d'Yves Klein*, p. 33, and Stich, *Yves Klein*, pp. 34 and 255, n. 73.

▷56 Yves Klein, "Esquisse de scénario no.1 - Judo," quoted from Stich, *Yves Klein*, p. 255, n. 75.
▷57 Ming Tiampo, "Empreintes de l'immatériel: Yves Klein au Japon," in *Yves Klein: Corps, couleur, immatériel*, p. 198.
▷58 Yves Klein, "Esquisse de scénario: La guerre（de la ligne et de la couleur）ou（vers la proposition monochrome）," *Le dépassement de la problématique de l'art et autres écrits*, p. 33.
▷59 Klein, "L'aventure monochrome," p. 229（クライン「モノクロームの冒険」、頁付なし）.
▷60 Klein, "Réflexions sur le judo, le kiai, la victoire constante."
▷61 Génévrier-Tausti, *L'envol d'Yves Klein*, p. 34.
▷62 *Yves Klein*, p. 33.
▷63 Stich, *Yves Klein*, p. 255, n. 24.
▷64 *Yves Klein: Corps, couleur, immatériel*, p. 286, and Stich, *Yves Klein*, p. 42.
▷65 *David Hammons Yves Klein*, Aspen Art Museum eds., Aspen, 2014, p. 78.
▷66 Banai, *Yves Klein*, p. 55.
▷67 Stich, *Yves Klein*, p. 55.
▷68 委員会は同僚であったクラインの母マリーへと電話をかけ、「おわかりでしょう、ともかくあれでは本当に十分ではないのです。ですから、もしイブが少なくともちょっとした線を一本、点を一個、あるいは別な色のスポットでも付け加えてくれたら、私たちはそれを展示できるのです。でも一面にひとつの色では、だめ、だめ、まったくたりません、不可能です！」と告げた。*Yves Klein*, p. 171（『イブ・クライン展』、一一五頁）.
▷69 Yves Klein, "Texte de pésentation de l'exposition aux Éditions Lacoste, Oct-Sept 1955," quoted from *Yves Klein: 1928–1962 A Retrospective*, p. 104（『イブ・クライン展』、一一五頁）.

▽70 Génévrier-Tausti, *L'envol d'Yves Klein*, p. 71.

▽71 Robert Fleck, *Marie Raymond Yves Klein*, Angers: Expressions contemporaines, 2004, p. 89.

▽72 Stich, *Yves Klein*, p. 55.

▽73 *Ibid.*, pp. 56 and 257, n. 11. この建物には中二階があり、クラインは寝室およびアトリエとして使用していた。そこにはローラーで塗ったモノクローム絵画があり、一階には《オレンジリード色の世界の表現》があった。日本でクラインとともに柔道を学び、彼の著書でも「受」をしていたイゴール・コレアは、柔道教室に置かれていたそのオレンジ色の絵画を、帯の色を示すものだと思い、クラインに尋ねると、彼は笑いながら作品だと言ったという。また、ギャラリストのイリス・クレールも、道場にあった巨大なモノクロームのパネルを見て、帯の色を示す飾りだと思ったようである。Génévrier-Tausti, *L'envol d'Yves Klein*, pp. 71–72.

▽74 Yves Klein, "L'évolution de l'art vers l'immatériel / Conférence à la Sorbonne," *Le dépassement de la problématique de l'art et autres écrits*, p. 134.

▽75 Klein, "L'aventure monochrome," p. 227（クライン「モノクロームの冒険」、頁付なし）.

▽76 Klein, "Texte de pésentation de l'exposition aux Éditions Lacoste, Oct-Sept 1955," p. 104（『イブ・クライン展』、一一五頁）.

▽77 *Yves Klein*, p. 37.

▽78 Klein, "L'évolution de l'art vers l'immatériel / Conférence à la Sorbonne," p. 133.

▽79 『イブ・クライン展』、一〇七頁。

▽80 M・ラゴン、P・レスタニー、瀬木慎一「前衛美術の新しい状況——日・仏批評家による討議」『美術手帖』一九五八年四月号、四七頁。

▽81 同前。

▽82 "The L. St. 85 Sponge," *Evening Standard*, London, June 25, 1957, quoted from *Yves Klein*, p. 409.

▽83 Klein, *Overcoming the Problematics of Art*, p. 4.

▽84 Yves Klein, "Préparation et présentation de l'exposition du 28 avril 1958 chez Iris Clert, 3 rue des Beaux-Arts, à Paris," *Le dépassement de la problématique de l'art et autres écrits*, p. 84.

▽85 Génévrier-Tausti, *L'envol d'Yves Klein*, p. 83.

▽86 *David Hammons Yves Klein*, p. 79, and Génévrier-Tausti, *L'envol d'Yves Klein*, p. 79.

▽87 Pierre Descargues, "Yves Klein, l'home qui a vendu du vide," in *Tribune de Lausanne*, October 30, 1960, p. 8.

▽88 Génévrier-Tausti, *L'envol d'Yves Klein*, pp. 86–88.

▽89 東野芳明「イヴ・クライン——あるいはI.K.B航海誌」『みづゑ』一九六七年五月号、一九頁。

▽90 Descargues, "Yves Klein, l'home qui a vendu du vide," p. 8.

▽91 植村「日本にいたイヴ」、頁付なし。

▽92 瀬木慎一「青に憑かれたクライン」『芸術新潮』一九六二年八月号、五〇頁。

▽93 Yves Klein, "Théâtre du vide," *Le dépassement de la problématique de l'art et autres écrits*, p. 177（イヴ・クライン「空虚の演劇」千葉成夫訳、『象』エディシオン・象、一九八〇年、八六頁）. 既訳をもとに一部変更を加えた。

▽94 これは、以下の文章に続けて述べられている。「私の主題たる人体測定に関して世界の報道機関によって広められた歪曲された観念に由来する誤りの例をひとつだけ挙げるために、極端な熱心さでもって私の方法をかなり風変りな仕方で用いた日本の画家たちのグループのことを話そう。この画家たちはたんに彼ら自身を生きた筆に変えただけだった。絵具のなかにみずから飛込み、そして自分で画布のうえをころげまわること

で、彼らは「超アクション・ペインティング」の代表的存在となった！」Klein, "Chelsea Hotel Manifesto, New York, 1961," p. 296（クライン「私は描いてきたが故に［その二］」、頁付なし）．ただし、クライン自身の身体を用いたものも制作されていたようである。Stich, *Yves Klein*, p. 177.

▽95 Génévrier-Tausti, *L'envol d'Yves Klein*, p. 50.

▽96 Yves Klein, unpublished manuscript, Yves Klein Archives, quoted from *Yves Klein: Corps, couleur, immatériel*, p. 268.

▽97 Génévrier-Tausti, *L'envol d'Yves Klein*, p. 86. 跳躍はこの場所以外でもおこなわれ、レスタニーによってカンパーニュ・プルミエール通りのクラインのアパートで、友人のベルナデット・アランによってコレット・アランディ画廊で、またリヴ・ドロワト画廊の階段でおこなわれたとされている。*Yves Klein*, p. 52.

▽98 Génévrier-Tausti, *L'envol d'Yves Klein*, pp. 88–89.

▽99 Yves Klein, "Un homme dans l'espace!," *Le dépassement de la problématique de l'art et autres écrits*, pp. 181–182（『イブ・クライン展』、一二四頁）．

▽100 Yves Klein, "Du vertige au prestige（1957–1959）," *Le dépassement de la problématique de l'art et autres écrits*, p. 190.

▽101 Génévrier-Tausti, *L'envol d'Yves Klein*, p. 53.

▽102 Yves Klein, "Réflexions sur le judo, la kiai, la victoire constante."

III

08

観念と絵画の狭間に打ちつける拳

栗本高行
Takayuki KURIMOTO

はじめに

本章の目的は、一九六〇年代を中心に「反芸術」の旗手として多大な注目を浴びた美術家、篠原有司男の出世作である《ボクシング・ペインティング》が、世界美術の文脈の中で燦然と輝く位置づけを与えられるに至った秘密を解き明かすことである。

もともと篠原は、一九五七年におけるフランスの美術批評家ミシェル・タピエと、彼の擁護の対象であったジョルジュ・マチューら数人の画家の来日をきっかけとして、日本の美術界に騒然と巻き起こった「アンフォルメル旋風」の衝撃をまともに受け止めた世代に属している。今はなき東京の百貨店、白木屋のショーウィンドーで実施されたマチューの公開制作を皮切りに、全国の既成画壇の間をその衝撃が駆け巡ったのだが、二五歳の若き篠原有司男も、街頭で目撃した「アクション・ペインティング」の実演に強い刺激を受けた一人であった。▽1

同年の暮れに東京藝術大学を中退してしまう篠原有司男は、九月の時点でタピエ本人に自身の作品を見せる機会を得たのだが、その際は相手の歯牙に全くかからなかったと言う。▽2 その後、篠原は、読売新聞社が企画し東京都美術館を会場として毎年開催されていた、読売アンデパンダン展への出品にのめり込んでいく。そして、それと同時並行的に、当時のマスメディアが注目する対象となるような奇矯な言動に身を染めてゆく。往時の日本人の中で、おそらくほとんど初めて頭髪をモヒカン刈りにしたことに端を発し、やがて《ボクシング・ペインティング》の公開制作へと突き進んでいったのだ。なお、一九六〇年の読売アンデパンダン展への出品履歴に、《ボクシング・ペインティング》という同題の絵画作品が含まれているが、これについては制作の過程が完全に非公開であり、その手法も、「地面に広げた布の上に丸めた布切れを落として描いたもの」▽3であったため、厳密に言えば、画材の定着方法がボクシングに則った運動であったわけではない。

それに対し、六一年にアメリカの高名なアーティストにして写真家であるウィリアム・クラインの取材に応じて実演した描画行為は、正しく「ボクシング・ペインティング」の名に値するものであった［fig.1］。篠原は、塀に貼り付けられた支持体を水平に移動しながら、画材を付着させたグローブ（自家製か）で殴りつけるという行為を体力のかぎり続行し、長大な「絵画」を出現させたのだった。ただし、脆弱な支持体を使用していたため、ところどころで破れが生じてしまい、現物は残存していないと言う。写真でしか見ることができないにもかかわらず、筆者は、この一九六一年の《ボクシング・ペインティング》が、篠原が同画法を用いて実演した絵画の中で、最高の成果に位置づけられる「作品」だと考える。▽4それは、この時点での篠原の行為（アクション）に、美術史

fig.1 《ボクシング・ペインティング》を公開制作する篠原有司男（1961, ウィリアム・クライン撮影）

とエフェメラルなボディ・アートとの、あるいは絵画とスポーツとの危うい関係の問題が集約されているとみなすことができるからだ。

言い換えれば、篠原のこの「ボクシング・ペインティング」は、有償の「表現」と無償の「行為」との間での引き裂かれを体現している。マスメディアに買い上げられた彼の「表現」には対価が発生するが、その一方で、売ることのできない作品の存在は、無償の「行為」としての側面を際立たせる。いったい、篠原にとって《ボクシング・ペインティング》とは、スポーツを利用した絵画だったのだろうか。それとも、描くというのはあくまで口実で、カメラの前で暴れ回る肉体の行為を見せつけたかっただけなのか。彼の着想と実践は、いまだに美術史家にとって複雑な論争を呼び込みうる、時代を代表する「事件」であったと考えられるのである。

1 「ボクシング・ペインティング」の組成

ウィリアム・クラインとの協働による《ボクシング・ペインティング》を批評するためには、先述のように、篠原有司男たちの世代が、アンフォルメル型の絵画の洗礼を受けていた事実を最初に考慮する必要がある。

日本におけるアンフォルメルの衝撃は、本邦の主だった美術批評家たちがタピエと見解の溝を深くし、双方の決裂が浮き彫りとなったことをきっかけに、表向きは一年間ほどで終息へと向かった。[▽5]様式としてのアンフォルメル絵画の受容と流行は、日本人が持つフォーヴ的感性の発露に他ならなかったと、同時代美術の擁護者であった針生一郎は回顧している。[▽6]また、アンフォルメル・ブームの退潮を論じることで美術評論の世界に颯爽とデビューした宮川淳の眼を通せば、そうした事態は、アンフォルメルを美術的価値の転換の次元ではなく、単なる絵画の様式更新の次元で捉えてしまったことに対応する過誤であった。[▽7]

しかし、篠原有司男も含め、読売アンデパンダン展に蟠踞《ばんきょ》する新世代の美術家たちは、批評家たちが口を揃えて指摘したアンフォルメルの失権の渦中から、思いもかけぬ方位へ向かって表現の新機軸を打ち出そうともがくのである。そうした彼らの作品傾向について、当時を代表する美術批評家の東野芳明は、「反芸術」と呼び慣わした。[▽8]それらは、廃物を利用して組み上げたアート、表現主義的で過激なオブジェといった代物であった。極端なところでは、刃物の使用も辞さない立体物を制作する作家まで後には現れることになる。[▽9]

「反芸術」の解釈それ自体にはいろいろな見解があるが、少なくとも篠原有司男にとって、東野芳明の発言は、自分たちの芸術に「アンチ」の呼称を冠して攻撃するという態度を取ったものだと受け取られた。[▽10]しかし、篠原の怒りの矛先は、批評家が体現する「旧権威、旧思想」ではなく、むしろ、美術を志す若者を中心としたその他の同時代人により多く向けられてもいた。彼は次のように述懐している。

ぼくらは不満だった。あくまでも前衛芸術を既成芸術に対するアンチテーゼとしてしか取り上げようがないのだろうか？　ぼくらは旧権威、旧思想に対しなんら反発を感じてはいない。怒りをこめて振り返るなら、その怒りは同世代の他人に、競争相手に、恋人に向けるだろう。芸術存在そのものに対する不信、ぼくらが努力しても相容れぬもの、会場芸術ではおさまり切れない何ものかに対する解答なり、代名詞が欲しかったのだ。▽11

読売アンデパンダン展への参加のために、そのつど美術館へ作品を搬入しながらも、篠原有司男にとって、会場芸術の概念それ自体が少々窮屈になり始めていた。その代り、彼の脳裏に喫緊の関心事として浮かび上がってきたのが、いわゆるアクション・ペインティングの問題である。それを考えさせるきっかけとなったのが、あのミシェル・タピエが以前に日本へ連れてきたジョルジュ・マチューの画法［fig.2］であった。

既述の通り、一九五七年にマチューが白木屋でおこなった公開制作を篠原は実見している。浴衣に鉢巻という派手な出で立ちで、穂先の長い筆を手にし、カンヴァスを水平にさっと横切ったり、ときには垂直に飛び跳ねたりしながら、きわめて即興的に画面を構築していくマチューの姿は、篠原に強い印象を与えた。白木屋でのパフォーマンスは、アトリエという密室で苦心を重ねる従来の画家像とはかけ離れた屋外制作であり、彼にとってはアクション・ペインティングの実践が、これまでの美術の枠組みを瓦解させていくように思われたのだ。それかあらぬか、篠原は読売アンデパンダン展時代に、野外の空間をアトリエとして、ときには美術館の壁の高さに等しい巨大な作品制作に没頭している。

ところが、篠原有司男はジョルジュ・マチューという画家の存在に、完全にノックアウトされてしまっていたわけではない。絵画に「アクション」を持ち込んだ実例として、彼の念頭には、同時代の「具体美術協会」の作家たちや、フランスのニキ・ド・サンファル、アメリカのジャクソン・ポロックがすでにインプットされており、そうした諸情報から、マチューの描画行為の相対化もおのずと図られていたからだ。問題は、時代のトップランナーであったこれらのアーティストたちを、どうしたら追い抜けるかということであった。東京藝大を中退したため指導者の後ろ盾がなく、また画商のバックアップも欠いている彼は、マスメディアを味方につ

fig. 2　ジョルジュ・マチュー《豊臣秀吉》(1957, 油彩・カンヴァス, 181 × 499cm, 神奈川県立近代美術館蔵)

けることを発案した。髪型をモヒカン刈りにすることから始まり[12]、アメリカの美術評論の用語から借用した「ネオ・ダダ」の語を冠するグループ、「ネオ・ダダイズム・オルガナイザー」を中心となって結成する。そして、「反絵画」「反彫刻」をも超えて、物質を残存させない奇矯なパフォーマンスを、仲間とともに画廊や街頭で次々と展開するに至るのである[13]。

そして、一連のアイデアの最大の炸裂として考えられる対象こそが、「ボクシング・ペインティング」に他ならない。実は、一九六一年のウィリアム・クラインの撮影に結実するこの描法のコンセプトは、マチューの描画行為に見たある種の甘さを乗り越える内容を含んでいる。篠原によれば、マチューの描画動作［fig. 3, 4］は非力な上に決定的に遅く、現代社会の感性が要求する威力やスピードを欠いている。自分ならば、もっと力強く高速で画面を仕上げて見せるはずだと思っていたと言うのだ。マチュー式のアクション・ペインティングを、「暴力的である」「瞬間的感覚の燃焼を爆発的にする」[14]をモットーに過激化し、絵筆だけに頼らない制

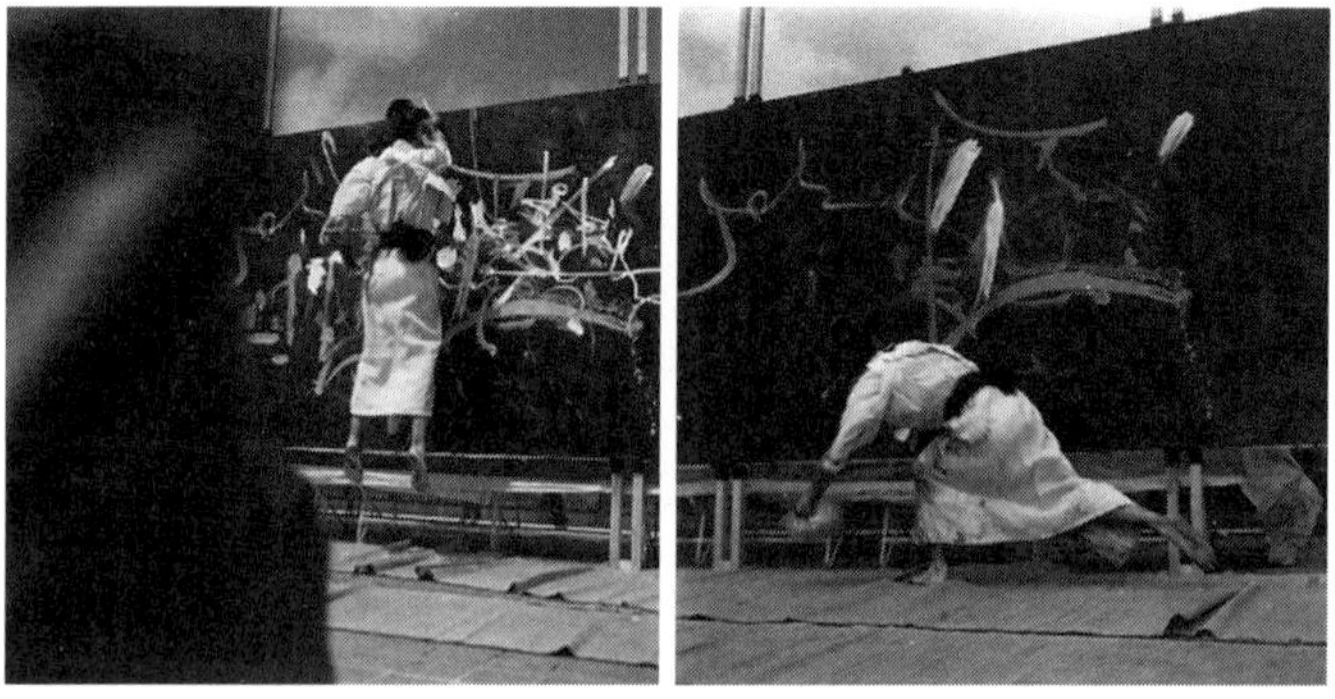

fig. 3, 4 《豊臣秀吉》を公開制作するジョルジュ・マチュー（『1950年代の日本美術——戦後の出発点』神奈川県立近代美術館, 2017）

作方法を採用した結果が、グローブをはめて画材を殴りつける行為（アクション）であった。彼はまた、絵筆以外で描いた初期「具体」の画家たちの挙動に、ボクシング・ペインティングは方法論的に近しいとも述べている。▽15

2 「絵画」か「行為」か——具体美術協会の作家たちとの比較

ここで、いまや世界の戦後美術史に重要な位置を占める具体美術協会の若干の作家たちと、篠原有司男の存在を比較しておく必要があるだろう。前衛的な絵画に身を挺した「具体」のメンバーはきわめて多いので、紙幅の関係上、本節では白髪一雄と嶋本昭三、向井修二の三名に絞って取り上げることにする。

まず、白髪一雄と言えば、天井から吊り下げられたロープにつかまって、足の裏の皮膚で直接カンヴァスに絵具を定着する「フット・ペインティング」で有名である。また、地面をカンヴァスに、その上に盛り上げられた泥を絵具に見立てた上で、その中に全身を浸し、その場かぎりの「絵画」を創出すべく格闘するパフォーマンス《泥にいどむ》[fig.5]（一九五五）もよく知られている。

今世紀におけるアメリカでの具体美術協会の評価と普及に多大なる役割を果たした、日本の近現代美術を専門とするキュレーターのアレクサンドラ・モンローは、同協会についての記念碑的なカタログ *gutai: splendid playground* に収められた論考の中で、白髪の「フット・ペインティング」［fig.6］は、ジャクソン・ポロックの絵画よりも、「アクション・ペインティング」の要素を尖鋭化した表現として捉えうる可能性を示唆している。もともと、戦後アメリカの新世代の抽象画家たちの描法にアクション・ペインティングという呼称が適用されたのは、美術批評家ハロルド・ローゼンバーグの「アメリカのアクション・ペインターたち」（一九五二）という論考においてであった。人口に膾炙《かいしゃ》したフレーズではあるが、ローゼンバーグの主張の核心となる言葉を、ここにあらためて訳出しておきたい。

> ある瞬間に、一連のアメリカの画家たちにとってカンヴァスは、現実上のものであれ想像上のものであれ、一つの対象を再生産したり、設計し直したり、分析あるいは〝表現〟したりする空間としてよりも、むしろそこで行為すべき闘技場として姿を現

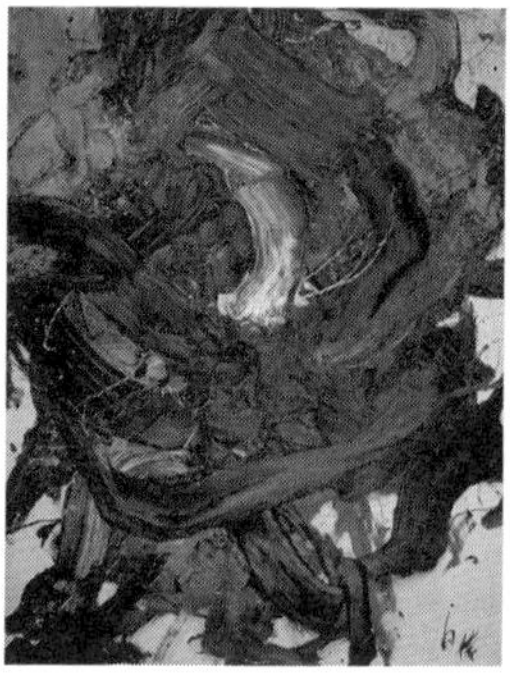

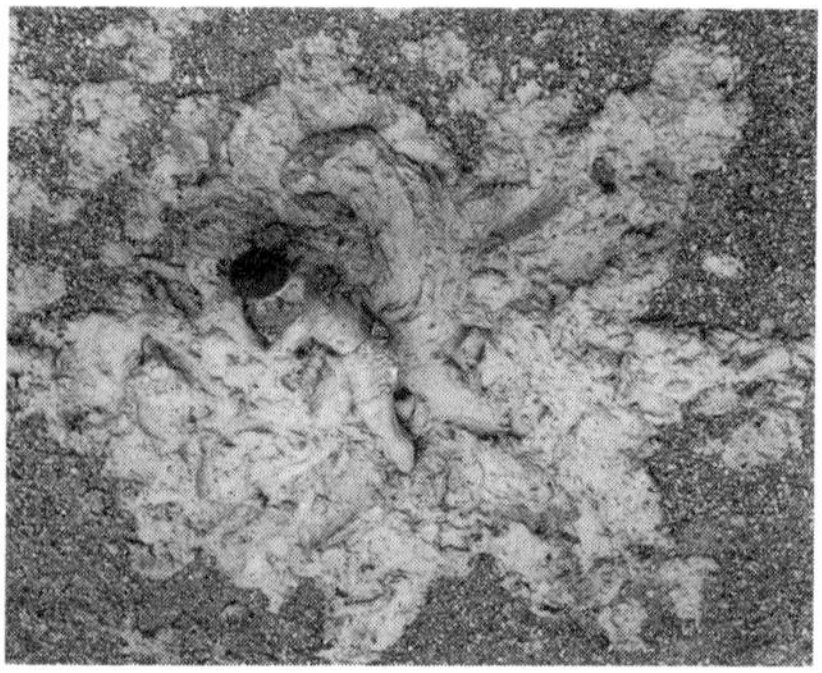

fig. 5　白髪一雄《泥にいどむ》（1955）

fig. 6　白髪一雄《黄帝》（1963, 油彩・カンヴァス, 273 × 212.5cm, 旧山村コレクション, 兵庫県立近代美術館蔵）

し始めた。カンヴァスの上に引き続いて起こるべき事柄は絵画ではなく、事件であった。[16]

すなわち、ポロックに代表されるような画家たちは、カンヴァスの中に文字通り踏み入り、競技者のようにアクションを遂行した。描くことはもはや格闘に近似していき、従来の意味での描画とは異なる「行為」によって、絵具や塗料が定着された。モンローは、ローゼンバーグのこの定式は、白髪一雄にこそより当てはまると言いたいようだ。なぜなら、ポロックは床に鋲止めされたカンヴァスの周囲からその内部へ侵入を図るのに対し、白髪にはそのようにカンヴァスを聖域として捉える傾向がなく、最初から絵の中に身を置き入れて、しかも全身を滑らせながら描像を得るべく格闘しているからだ［fig.7］。

自分の絵画の〝内側で〟行為しているという神話にもかかわらず、ポロックは実のところ、床に鋲止めされたカンヴァスの「周囲で」描いていた。対照的に、白髪のアクションで充ち満ちたフット・ペインティングは、床を〝自己の格闘の物理的な場所として〟使用しており、闘技場の考え方のよりラディカルな所信表明でもある。白髪一雄の、チューブから真っすぐ押し

fig. 7　白髪一雄の制作風景（1956, *gutai: splendid playground*, The Solomon R. Guggenheim Foundation, 2013）

出された赤や黒やその他の色の分厚い塊を引き伸ばす数々のキック・ストロークは、ポロック流の躍動的リズムの痕跡とはだいぶ趣の違う絵画群を、儀式的な自己浄化により得られる内臓的な形象として生産する。[17]

またモンローは、嶋本昭三の、絵具類を詰めた瓶をカンヴァスに投げつけて絵画のイメージを獲得する手法にも注目している。[18]以下は筆者の解釈であるが、ポロックは画材のカンヴァスへの垂らし込みを「技法」として捉えており、それによって画面を丹念に、漸増的に構築していく。それに比べ、嶋本の場合、一瞬の破壊行為が即座に「創造」に結びつくという点で、やはり戦闘的競技に近いということが言える〔fig.8〕。

篠原有司男のボクシング・ペインティングも、支持体を殴って液体を四散させるという破壊の行為が、その場で絵画の「創出」につながるという事情が、「瓶投げ絵画」〔fig.9〕と酷似している。また、野外で絵を描くためにボクシングの動作をすること自体が、

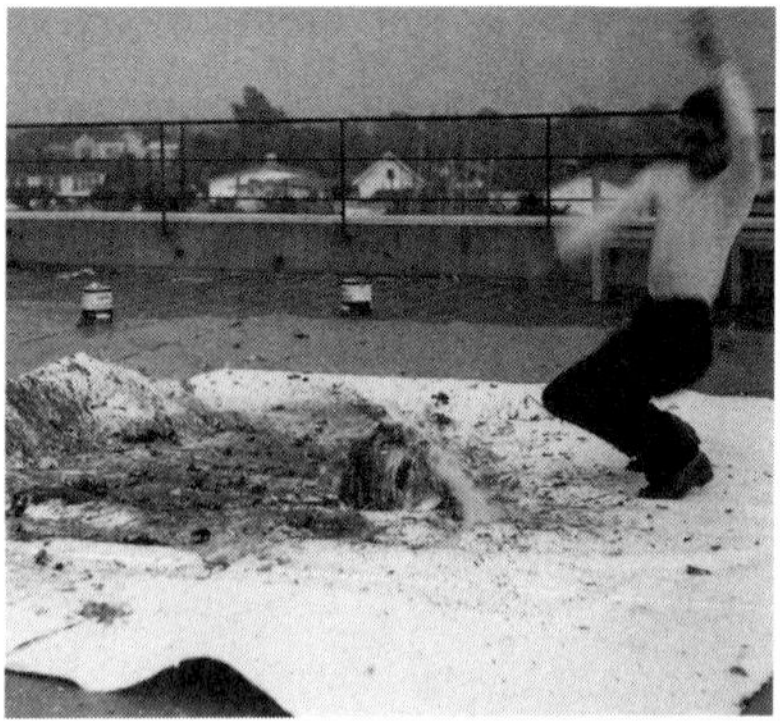

fig. 8　嶋本昭三の制作風景（1956, *JAPANESE ART AFTER 1945: SCREAM AGAINST THE SKY*, Harry N. Abrams, Incorporated, 1994）

fig. 9　嶋本昭三《作品》（1955, カンヴァス・紙, ペンキ・ガラス片, 161.5 × 127cm, 旧山村コレクション, 兵庫県立近代美術館蔵）

周囲の環境と溶け合いつつ、闘技としての芸術行為を遂行する意義を帯びることになるだろう。

ただ、篠原と前二者との間には決定的な差異がある。それは、彼が「闘技場」での「格闘」の結果として出現した描画イメージにそれほど注意を払わず、それどころか、一九六一年の《ボクシング・ペインティング》の実物を保管することに執着を見せなかったという点である。と言うよりも、最初から保存可能な状態を前提とせずに制作をおこなっていた。

篠原は、「アクション」の成果を展示物として壁に掛けることにこだわらなかった。その意味で、彼はローゼンバーグの「アクション・ペインティング」についての定式から、「アクション」のみを純粋抽出したとも述べることができるだろう。ここにおいて、ボクシング・ペインティングはスポーツとしてのボクシングの観念に急速ににじり寄ってくる。一瞬に賭けて行為を蒸散させる運動競技と、永続的な支持体に住み着くアートとの相違が、ここでの問題なのだ。

また、それとはもう少し別の角度においても、スポーツと美術との比較論から篠原芸術についての連想をつなげてみたい。スポーツは瞬間的行為であるとは言え、現代社会において、それは記録される行為から分離不可能でもある。ボクサーはカメラマンにシャッターを切られ、試合はテレビによって中継され、さらにその映像は後々まで共有される。同じように、篠原有司男のボクシング・ペインティングも、無人の荒野で為されたのではなくて、美術としての最低限の条件を確保するために、特定の個人によって記録されている。しかも、篠原には最初から、マスメディアの力を借りて自己の芸術家としての存在感をアピールしようとする明確な戦略があった。
かつて、『美術ジャーナル』誌上の座談会で、篠原は針生一郎から、マスコミやジャーナリズムは作品のために不可欠かどうかを問われて、肯定の答えを返している。

そうですね。僕がアクション画家だという看板を掲げると逆に僕をどんどん引っ張って行くわけで、僕がとうてい考えられなかったアクションの方法とか場を、向うが提供してくれて、僕は自分の力以上のことがやれて面白いわけです。アクションの作品の内容というのは誰がやっても同じで、ただ方法の違いだけですね。▽19

「誰がやっても同じ」結果が出る場に身を置く、というのはスポーツと共通する要素である。逆説的なことに、運動競技と篠原のアートは、万人と同一の条件の下にありながら、なおかつ行為者の個性が発揮されるところに、評価に値する独自の「意味」が生まれるのだ。ボクシングの試合における個別的瞬間のアクションや運動——例えば特定のパンチのスピードや重さ——は選手によって千差万別であり、スポーツライターの筆はそれを主観の領域で捉えるべき現象として、様々な文飾によって差別化して描写するであろう。しかし、一発のパンチがどんなに個性的であったとしても、審判員は競技のルールに則って、打ち込んだ回数や相手の肉体が受けたダメージという、攻撃の結果部分のみを冷徹に数値化するのである。スポーツライターが文学者なら、審判員は数学者のような立場で振る舞う人間だ。リングの上は、思い切って図式化するなら、こうした二つの異なるアプローチが交錯する場所であるとも言える。

いずれにせよ、六〇年代当時の篠原は、「作品」へのフェティシズムよりも、「行為」が世の中にもたらす効果の方に、多大なる関心を寄せていたように見受けられる。読売アンデパンダン展への出品作を、搬入可能な寸法に合わせるために粗雑に扱い、また、会期終了後、美術館側に廃棄処分されても毎回乾いた諦念でそれを見送っていたという、さまざまな文献に採録された逸話がこの解釈を補強するだろう。もちろん、その裏面には、美術家個人では作品を保存維持する環境がとうてい整えられない現状に対する、精一杯の強がりも含まれていたはずであるが。

とは言え、「行為」に著しく比重をかけることによって、かえって美術史に名を刻むチャンスを摑んだというこうした事態は、「具体」においては、向井修二の名を篠原有司男に対応する存在として想起させる。空間を記号で埋め尽くす仕事［fig.10］によって異彩を放った向井であったが、一九六五年に、作品へのフェティシズムを斥けるべく、手元に所持していた作品を全て焼却するという「ハプ

fig. 10　向井修二《作品》（1964, 板・カンヴァスコラージュ・鉄線, 油彩, 184 × 184cm, 兵庫県立近代美術館蔵）

ニング」に打って出ているのである。[20]作品はすべからく排泄物であるというコンセプトが底流に潜んでいたらしい。これもまた、「行為」と、さらには制作のプロセスのみを純粋なかたちで抽出する作業であった。
もっとも、向井修二も篠原有司男も、今日では描く行為を中心に据え、注目すべき「作品」を生産している。各人の「行為」が極点に達した六〇年代と現在のこの落差を、どのように捉えればよいのだろうか。ここで、向井修二の作家論をさらに深める余裕はないが、篠原有司男についてならば、いささかの解釈を重ねる余地がある。そのためには、篠原が六九年の渡米を前に、東京時代の青春を総括する意図で、自身の活動を軸に当時の前衛芸術の動向を活写した、自伝的書籍『前衛の道』の結語に据えられた言葉を参照する必要がある。それは、次のようなスローガンだ。

早く、美しく、そしてリズミカルであれ。[21]

3 美術史との追走劇

このキャッチフレーズは、『前衛の道』の帯に「ひたむきなベラボウさ」という賞辞を寄せた、岡本太郎の言論活動を暗に意識して作成されているのではないだろうか。具体的には、「叢書新しい世代のために」（光文社）の一冊として一九五四年に上梓された『今日の芸術——時代を創造するものは誰か』の中で、前衛芸術の創造に向ける宣言として高々と掲げられた、以下の文言の影響が見受けられる。

今日の芸術は、
うまくあってはいけない。
きれいであってはならない。
ここちよくあってはならない。▽22

篠原は、岡本の作品と著作を通じてその芸術理論に深い影響を受けた。在学中の東京藝大で彼の講演を聴き、その後も謦咳《けいがい》に接している。そうした経験は、「ネオ・ダダ」の展覧会の謳い文句や数々のグループ展における秀抜なネーミングの発明などにも活用されていると考えられる。それにしても、『前衛の道』におけるスローガンが、『今日の芸術』における三原則に対し、字面の上で、ある意味そっぽを向いた内容になっている点が興味深い。

岡本太郎は、美術の専門家たちではなく日本の大衆に向けて、前衛芸術が取るべき態度を啓蒙するために、従来の絵画を中心とする美術が尊重していた「うまく、美しく、快い」[23]という価値基準に対するアンチテーゼを発信したわけであるが、篠原有司男のキャッチフレーズは、ちょうどそれをもう一度裏返したような恰好になっている。

まず何より、「美しい」という形容詞が採用されている。これは、日本の前衛絵画の巨匠である岡本に対する、篠原なりの確信犯的な反発なのだろう。創作に当たって最低限の心棒となる美学、つまり美しさの基準に関する感覚は必要であるというのは、その後の彼の作品様式の展開や言説に明らかな態度である。

だが、それより一層特色的なのが、前衛芸術は「早く」、「リズミカル」であるべしとする残りの二つの原則であろう。これらは、ニューヨークで活動を続ける今日をも含めた篠原有司男の作歴全体を予言し、象徴する言葉でもある。あえて結論を先に述べるなら、「早くあれ」というのは、時代に対するスピード感覚を最大限鋭敏にし、現代において目まぐるしく推移する美術史の様式の交替劇にすかさず立ち会うという決意である。また、「リズミカルであれ」というのは、ときには自己の芸術をイミテートする行為すらいとわないような覚悟を定めるべきだ、という信条の吐露であると考えることができる。これらは従来あまり唱えられていない解釈だと思われるので、以下の部分において詳しい説明を試みたい。

篠原有司男は、単に現代美術のトレンドに敏感であるというだけではなく、ジョルジュ・マチューの公開制作を触媒に、自己の造形の根幹様式の一つであるボクシング・ペインティングを創案し、美術史年表に名を刻む足がかりを築くなど、海外のアート・シーンの最先端に応答することをある種の方法論的態度として、本能の次元で磨き上げた作家でもある。よほど恵まれた境遇でないかぎりまだ海外旅行もままならなかった時代に、芸術雑誌の写真を食い入るように見ることで情報を摂取していた彼は、著名なアーティストやキュレーターの来日の機会を捕らえては、欧米の最新の美術動向と直に呼応するような自分の作品を、積極的にアピールすることを怠らなかった。そうした現代美術に対する決死の「追走と肉迫」の態度が集約されるかたちで外へ現れ出たのが、一九六四年にアメリカの作家、ロバート・ラウシェンバーグが東京の草月会館を訪問して「公開質問会」をおこなった際、小島信明とともに（後に二人の代表作とみなされる）立体作品を抱えて壇上に上がるというパフォーマンスであった。

美術史家の池上裕子によれば、この催事は日本語で事前に「ローシェンバーグへの公開質問会」として告知されていた。ところが、企画者である東野芳明は意図的にか、チラシやプログラムに「Twenty Questions to Bob Rauschenberg」という英語版タイトルをも付記し、その上で、篠原や小島とあらかじめ打合せをおこない、当日両名を合図とともに舞台の上に招じ入れた。そして、同じく壇上にいて通訳を務めていた高階秀爾の助けを頼りに、英語と日本語の双方でラウシェンバーグに向けて芸術にまつわる高度な質問をぶつけさせたのである。このときラウシェンバーグは、観客や篠原たちを顧みず、完成後に《ゴールド・スタンダード》と命名されることになる金屏風を支持体とした「コンバイン・ペインティング」（平面上にさまざまなオブジェを貼り付けた半立体作品）の制作工程を黙々とこなすことに終始した。[▽24] 行為者のめいめいが誰も制御できなかったこの一連の経過は、美術史年表に残る有名な「事件」として特記されている。

さて、この日の舞台上で、制作途上の《ゴールド・スタンダード》［fig.11］と図らずも「共演」を果たすに至った篠原の作品は、《思考するマルセル・デュシャン》（一九六四）という彫刻と、《コカコーラ・プラン》のイミテーション・アート数点だった。「イミテーション・アート」とは、彼がラウシェンバーグとその芸術の存在そのものに憧れて、図版をよすがに、《コカコーラ・プラン》（一九五八）［fig.12］というこの美術家の作品を、日本国内で調達した素材でまるごと再現してしまったという代物である。

他人の作品を模造して、それを意気軒高と巷の画廊に並べるという営みは、客観的に見れば無邪気な行為であるし、場合によっては、な

fig. 11　《ゴールド・スタンダード》を公開制作するロバート・ラウシェンバーグ（1964, 関谷正昭撮影）
fig. 12　ロバート・ラウシェンバーグ《コカコーラ・プラン》（1958, 鉛筆, 紙, 油彩, 3 本のコカコーラ瓶, 木製の手すりの柱, 金属製の羽, 木枠, 67.9 × 64.1 × 12.1cm, ロサンジェルス現代美術館蔵, パンザ・コレクション）

んと厚顔無恥な態度だろうかと受け取られる場合もあるかもしれない。しかし、一見単純で素朴な篠原のイミテーション・アートにも、仔細に考えれば相応の批評的意義を見出すことが可能である。

篠原が模倣しようとした対象は、そもそも「ポップ・アート」である。英米圏で盛行を極めていたこの芸術上の潮流を代表する作家を一人挙げるとするなら、やはり最も有名なのがアメリカのアンディ・ウォーホルだろう。ウォーホルは、キャンベル・スープ缶やマリリン・モンローの顔写真といったモチーフを大量複製した絵画を制作したが、現物の忠実な敷写しをカラーヴァリエーションを交えて再現するというだけの作品が、なぜ人々の感性および知性を刺激するのだろうか。それは、ずれを伴いながら大量複製されていくうちに、オリジナルのキャンベル・スープやマリリン・モンローの映像が、次第にコピーである絵画の平面イメージに、知らず知らずと現実感を奪い取られてしまうという逆説が、目に訴えるかたちで提示されているからだ。

現実の風景が大量複製されると、それはときにオリジナルの対象に優越し、その存在基盤を揺るがすものとなる。この構図が、篠原有司男のイミテーション・アートにも当てはまるのではないだろうか。彼の《コカコーラ・プラン》[fig.13]は、カタカナで商品名が記された日本製のコーラ瓶を使用している。また、モノクロ写真を参照していることから、ラウシェンバーグの手になる現物とは似つかないけばけば

fig. 13　篠原有司男《コカコーラ・プラン》（1964, 蛍光塗料, 3本のコカコーラ瓶, 掛け釘, 釘, 石膏の羽, 木枠, 71.5 × 65.5 × 6.5cm, 富山県美術館蔵）

しい蛍光色を塗り付けているという差異もまとっている。その視覚的・感性的なずれは他者の心をいたく刺激する要素を持っているようで、実は、「公開質問会」の前日にラウシェンバーグ本人が篠原のイミテーション・アートを展示した画廊を訪れた際、紛い物である作品の方にかなり強い感動を表明したと言う。ところが、安心した篠原が、《コカコーラ・プラン》を合計で一〇点作り上げた事実を伝えると、一転して露骨な嫌悪感を示したのである。[25] この逸話は、篠原有司男という世界美術の辺境に位置した青年アーティストが、彼なりにポップ・アートに内在する理論を消化し、その正鵠を射る「創作」をおこなっていたことを強烈に証し立てている。現代の美術シーンの最先端の意匠を、誰よりも早く模倣したものが勝つという、一見節操のないモットーは、思わぬ地点で表現のラディカリズムに接する側面を有してもいたのではないか。

4 「ボクシング・ペインティング」の復活と変容

これまで見てきたように、篠原有司男の制作活動には、既成の美術組織からなる専門家集団内での評価を介さずに、アート・マーケットとの距離を短絡させるという思考回路、換言すれば、可能なかぎり自分の存在がその場で商品化されれば、表現者の世界で最前線に躍り出ることができるという太い信念の筋が一本通っている。「前衛芸術＝オリジナリティに富んだ表現」という等式にはあえて無頓着で、むしろそれを否定したところから出発しているのだ。それは、すかさず自己模倣の問題にも反映してくる。具体的には、八〇年代後半以降のボクシング・ペインティングの復活から導き出される諸事実をどう解釈し、評価するかという課題が浮上してくる。

「〔一九六〇年に〕偶然生まれて、偶然始まって、偶然に終わるのよ。まったく計画的じゃないの」[26]と、篠原本人によって回顧されてもいるボクシング・ペインティングであるが、八六年になって、一度ニューヨークでその実演が復活した事実が確認されている。宝石デザイナーで、当時写真家を志望していた大島加津子によって映像が撮影されたようだが、制作としてオフィシャルな性格を持つ営為ではなかったようだ。彼女には、他に撮り溜めていた作品もあって、当初はそれらと併せて発表する意図があったものと推測されるが、なぜか実行されていない。したがって、ボクシング・ペインティングの映像が本格的に世の中に普及するという事態は生じなかった。ただし、大島から受け取った映像を篠原は日本のテレビ局に貸与しており、何かの番組に素材として使用されたということだが、当事者たちの記憶は定かではない。その後、撮影者である大島も亡くなっている[27]。

大々的な復活は、一九九一年に、国立国際美術館の要請を受けて実行した公開制作を待たなければならない。この年の一〇月から一二月にかけて同館で催された企画展〈芸術と日常——反芸術／汎芸術〉において、一九六〇年代の日本美術の空気や精神を象徴させ、顕揚するために最もふさわしい文脈に立つパフォーマーとして、篠原に白羽の矢が立ったのだ。具体的には、当時若手の学芸員であった榮樂徹が復活を提案したのだが、話を持ち込まれた篠原本人も寝耳に水の企画だったと言う。▽28

ともあれ、この時点で特筆されるべき事柄は、ボクシング・ペインティングという行為そのものが、すぐれて美術史的な関心を伴って多くの人々に凝視された他に、やがて「作品」として同美術館のコレクションに加えられたという重大な事実である[fig.14]。これをきっかけとして、海外の美術館などからも公開制作に対する注文がしばしば寄せられるようになり、六〇年代とは打って変わって、ボクシング・ペインティングの結果の恒久的な保護、つまり、「行為」だけではなく、残存する物質を「作品」として扱う傾向に拍車がかかる。ここに至って、篠原は一過性の事件ではなく、「絵画」を生産するために拳を打ちつけることを求められるようになるのだ。

こうした事情を、キュレーターの富井玲子は、「結局のところ、彼のアクションの結果は正当にも一枚の〝絵画〟なのだ▽29」と端的にまとめている。「絵画」の概念へと着地していく「ボクシング・ペインティング」。

fig. 14　篠原有司男《ボクシング・ペインティング》(1991, 墨・カンヴァス, 150 × 1620cm, 国立国際美術館蔵,『あの時みんな熱かった！ アンフォルメルと日本の美術』京都国立近代美術館, 2016)

それは、近年の篠原が、グローブで打ちつける画材の中に、ときとして有彩色のものを混じえるようになったことからも裏づけられる事情である。

数十年の時を経て、篠原有司男が創案したボクシング・ペインティングは、世界に通用する美術技法として脚光を浴びた。そのことによって、彼は通常の意味での絵画の技術をも新たな次元に導き入れるべく思索を重ねるようにもなったと言う。まさに、芸術家冥利に尽きるというものだ。次に引くのは、ニューヨークの篠原のスタジオで収録された画家当人の発言である（対話の相手は池上裕子）。

篠原：うん、だから不思議だなと思うのは、僕は絵もどんどん描いてるでしょ。絵っていうのは、やっぱりいい絵を描こうとか、なんか自分で思い入れがあるわけよ、タブローの中に。ボクシング・ペインティングは全くそういうのじゃないでしょ。僕が滅茶苦茶にやったものを人が評価して持って行くんだから。ところが僕は、絵もボクシング・ペインティングのように、タブロー抜きのタブローを描きたいのよ。

池上：と、おっしゃいますと。

篠原：本当は視覚が一番良くないんだけど。なんていうのかな、基本的には見ないで描きたいんだよ。それでテーマは僕が大好きなものを描きたいわけよ。今描いてるのは、ロブスターを食べようとしてるハイビスカスの帽子を被った女性が、ロブスターが急に生き返ってナイフを取り上げようとしてるっていう（笑）。もうすごいドラマチックなんだけどさ、そんなのを目をつぶって描けるわけないいんだから（笑）[30]。

だが、次のことは忘れてはならない。ラウシェンバーグの《コカコーラ・プラン》が篠原によってイミテートされる過程でも見たように、同一の作品概念の反復は、その本質の変容を伴わずには遂行されない。「反復」とは、ここでは、篠原有司男が自己の《ボクシング・ペインティング》のイミテーションを作成するという営みである。その帰結として、六〇年代の篠原芸術のどんな要素が、時を隔てて変貌を遂げていくのだろうか。それは、一言で述べるなら、美術批評家の中原佑介が、「行為と作品の主従関係をはっきりさせることはできない。というより主従関係が存在しないのである[31]」と喝破したボクシング・ペインティングの核心が過去のものとなり、「行為＝アクション」が、「絵画」のための明らかな手段と化したということである。

いまや、ボクシング・ペインティングは篠原有司男にとって単なる「行為」の痕跡ではない。アクションとスピードは彼の作品の拡張に常に随伴する二大要素だが、両者をいかに有機的に絡め合わせ、殴ることによって「描く」かが大きな課題となった。

篠原のアクションの様態は、一九五〇年代の後半から現在に至るまで、どんどん拡大を続けてきた。この拡張――〝労働としてのアクション〟から〝媒質としてのアクション〟、そして〝想像力の乗り物としてのアクション〟へ――はまた、彼の作戦が展開する場を移してきたこととつながりがある。すなわち、マスメディアの空間から博物館学的な場へ、彼のスタジオスペースへ、そしてドローイングの抽象的な領域へとわたる変化である。▽32

富井玲子は篠原有司男論の結語に当たる段落の一部分でこのように述べている。「想像力の乗り物」となったアクションが、どんな絵画の地平を切り拓きうるのかが、現在進行形の問いとして提示されているのである。▽33

美術史の流れに身を据えながら、自己の様式を「リズミカル」に反復し、しかも更新していくこと。これは、全ての芸術家にとって、実はいちばん古くて新しい使命なのかもしれない。その普遍的な課題を、篠原有司男は今なお引き受けて活動していると言える。前衛芸術が熱度を持っていた時代の証言者として、またその体現者として、篠原有司男の存在には今もなお注目が集まっている。「前衛の道」を一直線に猛スピードで駆け抜けてきたこの芸術家が、どんな表現をさらに世に放つのか、最後まで予測不能である。

▽1　一九五七年九月三日にマチューが公開制作をおこなった現場は黒山の人だかりであったため、篠原の述懐によれば、彼は街路樹によじ登ってその様子を見守っていた。なお、マチューは九月一二日にも、大阪・大丸デパートの屋上で絵画の制作を実演している。本章において参考図版として掲げたのは、大阪で映像として撮影された描画風景と、そこで完成した作品《豊臣秀吉》である。

▽2　フランスからタピエに同行していた画家の今井俊満の仲介で、篠原と沢田重隆、田名網敬一、野間佳子は、上野にある野間仁根邸で彼に作品を見せた（洋画家である仁根は佳子の父親）。このときタピエは沢田の絵画を称賛したが、廃物を利用した篠原のオブジェにはあまり関心を示さなかった。しかし、翌一九五八年の読売アンデパンダン展を鑑賞した際には、《熱狂の造形、これが芸術だ》と題した篠原のオブジェ作品に対し、読売新聞の展覧会評で、工藤哲巳や山口勝弘の立体作品などと並べて、積極的な評価を与えることになる。

▽3　黒田ライ児『肉体のアナーキズム――1960年代・日本美術におけるパフォーマンスの地下水脈』grambooks、二〇一〇年、一三七頁。

▽4　ボクシング・ペインティングのアイデアの起源と実践履歴そのものは一九六〇年に遡ることができるが、マスコミに向けて、篠原のこの画法が戦略的に公開されていくのは、六一年に入ってからの出来事であると思われる。同年、クラインの撮影の他にも、『アサヒグラフ』『毎日グラフ』などに掲載された写真に、ボクシング・ペインティングの勇姿を確認することができる。これらの記録の中で、被写体としての篠原の身体の躍動感を効果的に伝えるという点では、クラインの写真が格段に優れている。

▽5　加藤瑞穂「日本におけるアンフォルメルの受容」加藤瑞穂、山本淳夫、藁科英也編『草月とその時代　1945―1970』草月とその時代展実行委員会、一九九八年、九五―九六頁。平井章一「日本におけるアンフォルメルとその役割」平井章一、小倉実子編『あの時みんな熱かった！　アンフォルメルと日本の美術』京都

▽6 国立近代美術館、二〇一六年、一一一―一一二頁。

▽7 針生一郎「戦後美術におけるネオ・ダダの位相」大分市教育委員会美術館建設準備室編『ネオ・ダダJAPAN 1958―1998――磯崎新とホワイトハウスの面々』大分市教育委員会、一九九八年、一二三頁。

▽7 宮川淳「アンフォルメル以後」『美術手帖』第二二〇号、一九六三年五月、九三―九四頁。

▽8 東野芳明「ガラクタの反芸術」『読売新聞』一九六〇年三月二日夕刊。

▽9 一九六二年の第一四回展に出品された《そろそろ出かけようか》において、広川晴史は、煙突付きの風呂桶の中に隠された張り子の人形の手に出刃包丁を握らせた。

▽10 篠原有司男『前衛の道（完全復刻版）』ギュウチャン・エクスプロージョン！プロジェクト実行委員会、二〇〇六年、六一頁。原書は一九六八年に美術出版社から刊行されているが、本章では復刻版を参照した。

▽11 同前。

▽12 篠原は、「染料をぶっかけたシャツ、細工したズボンとともに」（篠原『前衛の道』、三〇頁）、モヒカン刈りのヘアースタイルをメディア各社に売り込んだ。朝日新聞社、毎日新聞社、読売新聞社、新潮社その他を回って、最後に親戚の人間が勤務する週刊サンケイ編集部にたどり着き、『週刊サンケイ』一九五八年四月二七日号に取材記事が掲載されるに至った。

▽13 「ネオ・ダダイズム・オルガナイザー」の創設メンバーは、赤瀬川原平、荒川修作、石橋別人、岩崎邦彦、上田純、上野紀三、風倉匠、篠原有司男、豊島壮六、吉村益信の一〇名であった。一九六〇年四月、銀座の村松画廊で第一回展を開催し、同年七月、吉村のアトリエである「ホワイトハウス」で第二回展、九月に日比谷画廊で第三回展を続けざまに実行する（第二回展からグループの名称を「ネオ・ダダ」に変更）。その他にも、新宿の映画館や銀座のヤマハホールのロビーに作品を陳列し、鎌倉の材木座海岸では「ビーチショ

ー」を展開して週刊誌の取材を受けるなど、展示空間を従来の美術の制度から離れた場所へと拡張していった。展覧会のパンフレットや作品自体を身に着けて街頭を移動して見せるというように、ときにその発表方法は奇抜で斬新な「行為」にまで高まりを見せるが、六二年までには活動実態が消失する。

▽14 篠原『前衛の道』、七三頁。

▽15 同前。

▽16 Harold Rosenberg, "The American action painters," *ART NEWS*, vol.51 no.8（December 1952）, p. 22.

▽17 Alexandra Munroe, "all the landscapes: gutai's world," *gutai: splendid playground*, The Solomon R. Guggenheim Foundation, New York, 2013, p. 27.

▽18 *Ibid.*

▽19 磯部行久、伊藤隆康、篠原有司男、針生一郎（座談会）「繁栄のなかの危機感」『美術ジャーナル』第四六号、一九六四年三月、三三頁。

▽20 この「ハプニング」については、実行年が一九六九年であるとの言説も並存している。

▽21 篠原『前衛の道』、二〇二頁。

▽22 岡本太郎『今日の芸術――時代を創造する者は誰か』光文社、一九九九年、九八頁。本章では上記の復刻版を参照した。

▽23 同前。

▽24 池上裕子『越境と覇権――ロバート・ラウシェンバーグと戦後アメリカ美術の世界的台頭』三元社、二〇一五年、二七三、二七六頁。なお、制作に使用した金屏風は、草月流いけばなの家元である勅使河原蒼風から贈られた品物だった。

▽25 同書、二七一頁。

▽26 田名網敬一監修『篠原有司男対談集——早く、美しく、そしてリズミカルであれ』ギュウチャン・エクスプロージョン!プロジェクト実行員会、二〇〇六年、一六三頁。

▽27 「篠原有司男オーラル・ヒストリー 二〇〇九年二月二〇日」池上裕子と富井玲子によるインタビュー、日本美術オーラル・ヒストリー・アーカイヴ、二〇一〇年［http://www.oralarthistory.org/archives/shinohara_ushio/interview_03.php］（2019/3/4）。

▽28 同前。

▽29 Reiko Tomii, “USHIO SHINOHARA’S ACTION IN THREE MODES: Boxing Painting and Beyond,” *SHINOHARA POPS! THE AVANT-GARDE ROAD TOKYO/NEW YORK*, Samuel Dorsky Museum of Art, 2012, p. 32.

▽30 前掲「篠原有司男オーラル・ヒストリー 二〇〇九年二月二〇日」。

▽31 中原佑介「こうなったら、やけくそだ!」神奈川県立近代美術館編『篠原有司男——ボクシング・ペインティングとオートバイ彫刻』神奈川県立近代美術館、二〇〇五年、六七頁。

▽32 Tomii, “USHIO SHINOHARA’S ACTION IN THREE MODES,” p. 34.

▽33 美術とスポーツの交点を「ボクシング・ペインティング」を焦点にして探るという論の性格上、ここでは篠原芸術の他の重要な要素である「アクション彫刻」や、タブローなどの平面作品、なかんずく、ドローイングに論及することができなかった。近眼というハンディキャップを埋め合わせる目的もあって、キャリア全体の中で培ってきた固有のアクションを頼りに、彼のドローイングは超高速で仕上げられるという特色を持っている。言ってみれば、想像力ではなく、運動神経の昂ぶりが素描の才と結びついて形成される独創的な

世界観の広がりがそこには認められる。篠原有司男のドローイングを体系的に論じることもまた、広い意味においても、美術とスポーツの奇しき因縁を解きほぐす作業につながっていくだろう。

III

09

フローの感覚

バスケットボールの経験から

大山エンリコイサム

Enrico Isamu OYAMA

1　アートとスポーツの身体

私はアーティストとして、絵画や壁画を中心に作品を制作している。とくにニューヨークで生まれたエアロゾル・ライティングの視覚言語に影響を受け、それを抽象絵画の歴史に紐づけながら、現代美術の表現として構成する作業に取り組んできた。そのなかで身体の運動を基盤に据えた即興的な描画のスタイルが育まれ、個人的にひとつの重要な手法となっている。

近現代美術において、身体の運動を用いた描画は枚挙に暇がない。ダンスのように制作したジャクソン・ポロックやサム・フランシスのアクション・ペインティング、塗料がモデルの身体からキャンバスに転写されるイヴ・クラインのパフォーマンス作品《人体測定》、ボクシング・グローブに絵具をつけてキャンバスを殴りながらかく篠原有司男のボクシング・ペインティング、天井から吊るした紐につかまり床上のキャンバスに足を滑らせてかく白髪一雄のフット・ペインティングなど、身体の大振りな動きを使った例がまず考えられる。長い棒を使用して手のコントロールを制限したブライス・マーデンの絵画や、目をつむって紙にグラファイトを擦りつけたロバート・モリスの《ブラインド・タイム・ドローイング》、近年ではマシュー・バーニーの「拘束のドローイング」シリーズなども、通常とは異なる身体の動きによって描画している点でリストに追加できる。

ブラッシュ・ストロークの表現力が近代絵画の発見のひとつだったとすれば、筆そのものから筆をもつ手または身体へと描画の起点が変化したのは自然なことだった。ここでは身体が筆となる。言い換えればそれは、表現そのものではなく、表現に従事する道具として、依然として生産者と生産物を媒介している。その点で、視覚芸術である絵画は、身体や運動そのものが表現となるダンスやパフォーマンス芸術とは原理的に異なっている。

芸術と身体をめぐるこの差異に相当することは、スポーツにも観察される。それは球技と身体競技のあいだに横たわる差異である。サッカーや野球、バスケットボールなどの球技における第一義的な運動が、身体ではなくボールにあることは言うまでもない。身体の運動は、ボールの動きを適切にコントロールし、得点につなげるためにある。すなわち、身体の運動はボールの運動に仕えている。サッカー選手が思い切り足を振り抜いてシュートしても、ボールがゴールを越えていけば失敗であり、野球選手が豪快にバットを振っても、球に当たらなければ意味がない。もちろん、シンクロナイズドスイミングやフィギュアスケートなどの身体競技でも、むやみに派手な動きをすればよいわけではない。しかし、そこで制御され造形される対象が、あるいは審査され加点や減点が施される対象が身体の運動そのものであるのに対し、球技ではそれらはすべてボールの運動に集約される。このように、球技と身体競技では、同じスポーツでも異なる原理が働いている。

2 フローの感覚

以上を踏まえ、私自身の球技のプレイ経験に即して、そこに生じる「フロー」の感覚を分析し、それが現在の作品や制作にどう関係しているかを考察してみたい。

私は小学生のときにミニバスケットボール部でプレイしていた。バスケットボールでは、手首・肘・肩の三つの部位を軸にボールを扱う。まずドリブルをする、シュートを打つ、ゴール下に切り込みレイアップをするといったプレイでは、精度の高い手首の動きが必要とされる。

同時に、これらのプレイでは肘の動きも重要となる。シュートを打つとき、肘を伸ばして勢いをつけ、手首を使ってボールを放つように、肘と手首の動きはつねに連動している。ダンクシュートなどプロ級のプレイでは、肩を起点に弧を描《えが》いて腕を振り抜くという大胆な動きもある。ドミニク・ウィルキンスのウィンドドミルダンクは、その顕著な例のひとつである［fig.1］。

こうした身体の動きには躍動感があり、それはボールの運動と絡み合うことでより複雑になる。バウンドするボールを手のひらで受け、レッグスルーでフェイントを入れ、ドリブルでディフェンスを抜く——。それは「ボールと会話をする」感覚である。ふたつの運動が噛み合い、一体感が生じる。それは、自分の身体のみをリズミカルに動かすダンスとは異なっている。

私の作品制作では、手首・肘・肩を起点に腕を振り、エアロゾル塗料やマーカーで描画する手法を取り入れている。こうして、大小さまざまな身振りが直写されたダイナミックな描線が可能となる。それはライブペインティングでの身体の使い方に由来し、小学生のときのバスケットボールの経験に直接さかのぼりはしない。だが振り返ると、不思議と無関係に思えないのも事実である。

これはまだ、素朴な段階の運動感覚である。経験を重ねると、プレイのなかでより連続した流れる感覚＝フローを感じるようになった。私が影響されたバスケット選手のひとりにアキーム・オラジュワンがいる。オラジュワンは、俊敏な動きと多彩なステップでディフェンスを翻弄する独自のムーブを得意としたセンターで、私もそのスタイルを取り込んだ。バスケットボールでは、ドリブルをせずに歩くことはできない。そのため、片足を軸に二回三回と体をピボット（旋回）し、ディフェンスをかわす。その動きが身につくと、パターン的なまとまりのあるひとつのフローとして体感するようになった［fig.2］。マイケル・ジョーダンが得意としたダブルクラッチも見様見真似でトライし、空中で

fig.1　ドミニク・ウィルキンスのウィンドミルダンク（NBAスラムダンクコンテスト, 1988年）

腕を大きく動かしボールをハンドリングする感覚は、身体に深く印象づけられた［fig.3］。

フローの感覚を、時間と空間の脱臼として捉えることもできる。司令塔のポイントガードはしばしば、センターサークル付近などリングから離れた位置でドリブルし、ボールをキープして全体の状況を見渡す。ポイントガードが「コート上の監督」と言われるように、これは俯瞰する視点に他ならない。それを取り巻く時間と空間はコートの外と地続きであり、真にプレイに没入していく内的感覚からは切断されている。

フローの感覚は、この俯瞰する視点を放棄し、たたみかけるように一気に状況へと切り込む瞬間に立ち上がる。全体性の把握を捨て、周囲の空間と時間に対する意識を溶かし、手とボールの一点に注ぐ。身体は、リングに向かう一筋の線的運動となる。数秒の短いプレイでも、集中力が凝縮し、瞬間瞬間が研ぎ澄まされたイメージになり迫ってくる。フローの感覚を後から振り返ると、断片的な心象

fig. 2　ドリームシェイクの名で知られるアキーム・オラジュワンのステップ（ヒューストン・ロケッツ対サンアントニオ・スパーズ，ウェストファイナルズ第2試合，1995年3月24日）

風景のように瞼に浮かぶのである。それは無時間化した内的感覚の現象ではないか。

忘れてはならないのが、ディフェンスである。プレイヤーの身体は一方的に動くのではない。立ちはだかるディフェンスの身体に間合いを取り、駆け引きをし、あいだを縫って動くからこそ、フローの感覚が生まれる。オフェンス、ボール、ディフェンスの運動が、相互作用し、ドライブを創出する。ジグザグに身体を切り返し、ブロックしようと上から被さる相手の身体をくぐり抜け、ボールを滑らかにリングへと運ぶモーション――。

フローの感覚は、私の主要な制作モティーフである「クイックターン・ストラクチャー」を特徴づける、絡み合う流線のヴィジュアルランゲージを彷彿させる。それはもつれたコードのように上下に編み合い、運動性をもって伸縮する線のストラクチャーである。その深層には、ディフェンスをかわ

fig. 3　マイケル・ジョーダンのダブルクラッチ（シカゴ・ブルズ対ニュージャージー・ネッツ，1991年2月16日）

してゴール下に切り込むかつてのフローの感覚が、無意識に堆積しているかもしれない。そう言ってみたい誘惑に、駆られるのである[fig.4]。

3 ボールの運動とグルーヴ

バスケットボールの経験からもうひとつ思い出すのが、距離と視覚の問題である。シュートが打たれるとき、コートの側面に立つ第三者の視点からは、ボールは放物線を描《えが》いて右から左に、もしくは左から右に飛んで見える。だがシューターの視点からは、ボールは手前（シューター側）から奥（リング側）に向かって飛ぶ。そのとき手を離れたボールは、少しずつ上昇し、宙で止まり、リングに向けて下降する上下運動として見える。左右への揺らぎは少なく、視覚的には「軌道」の感覚がつかみづらい。にもかかわらずバスケット選手がゴールを決められるのは、リングまでの距離にあった適切な

fig. 4　クイックターン・ストラクチャーの壁画作品
Enrico Isamu Oyama, *FFIGURATI #197*, 2017, JINS 原宿店
Artwork © Enrico Isamu Oyama, Photo © Daici Ano, Space Design © Teruhiro Yanagihara

シュートの力加減を、身体が記憶しているからである。

実際に私は、ボールがリングに届く前にシュートが決まるか外れるかを直感的に把握する体験をしたことがある。ゴールまでの距離に対して、適切な力でシュートを打てたかどうか、漠然とわかるからである。シュートの方向はつねに手前から奥なので、リングへの距離は、遠近法的な奥行きとして知覚される。単純化すれば、風景のなかで目に映るリングのサイズによって距離を推測することになる。つまり、視覚の情報（リングのサイズ）と身体の運動（ボールを放つ力）が適切に組み合わされば、シュートが成功となる。

興味深いことに、こうしてゴールが決まるとき、シュートを打つときのフローの感覚に高まりを感じることがある。見事なフォームで華麗に打っても、シュートが外れればフローの感覚は減る。反対に、体勢を崩して無理に打っても、シュートが決まればフローの感覚は高まる。このことは、フローの感覚が身体という物理的な次元で完結せず、視覚的、そして意味論的な次元（シュートが決まったという意味の認識）にも密接に関わることを示唆する。

同じことはパスについても言える。針の穴を通すようなスルーパスが成功すると、実際の身体の動き以上にフローの感覚の高まりを感じる。同じフォームとスピードで同じ方向にパスをしても、周りにディフェンスがいなかったり、受け手が取り損ねれば、フローの感覚は減じる。よい位置でパスを受けようと動き回るオフェンスと、そのコースを断とうとするディフェンスがひしめくなか、隙をついてピンポイントの鋭いスルーパスを通すその瞬間の判断に対して、フローが感覚されるのである。パスを受けるときは、「ボールを受け取る→前を向く→ドリブルを開始する」と三ステップを踏むのではなく、「前を振り向きながら、パスを受け取り、そのままドリブルしている」というように、個別の動作を切り分けず、ひとつの流れとして滑らかにつなげるとき、フローの感覚は高まる。

シュートにしてもパスにしても、自分のおこなうアクションが、ゲーム全体にサーキュレートするボールの運動のつらなりのなかで、前のアクションを円滑に受け継ぎ、次のアクションへスムースに接続されるとき、フローの感覚が強まる。それは個人の身体感覚の延長であると同時に、その身体の周囲を超えたフィールド全体に展開するボールの流れとして、グルーヴが生じるということである。繰り返せば、それは物理的な身体の次元に、視覚的および意味論的な情報がインタラクトし、高次の複合的な感覚を引き起こすことで可能になる。

4 クイックターン・ストラクチャー

ここまで述べたことを、みずからの制作に照らし合わせてみたい。私の制作において中心的な位置を占めるのは、エアロゾル・ライティングの視覚言語を翻案した「クイックターン・ストラクチャー」（ＱＴＳ）というモティーフである。身体の運動から引かれる線がその単位となるが、それだけではモティーフにならない。線は流れを殺さないまま、相互に連結し、延長し、フローを増幅させて立体性をもったストラクチャーを構成する。それがモティーフとしてのクイックターン・ストラクチャーになる。

そうしたＱＴＳの性格は、思考実験として言えば、球技において個々の選手のプレイによるフローがつらなり、連続するボールの運動からグルーヴが発生してくる様子になぞらえることができる。例えば、既存の線Ａに新たな線Ｂを結合するとき、ふたつの線の端がずれなくなめらかに重なれば、ディフェンスの余白にスルーパスを通すように、フローを「メイク」する感覚が起こる。

それに、線がすべて躍動的なわけではない。短く直線的で固い線と、長く曲線的で弾んだ線が混在し、緩急がつけられ、リズムとなる。これは球技においてオフェンスが、まずは狭い範囲の単調なパス回しで様子を探り、次に大きめのパスを徐々に展開してディフェンスの陣形を揺さぶり、最後に然るべきタイミングで一気にゴール付近に切り込むという「攻めのリズム」の作り出し方に通じている。

さらに重要なのは、このあとの引用にあるように、ＱＴＳの線にはプライマル・フローとパラレル・フローのふたつがあり、そこでも身体の運動と視覚の運動が相互に働き合ってモティーフに統合され、全体でひとつの「意味」を生成することである。これは、ボールの運動について先述した「物理的な身体の次元に、視覚的および意味論的な情報がインタラクトし、高次の複合的な感覚を引き起こすこと」に似ている。線Aと線Bがなめらかに結合する際の「メイク」の感覚は、「メイクセンス」という意味論的水準でも成立するのである。次元の異なる情報の複合を一体物として感覚する現象は、五感から入力されるバラバラの情報をインタグレイトし、連続性を有したひとつの実体として「世界」を把握する人間の知覚の原理と関係あるかもしれない。以下には私の本からの解説を引用しておきたい。

そもそもフローは何に由来するのか。それは制作者である私自身の身体運動だ。ときに腕のリーチを最大限に伸ばし、肩を軸にグルっと振り抜く大きな運動。ときに肘をピボットに旋回する中くらいの運動。ときに手首のスナップを利かせ、細部を処理する小さな運動。この「プライマル・フロー（Primal Flow）」は、クイック・ターンそのものであり、身体の敏捷な動きがダイレクトに埋めこまれている。▽1

三次元の錯視効果を立ち上げるには、このプライマル・フローを追跡して補填するもう二本の線が引かれなければならない。これら「パラレル・フロー（Parallel Flow）」は、プライマル・フローの滑らかな平行線として正確に描《えが》かれることで端正かつクリアな三次元の視覚像を結ぶ。それは、厳密を期する平行性のため、振り抜く腕の運動によって一気に引かれるのではなく、肘や手首を小刻みに動かし、短めの描線を継ぎ足し、細部を調整しながら慎重に引かれていく。さらに、プライマル・フローとパラレル・フローは描線が折り返すたびに地続きに入れ替わりながら、三次元の構造《ストラクチャー》が紡がれる。こうした手続きによって並走する二つのフローのつらなりが、QTSの立体的な錯視効果をジェネレートする。

したがって、QTSの錯視は二つの力学を秘めている。即興的に産出され、画面に直写されるダイナミックな「身体」運動（プライマル・フロー）と、目を凝らしてそれを追い、平行にトレースしていく「視覚」運

fig. 5　プライマル・フロー（グレー）とパラレル・フロー（黒）の図解
Enrico Isamu Oyama, *FFIGURATI #88*, 2013–2014, Collection of IAM Gallery
Artwork © Enrico Isamu Oyama, Photo © Atelier Mole

動（パラレル・フロー）。この二つは排斥し合うのではなく、順次入れ替わりつつ互いを織りこみ合うことで、全体としてひとつの錯視効果、すなわちクイック・ターンの運動それ自体というよりも、その視覚的再現＝運動の表象《リプレゼンテーション》として結実する▽2［fig.5］。

5 集団球技のフォーメーション

先ほど、バスケットボールにおけるフローの感覚が、プレイヤーの身体の周囲を超えて広がりうる可能性について述べた。それは冒頭でかいたように、球技における第一義的な運動が、身体ではなくボールにあること、身体の運動はボールの運動に仕えていることと関係する。その点を「スポーツが芸術として語られる」ケースと対比し、検討してみたい。

スポーツにおいて完成度の高いプレイが芸術的とみなされることは珍しくない。身体競技では、芸術性そのものが評価対象のこともある。例えば、フィギュアスケートでは技術点と演技構成点があり、後者はいわゆる芸術性の評価である。スポーツは原則的にフェアでなければならないが、こうした芸術性の評価はときに客観的な審査が難しい領域とされる。また、歴史の長いクラシックバレエやカポエイラ、フェンシングなどは、スポーツ・舞踊・決闘などが混在する種目であり、近代的な意味のスポーツであると言い切ることができない。こうした曖昧さは、ルールを擁しながらも、身体という経験的な位相をめぐる「評価」のエコノミーに由来すると私は考える。

球技では、すべてがボールの位置と運動をめぐる機械的な「判定」のエコノミーに抽象化・外在化される。ここまで議論したように、球技においてもまた、画家が筆と絵具でかたちをかくように、プレイヤーは身体というメディウムを駆使し、フローに満ちたボールの運動をフィールドに描《えが》き出す。そのときプレイが高度に鮮やかなら、芸術的と評されることがある。しかし、それは直接スコアに反映されない。サッカーやバスケットボールの得点は、ボールがゴールラインを割ったか、あるいはリングを通過したかという物理的な事実に対する客観的な判定としてのみ存在する。

とくに集団球技における個別の身体は、フィールドのうちに生起するボールの連続する運動をプロデュースするメディウムに過ぎない。そのため、個人の能力を超えるチームワークが重要となり、全体を統制して戦術を練るコーチの存在が必須となる。球技において造形される対象はボールの運動だが、集団球技においてその造形の芸術性は、個人のプレイの華やかさであると同時に、ボールの位置と運動を継続的に支配するための全体の布陣＝フォーメーションの理論的配置でもある。それは、ひとつひとつの身体をめぐる美的経験を評価する身体競技の曖昧さとは対照的である。

スポーツにおけるこの対照性は、アートにも認められる。それは、優雅さを愛でた花鳥風月の精神による古典美術と、批評性や歴史的な構想性に基づいて実践される近現代美術のあいだの対照性である。前者では、個別の作品から享受される視覚的な悦びという経験の位相が価値の根拠となる。他方で後者における価値は、作家の感受性や作品の完成度に加え、それを検証する批評のプログラムや価格を決めるマーケットの構造、展覧会を作るキュレーションの意図や美術史の流れにそって考える歴史家の視座など、作品とそれを外部から取り巻くさまざまな力学の結び目に存在する——。そうした外部の力学と作品そのものが手を取り合う局面において、現代美術は生産され、消費されていく。それは、どのように作品の内と外に創発性を起こすか、それを持続するためのトリガーをどうあらかじめ作品に埋め込むかということでもある。これは先の言い方に戻せば、次元の異なる情報を統合し、どう複合的でありながら一体物でもありうるかという問題ともパラレルである。

脱線を承知で言えば、こうした創発性または複合性を見落とし、一元的に外部へ開こうとする、またはひたすら内側に閉じようとする表現は、しばしば強度に緩みが感じられることがある。市場のニーズにのみ応える作品、社会的要請や公共的正しさに合わせるだけの作品、過去への眼差しを放棄し現在時にのみ関心を寄せるジャーナリズム型の作品、反対に歴史のリサーチだけで正当性を確保しようとする作品、私的な感情をわかって欲しいだけのナイーブな自分語りの作品などには、総じて、複数の力学を調停するという意志が欠落している。

こうした内と外の、または個と全体の創発性の問題は、集団球技にもある。即興性や偶然性、瞬間毎の判断を含む個人のプレイ（ボトムアップ）と、全体を俯瞰し統制するチームの戦術（トップダウン）のあいだのスムースな連携によって生まれる創発性からこそ、優れたフローのつらなり＝ボールの運動が引き出されると考えたい。

6　フローとフレームの交渉

最後に再び、私の制作のある特徴を紹介してこの文章を閉じたい。先に論じた「外部の力学と作品そのものが手を取り合う局面」を、私の制作のコンテクストで表現している特徴である。

私の制作モティーフであるクイックターン・ストラクチャーは、エアロゾル・ライティングの視覚言語から文字を取り除き、線の運動を抽出して反復し、抽象的なかたちに再構成したものである。そのかたちの広がり方は、開始点においては線の反復という内在的な原理によって決定される。それはＱＴＳのかたちが、それに属する線のフローとその相互作用だけで組織される状態である。このことは一般的なエアロゾル・ライティングの視覚言語にもある程度まで共通する。

差異は、それが外部の造形と出会うときに現れる。外部の造形とはこの場合、その視覚言語がのせられる支持体のフレームである。通常のエアロゾル・ライティングでは、支持体のフレーム、つまり建築物を始めとするさまざまな都市の表面は、境界線を無視されたまま上書きされる。ライティングは、シャッター、窓ガラス、壁面、看板、ガードレールなど、異なる素材や機能をもつ複数の区画を横断し、それらを覆うようにかかれる。

一方でフローとフレームの関係は、球技におけるボールの運動と四辺をラインで囲われたフィールドの関係でもある。ブレイクショットで崩されたビリヤードの球が、縁にあたって跳ね返りテーブル上に四散する様子や、卓球でボールが台から落ちないように打ち合う様子を想像してもよい。スポーツではフレームに強い拘束力がある。フレームは、変更できないスポーツの「ルール」を象徴する。ルールを守らないスポーツが成立しないように、フレームの外に出る球技も成立しない。

そのどちらとも異なり、ＱＴＳはメディアを横断するとき、支持体のフレームとある種の会話をおこなう。それは、フレームが存在しないように無視する（ライティング）のでも、それによって拘束される（スポーツ）のでもない。街ですれ違う知人に会釈をしたり、肩をポンっと叩いたりするよう

fig. 6　壁の境界線にそってＱＴＳのフローが進んでいる壁画作品の例
Enrico Isamu Oyama, *FFIGURATI #197*, 2017, JINS 原宿店
Artwork © Enrico Isamu Oyama, Photo © Daici Ano, Space Design © Teruhiro Yanagihara

に、ＱＴＳはみずからの運動を止めずにフレームに接し、少しのあいだ境界線にそって進む。境界線といっとき併走するのである。そしてＱＴＳは、ふたたびフレームからすっと離れて、自走を続けていく[fig.6]。

フローとフレームの併走はしかし、それが動的なコンタクトである限り、力の交渉でもある。こうした交渉は、ルールの変化によって促進される美術という営みの本性である。新世代によって新たな表現の文法・文脈が生まれ、それが既存の美術史にネゴシエートし、歴史はアップデートされ、ルールが新陳代謝する。さまざまな文脈の複合性が統合され、調停されることで、アートワールドの風景が更新される。

ＱＴＳにとって支持体とフレームはさまざまでありえるが、とくに絵画作品において、矩形のキャンバスのフレームは歴史的に強いコンテクストを帯びている。したがって、キャンバスの枠にＱＴＳのフローが接触し、交渉する箇所は、エアロゾル・ライティングの視覚言語と近代絵画のコンテクストの交差を徴《しるし》づけるものとして、私の多くの絵画作品に取り入れられている。それは「外部の力学と作品そのものが手を取り合う局面」それ自体を、表現として作品のうちに映し出しているのである[fig.7]。

fig. 7　キャンバスの枠にそってＱＴＳのフローが進んでいる絵画作品の例（画面左下）
Enrico Isamu Oyama, *FFIGURATI #184*, 2019
Artwork © Enrico Isamu Oyama, Photo © Suguru Ikeda

▽1　大山エンリコイサム『アゲインスト・リテラシー――グラフィティ文化論』ＬＩＸＩＬ出版、二〇一五年、二二六―二二八頁。
▽2　同前、二二八頁。

IIII

IIII

10

人が運動に隷属する時

山峰潤也
Junya YAMAMINE

筆者は作品を見る時、美術的分脈、社会的背景、科学や歴史との接続など、対象のさまざまな概念的要素を見出しながら、その背後にある意図や意味を考える。しかし同時に、作品の表象が見るものの感覚に直接的に訴えかけてくる効果について分析をおこなうクセがある。

作品を見る時に、つい魅入ってしまったり、胸が締めつけられて涙が出そうになることがある。それと同時に、作品に対して、「なぜ魅入ってしまうのだろうか」「なぜ感傷的な気持ちにさせられるのだろうか」といった問いが生まれてくる。その理由を作品が持つ社会的な、もしくは美術的なコンテクストを頼りに読み解いていくのではなく、音やカットのリズム、配色、空間構成などの表象に求めてしまう。その傾向が良いかどうかはさておき、筆者にそういうクセがついた背景にはクリエイティブディレクターの佐藤雅彦からの影響が強くある。東京藝術大学映像研究科メディア映像専攻の一期生として入学し、上級生がいないことをいいことに、四人の教授陣にみっちりしごかれた。その一人が佐藤先生であり、先生は授業の中でよく「法則」の話をしてくれた。

その例として、湖池屋の「スコーン」のCMがよく取り上げられた。このCMの最初のシリーズは、社交ダンス教室で踊る人々と、リズムに合わせて「スコーンスコーンコイケヤスコーン」と繰り返す講師の声で構成されていた[fig.1]。しかしその後、シリーズを重ねるたびにCMは変化し、終いにはサイコロがお馴染みのフレーズに合わせて動くだけ[fig.2]、という驚くべき変身を遂げる。この映像では、映っているものの記号性（この場合、サイコロであること）には意味がない。「スコーンスコーン」というフレーズの繰り返しこそが重要であり、そのリズムを強調する運動が映像で表現されていればいいという、明快なルールがあった。確かに、どんな姿の講師で、どんな人がこのダンス教室に来ているかということは問題ではなく、湖池屋の商品が「カリッとサクッと美味しいスコーン」であると伝えられることが何より重要である。そのこと以外は、大胆に要素を削ぎ落としてしまっても問題ではない。むしろ音と映像がシンクロした小気味良いリズムをひたすら強調する。ここに佐藤先生の法則がある。

また佐藤先生はその他にも、人間が生まれながらに持っている感性や、人間の知覚、認識のクセから生まれる「抗いがたい」表現について教えてくれた。その一つひとつを説明するつもりはないが、ここで重要なことは概念的な読み込みを跳躍し、人間の生物としての感覚に訴える「抗いがたい」表現があるということである。そして、人は時としてその効果に「抗いがたく」隷属してしまうのだ。

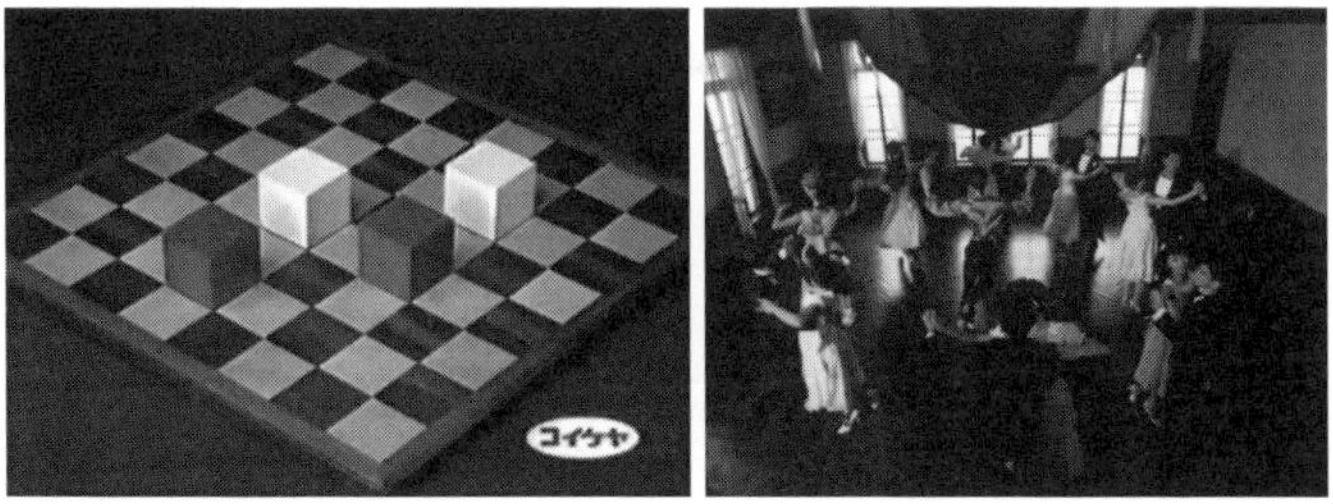

fig. 1, 2　湖池屋「スコーン」の CM. 当初のお馴染のフレーズに合わせた社交ダンスから, シリーズを重ねサイコロへと変化している

1　身体感覚を補正する

ところで読者の皆さんは学生時代にどんな部活動をしていたのだろうか？　アート／美術コーナーに並んでいるであろうこの本を手に取る読者の中には、運動系の部活動で爽やかな汗を流して全国大会を目指していた、というような人はあまり多くないように思う。かくいう筆者自身、学生時代の後半は部活動とは縁遠い暮らしをしていたのだが、数年の間、器械体操という割と珍しい部活に参加していた。

器械体操というと、「リボンやフラフープ使うやつでしょ？」と、新体操と混同されることはよくあるし、ドリフターズの仲本工事の影響ですこぶる印象が悪かったりする。だが、この競技はオリンピックの花形で、想像を絶するアクロバティックな身体運動で人々を魅了する。

男子は、床運動、跳馬、吊り輪、鉄棒、あん馬、平行棒の六種目からなり、女子は、床運動、跳馬、平均台、段違い平行棒の四種目からなる。オリンピックでは、全競技終了時点の総合得点を競う個人総合、各種目別のスペシャリストが集って一種目単位で勝負する種目別、そして国ごとに全種目のチーム総合得点を競う団体の三つがある。日本は、一九六〇年のローマ五輪から一九七六年のモントリオール五輪までの五大会に渡って団体五連覇をするなど、体操王国日本と呼ばれた時代があった。その後長い間五輪の頂点からは遠ざかっていたが、近年、ロンドン五輪とリオ五輪で個人総合二連覇を達成した内村航平の活躍などで体操王国の復権を果たしてきている。

体操競技の中で「月面宙返り（ムーンサルト）」と呼ばれる技がある。これは、後方に二回転する間に、一回転横方向に体をひねる、という床運動や鉄棒から降りる際に使われる大技で、一九七〇年代に発表され、一世を風靡した。それから技術はさらに磨かれ、今では二回転しながら三回もひねる大技が生まれている。時代を経る中で技はどんどん進化する一方、肉体にかかる負荷は大きくなっていく。跳び箱のような跳馬競技の標準的な技でも、体重の一五倍近い垂直荷重（体重六〇キロの場合、九〇〇キロ）がかかるという研究データもある。▽1 着地を失敗すれば、それだけの負荷が身体にかかる。その常に危険と隣り合わせのこの競技において、実際に動いている身体とイメージの中の自分の身体の動き、そして理想的なフォームとのすり合わせが欠かせない。

ただこのすり合わせ作業は、今思い返すと案外面白かった。自分で自分の動きをビデオで撮影して見ると、思いのほかイメージしていた形と違うことが多々ある。スポーツ番組を見ていると、野球のバッティングやゴルフのショットがスローモーションで解説されている様子を見かけると思う。例えば、以前は調子の落ちていたバッターが復調してきたとする。その際に、調子の悪かった時期と、現在のスウィングの違いが分かるよう、二つの動画をスローモーションで見せたりする。また、優れた成果を残している選手のバッティングフォームを丁寧に解説することがある。こうした動きの解析はどのスポーツでも使われていることだと思うが、器械体操でも頻繁におこなわれる重要な作業である。

器械体操は、技の難易度とその完成度を競う競技である。披露する技が難しければ難しいほど高得点になる。だが、いかに技が難しくても着地を失敗したり、姿勢が悪かったりすると減点の対象となる。そのため、器械体操において理想化されたフォームに近付けるということは重要なミッションなのである。しかし、自分では自分が美しい形で試技をおこなえているのかなかなかわからない。そのために客観的な視点が必要となる。その際に、ビデオを使って客観的な視点を取り入れ、自身の動きを正確に把握することは非常に有効なトレーニングになる。この作業をすると、思っていた以上に屁っ放り腰で不恰好だったり、宙返りの高さが低い自分にがっかりしたりする。

ビデオを介して自身の身体を客体化することによって、感覚的にしか理解できていなかった動きを正確に理解できる。例えば、力が効果的に伝わらない姿勢でジャンプをしようとしていたり、膝やつま先が曲がっていて美しくなかったりといった問題が分かったとする。そこから理想的なフォームに近付けるため、コーチから指導を受け、イメージトレーニングと実際の練習を重ね、補正を図っていく。コーチとのコミュニケーションにおいても、同じものを見ながら話をするために、客体化された身体の動きがビデオで見ることができることは重要である。もしそこにビデオがないままにコーチングを受けたとすれば、選手とコーチの間で認識の食い違いが生じる可能性がある。だからこそ証拠として、運動している姿を機械的に写し取るということは重要なのである。この客観情報としての記録が、これから述べる動体観測と呼ばれる領域の始まりである。当時の器械体操の経験から、私の身体に起きていた事象をアートへと敷衍し、「人が運動に隷属する時」を多角的に分析してみたい。

2 動体観測――マイブリッジとマレー

動いている自分の動きというのはよくわからない。だが、それと同じように素早く運動しているものが実際どのように動いているかを目で追っても意外とわからない。とりわけ走っている馬の足の動きがどんな具合かなんて――。一秒を二〇〇〇コマで見るミツバチにしてみれば、一目瞭然かもしれないが、たかだか秒間三〇コマで世界を見る人間には全くもって目にも留まらぬ早さである。だから、馬が走っている時に四本の足全てが地面から離れているのか、それとも完全に地面から離れている瞬間はないのかといった議論がかつて繰り広げられた。一九世紀後半のカリフォルニアで広く話題になっていたその議論は、当時のカリフォルニア州元知事リーランド・スタンフォードにとっても関心事であった。スタンフォードは、馬が走る時に四本の足が同時に地面から離れていると主張し、友人と賭けていた。そこで、写真家のエドワード・マイブリッジにその証拠を二〇〇〇ドルで示すよう依頼することとなった。

そのお題に答えるための妙案にいたったマイブリッジは、一二台のカメラを並行かつ等間隔に並べ、シャッターから伸ばした糸を馬の動線上に低く張り、走る馬がその糸を引くとシャッターが切られるという仕組みを考案した[fig.3]。その作戦は見事に成功し、写真・映像史に残る《ギャロップする馬》（一八七八）が誕生したのである[fig.4]。その後マイブリッジは動物や人間のさまざまな運動を連続写真に収めていった。さらに連続する運動のイラストや写真を並べて、アニメーションを起こしたことでも知られている。

また同時期に生理学者のエティエンヌ＝ジュール・マレーも連続写真を通して運動の解析を試みている。マレーは、自身で開発した写真銃を用いて、一秒間に一二コマの連続する運動を一つの印画紙に記録することに成功した[fig.5]。一枚で一連の運動を記録しているので、速度変化や関節部の移動がよくわかる。どちらも写真で運動を記録したため、映画の源流とされることも多い。しかし、比較で言うならば、一枚一枚に異なる動きを撮影したマイブリッジの方が、連続する静止画を連続して見せる動画の起源にはふさわしい。一方、マレーは動きそのものの解析に主眼があり、これをロトスコープの源流として捉える方が正しい理解である。先に挙げたスポーツの運動解析はこの系譜にあると言える。そしてこのロトスコープという技法が、人間の動きの解析データを活用した今日の表現へとつながっているのだ。

上：fig. 3　マイブリッジの実験用トラック（1881）
中：fig. 4　エドワード・マイブリッジ《ギャロップする馬》（1878）
下：fig. 5　マレーのクロノフォトグラフィー（1880）

3　ロトスコープとモーションキャプチャ

ロトスコープはアニメーションの分野で、動画で撮影した人間の動きをトレースし、登場人物の動きをリアルに表現するための技法として知られている。その歴史を紐解くと、フライシャー兄弟の『インク壺の外へ』（一九一九）[2]という作品で初めて商業的に利用されたようである。フライシャー兄弟が設立したアニメーション制作会社は、ロトスコープを用いたリアルな動きによって人気作を制作し、当時から人気の高かったディズニーとしのぎを削り、「ポパイ」や「スーパーマン」シリーズなどのヒット作を出していく。こうしてロトスコープという技法はアニメーション技法の一つとして定着していったのである。それから長い時を経て現れたコンピュータによって、このロトスコープという動体観測の技術はアニメーションの作画という展開とは異なる可能性へと広がっていく。

一九九〇年代後半に一般消費者へのパーソナルコンピュータの普及と、ビデオカメラのデジタル化が起こった。その後、二〇〇〇年代にはProcessing[3]やMAX[4]などの理工系でないクリエーターでも扱えるエントリー用のプログラミング環境が普及し始める。そしてオープンソース[5]の概念が広まっていった。それによって、これまで高価な機材を揃えなければならなかったことが、わずかな投資でできるようになったのである。

そういう環境を下敷きに、カメラに写る対象の位置を測位する技術が広まり、身体やモノなど、現実のオブジェクトがインターフェースになって画面を操作することの出来るインタラクティヴな作品が急速に増え始めた時期があった。こうした動きに先駆けて、クリスタ・ソムラー&ロラン・ミニョノー[▽6]《ライフ・スペイシーズ――コミュニケーションとインタラクションの進化的環境》（一九九七）や、ラファエル・ロサノ＝ヘメルの[▽7]《フリークエンシー&ヴォリューム》（二〇〇三）[fig.6]、ゴラン・レヴィンの[▽8]《スクラブル》（二〇〇五）など、メディアアートの重要作家による作品がNTT InterComunication Center（ICC）で紹介されてきた。

その後マイクロソフト社が、身体を使ってゲームを楽しむ装置として「KINECT」[▽9]を発売する。KINECTを使うと、モニターに映った自分やキャラクターと、自分の身体を同期させてゲームをするといった、没入性の高い体験が可能となった。この装置はゲーム用のコントローラーとしても画期的であったが、マイクロソフト社はKNIECTを使ってソフトウェアを開発するためのキットを公開した。このことによって、これまで数百万円もかかっていたカメラと奥行き情報をデータ化する装置が、格段に安価に利用できることとなったのである。そのため、さまざまな研究室の実験機具として導入されることとなった。

fig.6　ラファエル・ロサノ＝ヘメル《フリークエンシー＆ヴォリューム》（2003, サンフランシスコ近代美術館, Photo by Johnna Arnold Photography）

企業が開発した装置を、消費者が自分のソフトウェア開発に使えるようにするというのは非常に革新的なことで、保守的な日本企業には難しいと感じたことをよく覚えている。

そしてこのKINECTは、メディアアートに関わる多くの学生やクリエーターに利用された。こうして、同系統のインタラクションを持つ作品が大量に生まれることとなったのである。KINECTを使うと、身体の動きを読み取り、映像とリアルタイムに連動させるといったことが、それ以前よりも簡単に高い精度で実現できるようになった。そのため、多くの情報工学系や映像系美術大学の展覧会にKINECTが並んだ。そして「身体をインターフェースに、映像世界を操る」というものが、あちらこちらで同時多発的にたくさん生まれて、あっという間にクリシェとなった。このことは、新しい技術が一般化されることによって類似作品が大量に出現していった事例としてよく覚えている。その結果、先見性を持って同分野を開拓してきた先駆者の作品でさえも、クリシェの大群の一部と思われてしまうという惨事も起こりかねない状況にあった。

ただ、同じモーションキャプチャ技術を使ったとしても、独自の視点で制作された作品は、類似技術を使用した他の作品群とは異なる彩りを放つことができるのである。

佐藤雅彦＋ユーフラテスが手がけたISSEY MIYAKEのプロモーションビデオ『ISSEY MIYAKE A-POC INSIDE』（二〇〇七）[fig.7]はその一つとして挙げられる。この映像作品は、モーションキャプチャで得た関節部の動きを点で示し、他方で実写部分を完全に削除する。その結果、点が示す運動情報だけで、運動する主体を想起させるのである。人間の運動から取られた点の動きは、見慣れた動きであるがそこに人はいない。しかし、そこに人間がいると感じてしまうのである。その表現は、まさしく生理学者のマレーがクロノフォトグラフィーで残した科学実験のような見た目をしている。だが、それがかえって、縮減された情報に対する人間の補完能力を明快に示すことにつながった。結果として、見るものに認知科学的な興味関心を膨らませながら、大きなインパクトを与えることに成功したのである。

このプロジェクトは、他のビデオトラッキング作品のように「鑑賞者の身体をゲームのインターフェースとして扱う」という、ほぼ固定化された発想から離れることで、独自のアプローチを実現している。ロトスコープは、人間の運動解析から始まる。解析したデータから何を実現しうるかという点に立ち止まり、そこに新しい観点を持ち込めるかという態度がある。こうした踏み込んだ姿勢こそが、技術に隷属した表現を脱却して、技術を使いこなした表現へとつながるのである。

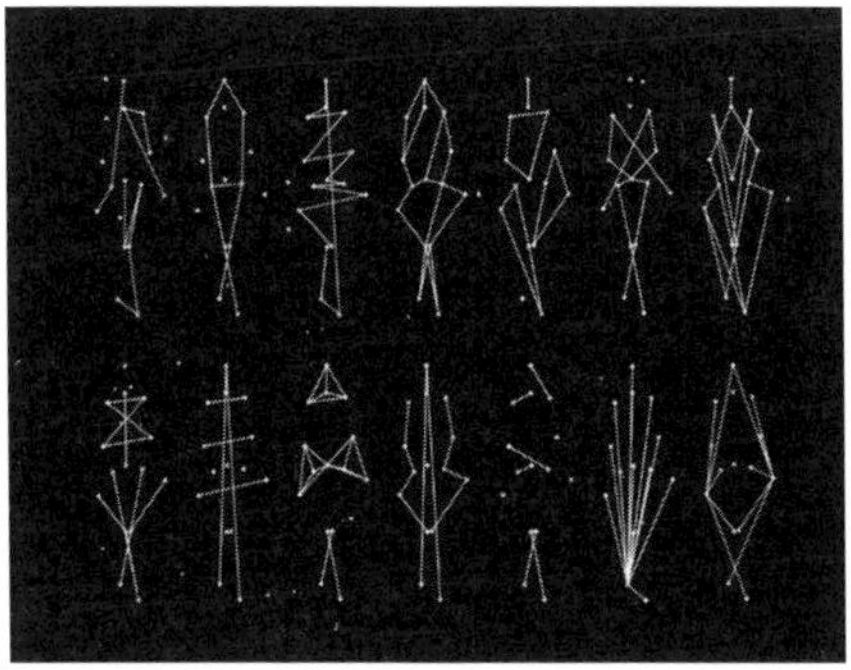

fig. 7　佐藤雅彦＋ユーフラテス『ISSEY MIYAKE A-POC INSIDE』（2007）

4 運動のノーテーション

ところで、二〇〇〇年に公開されたリュック・ベッソン原案の『ダンサー』という映画をご存知だろうか。この映画では、盲目の天才ダンサーが、その障害を理由にオーディションなどで不当な扱いを受けているところに、天才科学者が現れ身体の動きから音や声を生成できる装置をプレゼントする。そして、そのダンサーは踊りながら演奏するパフォーマンスの中で輝きを放っていった——。当時、映画の中でフィクショナルな夢物語として描かれていたその装置は、二〇年を経て夢物語ではなくなった。そして、今ではさまざまな場所で身体とテクノロジーを結ぶ実験がおこなわれるようになっている。

その一つに、山口情報芸術センター（YCAM）がザ・フォーサイス・カンパニーのダンサー安藤洋子と数年に渡っておこなってきたRAMというプロジェクトがある［fig.8］。このプロジェクトでは、ダンサーに取り付けられたセンサーを通して、身体の動きを3Dデータで取得し、そのデータを元にしたフィードバックをダンサーに与える実験がおこなわれていた。この試みは、テクノロジーにダンサーが合わせるのではなく、テクノロジーがダンサーに合わせるのでもなく、相互のコミュニケーションによって新たな方法論を獲得する野心的なものであった。二〇一五年でこのプロジェクトは途絶えているが、そのプロセスで開発されたソフトウェアなどの技術をオープンソースとして公開している点も、公立の施設としては画期的な試みであったと言える。

そもそもダンスの動きには、音楽で言うところの五線譜のような標準化された記譜（ノーテーション）法がない。その中で、身体の動きを三次元的に記録できるこうした装置が、動きの記録や振り付けのレクチャーにおいて、有効な力を発揮できる可能性が多分にあるように思われる。それは単純に、紙による説明では具体的な運動を想像することは難しく、映像では一つの方向からの目線になり立体性に欠けるからである。そのため、三次元的な記録というものがダンスの記譜に有効なのではないかと感じるのである。

このダンスの運動の記録、あるいは記譜法について、岡崎乾二郎の著書『芸術の設計』でさまざまな事例が挙げられている。五線譜を利用した方法や、棒人間を使ってステップを示す方法などが紹介されているのだが、その中で3DCGを用いたダンス用ソフトウェア「ダンス・フォームズ」［fig.9］と、「インプロビゼーション・テクノロジーズ」［fig.10］の説

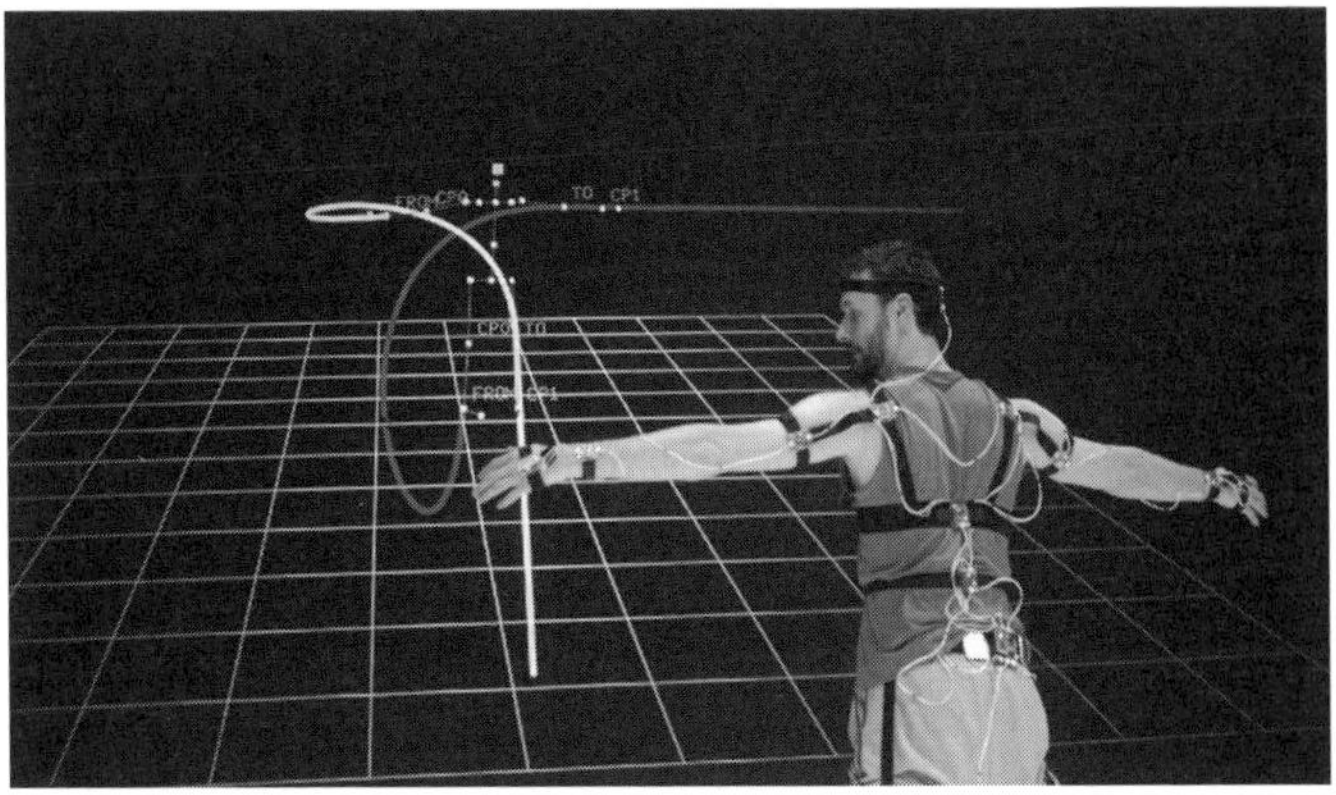

fig. 8　モーションキャプチャーユニット「MOTIONER」を使用したRAMダンスワークショップ（2015, 山口情報芸術センター）

明にページが割かれている。ウィリアム・フォーサイスと、ドイツのメディアアート総合研究施設であるＺＫＭが共同で開発した「インプロビゼーション・テクノロジーズ」は、ダンサーの独習用ツールとして作られた。ビデオで表示されるダンサーの動きに線や形をあてがい、単にビデオを見て動きを覚えるのではなく、ダンスの背後にある幾何学的な運動のイメージを共有しながら、動きを習得できるようになっている。

一方、コンテンポラリーダンスの開拓者であるマース・カニングハムが取り入れていた「ダンス・フォームズ」というソフトがある。これは既存の動きを参照せずに、コンピュータ上で振り付けを生成することができるようだ。関節単位で振り付けをプログラムし、一連の動きを仕立てていくことができる。岡崎によると、このソフトを介することで「人間の身体構造上の限界によっても、重力などの物理法則によっても規定されていない」[▽10]動きを生み出していくことができる。ジョン・ケージの影響を受けたコレオグラファーであるカニングハムは、身体の動きを分解し、分解された動きをチャンスオペレーションのよ

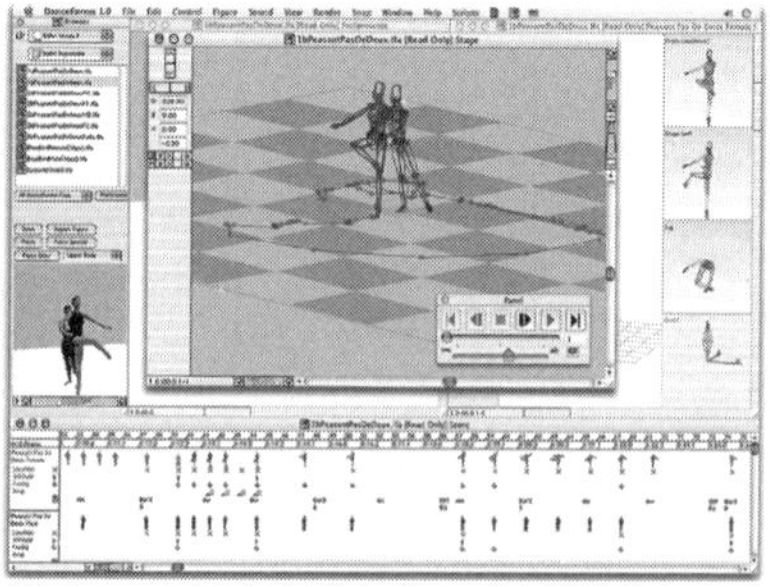

fig. 9　3DCG を用いたダンス用ソフトウェア「ダンス・フォームズ」（Credo Interactive Inc.）
fig. 10　フォーサイス・カンパニー＆ＺＫＭ「インプロビゼーション・テクノロジーズ」（2011）

うに再構築してきた。だがモダンダンスを脱構築したその動きは、これまでにダンサーが慣れ親しんできた動きとは全く異なる斬新なものであった。そのため、そこに身体を沿わせていくことは、厳しい訓練抜きにはできないのである。▽11

5 振り付けされる身体、束縛／解放される身体

笠井叡という舞踏家がいる。彼は土方巽や大野一雄と親交を深め、舞踏家としての活動をおこなったのちドイツに渡り、シュタイナー教育の開拓者、ルドルフ・シュタイナーが興した運動芸術オイリュトミーを学んだ人物である。笠井は自身が主宰する「天使館」とは別に、一般向けのワークショップをおこなっている。筆者もそこに何度か参加したのだが、それは非常にユニークなものであった。ワークショップの導入としておこなうインプロビゼーション（即興運動）が独特なのである。

インプロビゼーションといえば、一般的に即興的なダンスパフォーマンスを指すが、笠井のワークショップでは、動く際の意識の持ち方についての指導があった。このインプロビゼーションの進め方には大きく分けて三段階ある。まず最初に一人称で踊るようにという指示があり、二人称、三人称と続く。ここでの一人称とは、自分の意識や身体から出てくる動きにしたがって動くというものである。

次に二人称。これは、同じ場にいる他者、つまり他の参加者たちの動きを意識しながらインプロビゼーションをおこなうということを意図する。同じ場で、さまざまな人々が同時に動いている。その中で、向かってくる他人の身体、離れていく身体、それらがその場のエネルギーとなり、まるで乱気流のように行き来しているのである。それを感じ、それに委ね、相互のエネルギーを感得しながら、自らの身体も動かしていくというものであった。そして、三人称では、感得すべき周囲という概念をさらに部屋の外、大気の流れ、地球規模へと拡張していくのである。こうした意識の拡張の中で、自身の力だけでなく、大きなエネルギーとの関係性の中で動きを紡いでいくといったことを考えさせるレクチャーであった。

そして、笠井はインプロビゼーションではなく、むしろ振り付けの中で、こうした大きなエネルギーとの関係付けをおこなっていくのだと述べていた。振り付け、それは身体を縛り付ける拘束衣のようにルール化された運動のように感じる。しかし、振り付けを繰り返し、動きを身体に深く記憶させることによって、ルール化された運動の中にあっても大きなエネルギーとのやりとりを感得した身体の解放があるのかもしれない。筆者はそう思いつつも、十数回に渡るワークショップの途中でドロップアウトしてしまったためにその核心はつかめないままだったのだが……。ただ、この話を思い返すたびにスティーヴ・ライヒの名曲を振り付けに落とし込んだローザスの《Fase》[fig.11]を想起していたのである。

ミニマル・ミュージックの大家であるスティーヴ・ライヒの楽曲に《Piano Fase》（一九六七）という作品がある。二台のピアノによって演奏されるこの楽曲は、各パートが同じ音階構成でありながら微妙にテンポをずらしているため、一定周期で音楽がシンクロし、またずれていくというパターンを繰り返していく。そして、四部構成でおこなわれる《Fase》の最初の演目として、この楽曲に振り付けをしたローザスのダンスもまた、二人のダンサーが同じ運動を繰り返しながらも、テンポの誤差によって、二人の踊りは次第にずれていき、また合わさっていくのである。自然原理の根底には数学があり、古くから数学と音楽は深く密接なものであると言われてきた。そのことを鑑みると、この二人のダンサーが織りなす運動は、自然現象から抜き取られた運動法則を具現化した姿のようでもある。その一方で、二人の身体は振り付けに抑圧されたものではなく、むしろその運動に身を委ね、運動と一体化した身体と言った方がふさわしい。だが、滴る汗やその呼吸などが同時に、運動に隷属する身体からこぼれ落ちるものとして輝き美しい。プリミティブで幾何学的な運動に身を沿わせながらも、そこに隷属しきれない身体、その二律背反に魅入ってしまうのである。

fig. 11　「ピアノ・フェイズ」（ティエリー・ドゥ・メイ『ローザス／ファーズ ザ・フィルム』2002）

6　運動からこぼれ落ちるものの美しさ

張り詰めた振り付けとそこからこぼれ落ちそうな身体、思えばそこに多くの採点競技の醍醐味を感じていたのかもしれない。フィギュアスケートや器械体操などは対戦競技と異なり、他者とのフィジカル・コンタクトはない。むしろ、もっぱらに運動の精度を追求する世界である。しかし、その目標設定が身体の限界に肉薄したものであればあるほど、競技の緊張感が高まる。そして、成功がもたらす感動は全く異質な高みへと突き上げられることになるのである。

人には自らの肉体を通して感得してきた身体感覚がある。それゆえに自ずと人間にできることとできないことの線引きをおこなう。しかし、スポーツ選手たちの超人的な振る舞いがその常識を揺るがし、自身の身体感覚を感化する。それと同時に、超越した存在への畏怖が生まれ、感動という形で人々の心を動かすのである。

筆者にはこうした採点競技が持つ高い美意識に基づいて鍛え抜かれた身体と人間の人間たる由縁が拮抗したシーンを目撃した印象深い記憶がある。二〇一二年ロンドン五輪。のちに世界体操競技選手権で個人総合六連覇を果たし、体操王国を復権することとなる内村航平は、団体決勝の大舞台にいた。内村に対して、金メダル確実と連日のように報道されるほどの高い期待があった。イギリスのブックメーカー（スポーツ賭博）では、当時絶頂期にあった陸上男子一〇〇メートルの世界記録保持者ウサイン・ボルトをしのぐ配当倍率が付けられるほどで、優勝確実と予測されていた。それが大きなプレッシャーとなったのであろう。内村は団体決勝の大舞台であん馬から落下してしまう。各国の視線が集まる最終種目、何よりプレッシャーがかかる場面であることは誰の目から見ても明らかであった。しかしそれでも、二〇〇九年より負け知らずであった鉄人のような内村が、この大舞台で失敗するなどとは思えなかった。だが、事実としてそうなったのである。▽12

　器械体操とは、精神状態によって非常に左右されやすい競技である。心のブレが、即、試技のブレにつながる。この競技で頂点に立ち続けるということは、肉体や技もさることながら、心の修練が求められるのである。だからこそ、頂点に立ち続ける人の心には、いかなる舞台であっても揺るがない精神がある。内村とはそう思えるほどの存在であった。だが、心が運動からこぼれ落ちたのである。

　超人的な技や一糸乱れぬ群舞を目撃した時、人は驚嘆する。それは、元来人が運動に自らを沿わせきることなどできないからである。それは修練の先にこそある。しかし、修練の果てにあっても、なお人は運動からこぼれ落ちる。また、その運動に身体を沿わせきっていたとしても、そこから漏れ出てくるものがある。いずれにしても人が運動に隷属するとは修練の先にしかない。だが、いくら修練を重ねたとしても、わずかな精神の揺らぎによって、その運動からこぼれ落ちる可能性をはらんでいる。薄氷の上に成り立つ至高の運動。運動に隷属しようとする意志と、それを妨げる全て。一人の人間に内在する二律背反がこぼれ出す。それゆえに、その運動から目を離せないのである。

▽1 黄宝根、三上貴正、坂井映二「体操競技における着地動作および着地荷重の解析」『スポーツ産業学研究』一一巻一号、二〇〇一年、四一―五一頁。

▽2 マックス・フライシャー（一八八三―一九七二）とデイブ・フライシャー（一八九四―一九七九）。二人は一九二一年にアニメーション制作会社としてフライシャー・スタジオをニューヨークに設立し、一九四一年にパラマウント映画に買収されるまで経営した。「ベティ・ブープ」「ポパイ」「スーパーマン」シリーズや、長編映画『ガリヴァー旅行記』（一九三九）、『バッタ君町に行く』（一九四一）などを制作し、一九三〇―四〇年代にはディズニーに対抗しうるほどの人気を博した。

▽3 ケーシー・リースとベン・フライが二〇〇一年にMITメディアラボで開発を始めたプログラム言語。二〇〇八年に初のリリースバージョン1.0を公開した。Javaをベースに、プログラミング初心者がグラフィック制作などをできるよう設計されている。Processingのポータルサイトでは、開発されたプログラムが公開され、利用できるようになっている。アナログ信号を制御するArduinoや、多くのエンジニアやアーティストが活用しているopenFrameworksなど、のちのプログラム言語にも影響を与えた。

▽4 サンフランシスコのソフトウェア企業Cycling'74が開発した音楽とマルチメディア向けのグラフィカルな統合開発環境。プログラミングに必要な要素がボックス上に表示され、それらを線で結びながら制作することからオブジェクト指向と呼ばれる。一九八〇年代後半より基礎技術の開発が進み、一九九九年よりCycling'74が販売。

▽5 従来、営利目的で開発されたソースコードを利用する場合には、ライセンス料を支払う必要があり、高額になる場合もある。開発者の権利を守る上では重要な考えだが、他方で、毎回ゼロから開発する手間をかけることよりも、ソースコードを公開し、共有することで、より発展的な開発をおこなうために広がった概念。

▽6　クリスタ・ソムラーとロラン・ミニョノーによるアートユニット。一九九〇年に活動を開始し、人工生命、コミュニケーション、ヴァーチュアル・リアリティをテーマに、コンピュータを用いたインタラクティヴ作品を制作している。

▽7　一九六七年、メキシコシティ生まれのメキシコ系カナダ人アーティスト。二〇〇三年に山口情報芸術センター開館記念事業として、電子メッセージをロボット制御されたサーチライトの点滅に変換して上空に投射する《アモーダル・サスペンション──飛びかう光のメッセージ》を企画した。

▽8　一九七二年生まれ。アメリカのアーティスト、作曲家、パフォーマー。ロボティクス、ソフトウェア、認知科学といった現代的な道具を使ったインタラクティヴな映像音響作品などを通して、サイバネティック環境での人間の感受性や機械とのコミュニケーションなどを探求している。

▽9　身体を使ってゲームを楽しむためのＸｂｏｘ用コントローラーとして発売された。カメラや深度センサーなどを搭載しており、プレイヤーの動きをゲーム機が感知し、ゲームに反映させることができる。KINECTはＰＣへの接続が可能で、従来、数千万円ほどの機材を必要としたモーションキャプチャが安価にできるようになったため、ゲーム機としてだけでなく、さまざまな開発現場で利用されることとなった。

▽10　岡崎乾二郎『芸術の設計──見る／作ることのアプリケーション』フィルムアート社、二〇〇七年、一八六頁。

▽11　同前、一八七頁を参照。

▽12　児玉光雄編『内村航平──心が折れそうなとき自分を支える言葉』（ＰＨＰ出版、二〇一三年）を参照。

11

運動を見るという運動

スポーツと芸術の観客身体論序説

木村 覚

Satoru KIMURA

ほとんどの人間はプレイヤー（有能な選手あるいは演者）になれない。その代わりに観客ならば、すべての人間がなれる。優れたプレイを観衆の前で披露するプレイヤーになるには、能力や評価というチケット（資格）が必要である。しかし、他の観衆に混じって一人の観客になるのには、能力や評価は求められない。チケットがあれば良い。舞台（競技場）と客席を隔てる見えない壁は存在する。それは冷酷に、プレイヤーと観客を選別する。けれども、壁によって排除される者たちのための客席は、思いの外、自由である。

本章は、作品論でもなく、作家論でもなく、観客身体論として、スポーツと（多くは舞台）芸術を、とくにそこで生じる「運動を見る観客の身体運動」に着目して考察する。観客は、スポーツ研究の中でも芸術論の中でも見過ごされがちな存在である。観客は、スポーツや芸術における運動の主体ではないとされ、ゆえに「みそっかす」の人間である。チケット収入を求める現場の運営者にとって歓迎（搾取）の対象であるとしても、実のところはスポーツの真髄も芸術の内奥も知らない「外野」であり、その意味で、各分野の専門家たちにとって「眉唾」な疎外と嫌悪の対象であり、ゆえに正しく「お客さん」なのである。

それだから観客とは、研究者や批評家からも芸術家からも未だ十分な検討を経ていない存在であり、だからこそ潜在的可能性を秘めているかもしれない。運動を見る時観客の身体は何をしており、どんな状態にあって、何をなしうるのか。こうした点を解明していきながら、身体表現とその受容が陥る隘路から抜け出す道筋を探してみたい。

1　観客はプレイヤーに同化する

運動に共感する観客

運動を見る観客はどんな身体運動をしているのか。このことを考えようとして即座に筆者が想像するのは、次のような共感する運動である。

はじめて私がイサドラ・ダンカンを観た時、彼女はグルックの《イフィゲニア》の音楽にあわせてカーネギー・ホールの舞台で踊っていた。私が経験したのは、自分と彼女とが同一化しているという風にしか叙述できないようなことであった。まるで私自身が、その舞台上で踊っているかに思えたのである。これは知的なプロセスではなく、彼女のとるあらゆる動きの中で彼女が絶対的に正しいのだという、批評的知覚でもない。彼女を見つめていて、私自身の表現したい衝動が解放されるのを知ったという感じなのである。▽1

一九世紀の末から二〇世紀の初頭にかけて活躍したイサドラ・ダンカンは、芸術的なダンスと言えばバレエしか存在しなかった時代に、のちにモダンダンスと呼ばれる新しい表現様式の登場を準備したダンサーである。観客の一人であるこの女性は、ダンカンの踊りを見ていると「まるで私自身が、その舞台上で踊っているかに思えた」と言う。観客は、舞台上のダンサーと一緒に踊っている。いや、より精確に言えば、舞台にいるのが自分自身に思えた、というのである。もちろん、本人は舞台にはおらず、狭い座席に腰を掛けているにもかかわらず。

観客とは、目の前のプレイヤーの運動に同調し、共鳴し、さらには自分がそのプレイをおこなっていると錯覚したり、それによって自分の表現の衝動を解放したりする者なのである。なるほど、観客とはそうしてプレイヤーを〈鏡〉のように扱うのである。[▽2]

スポーツの観客にも同じことが言えよう。例えば『人及び動物の表情について』(一八七二)の中でダーウィンは、先と同様の〈鏡〉の性格を、芸術のみならずスポーツにおいても見出そうとしている。「人前に立った歌手が突然ちょっとしゃがれ声になると、その場にいる人たちの多くが咳払いするのが聞こえることがある。〔……〕また跳躍の試合で選手が飛ぶと、観客の多くは〔……〕足を動かすという話も聞いた」[▽3]。けれども、その足がプレイヤーと同じように宙高く浮くわけではない。観客はスタジアムの座席あるいはテレビの前に座り、小さく曲げた足を小さくピクつかせる。〈鏡〉と言っても、観客の身体がプレイヤーの身体と形態的な対称性を帯びているわけではない。それでも観客は、フィギュアスケートを見ながら、軌道を追うように跳躍の瞬間にアゴを上げ、着地の瞬間にアゴを下げる。選手が着地に失敗したら、自分が転んでしまったかのように、（外見上微弱な動きであったとしても）ずっこけてしまう。観客の身体はそうして、プレイヤーの身体につられ、同化し、運動する。プレイヤーを見つめながら、まるで自分が運動しているかのように錯覚し、そうして「私自身の表現したい衝動」を解放するのが観客というものなのである。

優美と「あやつり人形」

こうした「つられ」の事象は、西洋の人文的思考の歴史の中では優美と関連することとして頻繁に論じられてきた。アンリ・ベルクソンは『時間と自由』（一八八九）で「われわれはダンサーがとろうとしている姿態をほとんど見通しているので、彼が実際にその姿態をとるとき、彼はわれわれに従っているように見える」[4]とし、ダンサーと観客との間に、先述のダンカンを見つめる女性が述べたのと同様の共感的関係があることを指摘している。そうしたことが可能なのは、そこでは優美の感情を観客の内に喚起させる自由自在な運動が発生するからであり、自由自在な運動は次にどんな動きが生まれるかを見る者に予見させるからである。一八世紀に画家のホガースは優美を線の運動の複雑さの問題として捉え、直線や円線といった単純な線ではなく、立体的にS字の線を描く複雑な運動が生じている時、それを優美とみなした。ベルクソンは、線の優美論に寄り添って[5]「屈折した線よりも曲線の方が優美らしいのは、曲線はたえず方向を変えるが、しかも新しい方向はいつでもそれに先立つ方向のうちに示されているからである」[▽6]とした。なぜ優れたプレイヤーの（ゆえに優美な）運動は、観客の内に〈鏡〉のような共鳴を引き起こすのかを、この説は明らかにする。自由自在で、ゆえに観客に予見を促すダンサーの運動は、リズムを生み、それが「糸」のように伸びると「その糸によってわれわれはこの想像の世界のあやつり人形をあやつっているかのよう」[▽7]になる。この想像上の「あやつり人形」説が面白いのは、プレイヤーと同化している観客の身体はプレイヤーと必ずしもぴったり同じ動きをしているわけではないという先に述べた問題に、ひとつの解決を与えてくれるからである。観客は、自分の身体そのものというよりは想像上の「あやつり人形」を運動させているのである。観客は、プレイヤーの運動のリズムを感じ取りながら、想像上の「あやつり人形」とともにプレイヤーの運動と同調する。そういう仕方で観客は、ダンサーと一緒に踊り、選手と一緒にプレイしている、そう考えることができる。[▽8]

キネステジアと観客を操作する戦略――スポーツと芸術の違い

ならばさらにこう考えられよう。ダンサーとは、自らの身体運動を通して、観客との間にこの「あやつり人形」を生み出す存在である。観客はその誘いに乗せられて、この人形とともにダンサーと踊る。舞踏やコンセプチュアルなダンスの動きは優美とは限らない。しかし、あえて優美の流れを失速させたり、優美を反省的に意識させたりする方法は、優美との関係を何らか保持していると考えるべきである。ダンスに限らず、身体をメディアにする表現のほとんどは、そうした誘惑の仕掛けをその身体運動に内包しているものである。

スポーツの身体も観客を誘惑する。選手の運動に夢中な観客は、ダンサーの場合と同じように「あやつり人形」をこしらえ、運動させるだろう。とはいえ、ダンサーの場合とは異なり、スポーツの身体は観客の誘惑を第一に意図しているわけではない。スポーツの身体は試合の状況に完全に没入しており、観客を乗せようとする余裕はない（例外的に、走り幅跳びなどで、手拍子を求め、観客に乗せてもらう依頼をする選手はいる）。だからこそ、観客は試合に集中したプレイヤーの身体に熱中し、プレイヤーの動作に自らの心を容易く没入させてしまうのである。それに比べると、ダンサーの意図は観客を乗せることと以外にはない。このことは優美を奪う原因となりうる。あからさまに自分を乗せようと乗りを促してくる振る舞いに、観客は醒めてしまうものだからである。▽9

「どんな些細な動きもそれ独自の意味がある」と歌う《マダム・シェリー》を挙げながら、モダンダンスは動きのヴォキャブラリーを整備することで既存の舞踊芸術であるバレエ以上に「より深く、より広い、より適切な意味を伝達する目的のため」▽10に創造されたと、テッド・ショーンは説いた。さて、その伝達はどうしたら可能なのだろうか。モダンダンスの作家や批評家たちは、人は五感に頼らずして自分の身体の重さや動作を知覚できるキネステジア（運動感覚）を有しており、これがダンサーと観客のコミュニケーションを橋渡しすると考えていた。キネステジアは、レモンを齧る人を見て、まるで自分が酸味を味わっているかのように顔をしかめるといった移し替えを可能にするし、さらにこうしたことと類似の連鎖が、ダンサーの身体と観客の身体の間に生じるというのである。あくびはあくびを、笑いは笑いを誘う。重い建造物を支える円柱に対してさえ、私たちは自分の経験を円柱に置き移し、それが過度の重圧に耐えているかのように感じ、私たちはその重さを自分のことのように感じてしまう。批評家ジョン・マーティンは、こうした自他の移し替えの能力を「内的模倣」と呼んだ。[11] ダンカンは、内的模倣を引き起こすような創造的なダンスを生むには、「あらゆる動きの中心となるスプリング、モーター・パワーのわき出すところ、あらゆる動きの流れが生み出される統一体」[12]が必要であると考えた。この「統一体」は意図を超えた自動性を伴うがゆえに「モーター」と呼ばれ、とくにその在り処を彼女は身体のみぞおちあたりに位置する太陽神経叢に探し求め、この考えはロシアの俳優・演出家スタニスラフスキーに刺激を与えた。[13] 意図を帯びた動きを回避し、身体が勝手に動き出す心身の状態なくして、ダンスも演劇も観客に内的模倣を引き起こすことはできない。そうした「同化」の思想が二〇世紀前半の舞台芸術を牽引したのである。

観客とは何者か

人文学や舞台芸術の中で優美やキネステジアの概念のもと考察されてきた模倣（鏡）性の問題を、

二〇世紀の末以降、脳神経科学の分野で扱っているのがミラーニューロン研究である。リゾラッティとシニガリアの『ミラーニューロン』（二〇〇六）は、こう始まる。「傑出した舞台演出家ピーター・ブルックは、以前、あるインタビューで次のように述べている。ミラーニューロンの発見によって神経科学は、演劇界では長らく常識だったことをようやく理解しはじめた」[14]。

ミラーニューロンとは、観察している他者の行為に反応して、まるで自分がおこなう際と同じような活動を起こしてしまう神経細胞群を指す。他人の行為に自分の行為と同じものを感じるという「ミラー」的性格が脳神経科学を舞台に研究されているのである。この分野の門外漢である筆者が、研究の成果や進展について評価を下すことは不可能であるが、『ミラーニューロン』には被験体として芸術と向き合う身体があちこちに登場し、その諸事例には興味を掻き立てられてしまう。とくに古典舞踊家たち、カポエイラの教師たち、ダンスの素人三人を実験の被験体として集め、彼らにカポエイラと古典舞踊のビデオを見せたという実験は、注目に値する。研究者たちは、カポエイラのビデオにはカポエイラの教師のミラーニューロンが、古典舞踊には古典舞踊家のそれが他の被験体より強く反応し、そして、両者の反応は素人よりも強かったと結論づけている[15]。

この結果に驚くべきところは一切ない。経験に照らしても、こうした結論は容易に導けよう。むしろ筆者にとって興味深いのは、専門家の身体が彼の専門とするダンスに敏感に反応するのは当然としても、素人の身体の中でも、比較的に弱いとはいえミラーニューロンが反応しているという事実である。ろくに踊れもしない初心者なのに、目の前のダンサーを見て、あたかも自分が踊っているかのように思ってしまう。私たちの多くも同じく初心者のプレイヤーであろう。自分自身はたいしたプレイができない。にもかかわらず私たちは優れたプレイヤーを見て「優れている」と思ったり、反対に「へたくそ」と口にしたりしてしまう。

ベルクソンの優美研究には、これに関連した事象が出てくる。「その人形が一瞬歩みをとめても、われわれの手はがまんができなくなって、まるでその人形を押して、その動きのさ中にそれをふたたび置き直そうとするかのように、動き出さずにいられなくなる」[16]。ベルクソンの例となったダンサーが、ささやかなミスを犯したとしよう。観客はそれを察知し、その失敗を非難することができる。例えばプロ野球の試合で、空振りしたバッターに、テレビの前の視聴者は「ああ、ボール球振るなよなあ」と悲嘆の声を上げる。それは「あやつり人形」の糸を手繰る（プレイヤーの側とは別の）もう一方の極である視聴者が巧みに球を読み（優美の運動を感じ取り）、（目の前の選手とは異なり）ボール球に手を出さなかったからだ。ベルクソンの優美の議論が面白いのは、観客の身体を、プレイヤーに共鳴しつつも、プレイヤーが運動するままに運動させられているわけではない存在として捉えているところである。ベルクソンは、優美の線はプレイヤーの線そのものではないと言い「この線はここにもあすこにもないが、全体の鍵を与える。眼に知覚されると言うよりも、心に思惟されるのである」[17]とした。プレイヤーを目で追いながら、プレイヤーがなすはずで実際はなしえなかった運動を観客は心で見ているのである。優美とは、そうした運動をめぐる審美眼に基づいて、見る者が見られる者の運動をジャッジする際の基準なのである。

2 観客は適当である

スポーツの観客の適当さ

そうは言っても、ほとんどの観客は、先述のように、失敗を冷笑した選手に比して劣ったプレイヤーであるのは間違いない。この事実はとても興味深い。

スポーツにおいても舞台芸術においても、観客は良くも悪くも適当である。観客は適当にプレイヤー（選手、演者）の運動と同化する。観客は適当にプレイヤーを応援する。観客は適当にプレイヤーをジャッジする。観客は適当にプレイヤーに涙して、適当にプレイヤーと笑顔になる。適当とは良く言えば「ある条件・目的・要求などに、うまくあてはまること」であり、悪く言えば「やり方などが、いいかげんであること」である。ここでは、「適当」さを手がかりに、観客という存在をその場への身体の参与という観点から考察してみたい。

選手の仲間たち（家族、恋人、コーチ、先輩、後輩など）は、観客よりもっと真剣に、親身になって選手の活躍を祈り、選手の努力が成就するための具体的な方策を考え実践することだろう。あるいは観客はファンとも異なる。選手個人やチームのファンであれ、また種目のファンであれ、ファンとはときに非社会的に映るほど熱狂的な愛を心に宿した存在である。観客も幾分かはそうした傾向を有する。けれども、ファンのように選手やチームや種目への強い親密さには支配されない。親密さから距離があればそれだけ、人は良くも悪くも無邪気に、自分の思うままの仕方で選手のプレイと関わることができる。筆者の妻は、サッカー・ワールドカップの予選が始まると朝のニュースで知るなり興奮して、「今日は深夜の試合でも絶対見るぞ！」と熱くなるのだが、たいてい放送が始まる時刻にはその興奮を味わいつくして、寝てしまう。とはいえ、観客という存在においては、それもひとつの応援のかたちなのである。巷の熱狂に適当に一体化して、適当にそこから離脱する。この連結と離脱の容易さは観客が有している特権的自由なのである。

ルールをたいして知らなくても私たちは観客になれる。もちろんルールや選手の情報を熟知した専門性の高い観客もいる。試合の流れを感じながら、選手の一挙手一投足に同化し、それを冷静にジャッジし、応援し、試合の細部を味わう観客である。けれども、観客というものの都合の良いところは、専門性が高くなくても観客になれる点にある。野球であれば、ボークなどの細かいルールを知っている方が良いが、知らなくても試合を楽しめる。要するに、バットにボールが当たって選手がベースを奪えば「ヒット」、ホームベースまで進めたら「一点」、これだけ知っていれば試合を楽しむことは可能だ。サッカーであれば「コートの両端に二つ設置してあるゴールにボールが入るかどうか」という点だけに集中していれば、オフサイドなど細かいルールを知らなくてもサッカーを観戦できる。逆に、そうでなければ、どのスポーツも専門性の高い一部の人たちのマイナーな遊戯に留まることだろう。

スポーツには多様な観客を包摂する力があると言える。試合の細部を理解できる観客もいれば、大雑把に（「一点」が入るかどうか）しか理解できない観客もいる。本人がその状態に満足しているのであれば、そのどちらも同じ試合の観客なのである。

芸術の観客も適当である

芸術の観客にも同じことが言えるだろう。観客は踊れない。観客は絵を描けない。観客は芸術経験に乏しい。それでも観客は、まるで自分が踊っているかのように、自分が描いたかのように、目の前の作品の運動感覚に応答できる。

観客は適当を謳歌する。舞台を深く掘り下げようと思えばそうすれば良いし、ただその場に居合わせたことを楽しんでいるだけでも、誰からも文句は言われない。観客は客席の暗がりでノートを広げて舞台上の出来事を逐一記しても良いし、いびきをかいて寝ていても構わない（驚くことに、チケットがどれだけ高額でも、寝ている観客は絶対にいるのだ。客席は良き睡眠を提供する寝室でもある）。土方巽の証言によれば、暗闇に紛れて自慰にふけるなんてことさえ観客はするのである。それに、観客は皆、異なる角度から舞台を見ているのに、他人と同様の舞台を見た気になっている。それも「適当」のなせる技であろう。

　イーフー・トゥアンは、古代ギリシャの劇場での朝から夕暮れまで続く上演に際して、観客は「気兼ねせず自由に出たり入ったり、食べたり飲んだりしていた」はずで「大声で意見を言い、役者を舞台から追い払う」ことさえしていたと想像する。観覧が無料であった古代ローマの劇場も同様で、観客は「演技の最中に出入りしていた」[18]と言う。かつて劇場は、私たちが想像する以上に「適当」な場所だったのである。

　観客は本質的に「適当」である。さて、これは悪しき性質に過ぎないのだろうか。観客は適当であるがゆえに、舞台や客席で起こることのどこへも接続できるし、どこからも離脱できる。容易に自分と環境や出来事との着脱が可能なのだ。その意味で観客は、こうした問いの俎上に載せるのが難しいと感じるほど、とても自由である。[19]ある日、ワークインプログレスの企画で、コンテンポラリーダンスの振付家と演劇の作家とが各自のソロを上演した。その後のアフタートークで、二人の作家たちは観客からの感想や質問を募った。ちなみに二人は一〇年以上のキャリアを持ち、すでに一定の評価をえている。客席には実演者や批評家も混じっていた。彼らは代わる代わる自分の意見と感想を述べていった。中には、自分の解釈に基づけばラストシーンは別の形であるべきだと振付家のアイディアを批判する者もいた。そのやりとりを見ながら、筆者は奇妙なことに気がついた。観客の中で、この振付家ほど才能を持ったダンサーは誰一人いないのだった。誰も彼女のように踊れないし、ダンス作品を創作したこともない。にもかかわらず、自分がイメージする理想的なダンスの姿を想像しては、実際の舞台では不十分であったと考える部分を指摘できる。これほど観客は無邪気で尊大である。しかし、その無邪気さや尊大さにこそ観客という存在の可能性が隠れている、そう考えられないだろうか。

　あるいはこういう出来事も起こる。二〇一七年に開催された〈草間彌生——わが永遠の魂〉は、現代美術作家の展覧会とは思えない大盛況となった。制作が進行中のペインティングなどを展示した写真撮影可の空間では、観客は皆、意気揚々とＳＮＳ映えするビビッドカラーの草間作品をスマホに収めようと夢中になっている。その空間を取り囲むように、過去作が展示されていた。彼女の幼少期の幻覚や精神的な苦悩からの解放の手段として描いたというのがひとつの正統な解釈とされている初期絵画（ドット・ペインティングやネット・ペインティング）群を中高年のご婦人方二人が眺めていて、会話が耳に飛び込んできた。聞くと、二人のおしゃべりは、無数のドットや網状の模様を描き上げた草間の労力をただひたすら賛美するものであった。

　正しいものとされる批評家らの解釈に則って見ることだけが唯一の正しい鑑賞経験であるのならば、二人の感動は間違っていると即断されかねない。しかし、もしそうであるならば、芸術鑑賞とは作家（あるいは芸術という神）[▽20]の志向した表現に的確に応答する批評家たちによって生み出された正しい解釈を、その表現の前で反芻すること以外の何物でもなくなる。[▽21]そして、観客は劣った批評家とみなされよう。芸術作品が作家のうちに宿った観念の単なる絵解きではなく、作品自体が自律した謎の発生源であり、そうあり続けるものならば、ある解釈が正統性を獲得した後でもなお、謎の発生を観客はその作品の前で期待して良いはずである。

地域アートの（とくに北川フラムが関わった）展示の中には、現代美術であるがゆえに難解で観客を寄せ付けないというのではなく、むしろ美術史的な文脈や作家についての専門的知識がなくても、自分の視点で自由に鑑賞を楽しめる作品が多数ある。批評家は、作家の意図や美術のコンテクストを読み取ろうとするだろうし、自由に楽しむ鑑賞をそうした自分の姿勢に反するものとして否定的に捉えるかもしれない。けれども、事実そうした鑑賞は存在するのであって、展示の場には、多くの観客たちの鑑賞の経験が作品ごとに堆積しているのである。ただそれらを束ねそれらの価値を振り返る機会がないだけである。

そもそも観客一人ひとりの自由な感想が、すべて間違った解答に過ぎないと言うのならば、展示や上演とは一体何なのだろう。それが無意味であるならば、専門性の高い者たちだけで探究される技の世界と、能力も知識もないその世界から疎外された人たちとの間に分断が生じるだけである。そうであるならば、観客は芸術関係者たちの搾取の対象以外の何者でもあるまい。

拍手で主張する観客

ところで、スポーツの観客は芸術の観客よりも身体的にアクティヴである。観客は声を上げ、応援歌を歌い、賞賛や励ましの拍手を送る。選手はマイクを渡されたなら、試合中に応援してくれた観客への感謝の言葉を口にし、自分の勝利は応援なしにはありえなかったと感謝を捧げる。そう考えると、プレイヤーもまた観客と同化するのであり、両者は相互に同化し合っていると言える。

観客の運動の中心は拍手である。以前、国際的なフィギュアスケートの試合を見に行った時、観客の拍手には二種類あることに気がついた。ひとつはジャッジの拍手であり、もうひとつは応援の拍手である。ジャッジの拍手はジャンプや複雑なステップが決まった時、あるいは演技が終了した時に起こる。えこ贔屓のファンがお目当ての選手に演技以上の拍手を送っているのでは、という予想は裏切られ、観客は演技に見合っていると自分が思う分だけの拍手を公平に各選手に送っていた。少なくとも筆者にはそう聞こえた。さらに印象的なのは、周りの拍手の大小に左右されることなく、自分のジャッジを拍手で表現している様子であった。応援の拍手は、優れた演技への賞賛と失敗の演技への励ましに分けられる。ジャンプをミスした後、観客はため息を漏らし、しかし、若干の間を置いて聞こえてきた静かな拍手は、励ましの調子を帯びていたのである。

ジャッジの拍手と応援の拍手は当然交じり合い、区別が付かないこともある。ジャッジと応援の間を漂いながら、審査員でもなく選手の仲間でもない観客は、自由に気ままに、真剣に拍手する。誰に頼まれたわけでもないその使命を、観客はみな、嬉々として遂行するのである。

伝統芸能（例えば歌舞伎）やバレエの観客もアクティヴである。カーテンコールを待たずに、ハッとする場面に遭遇すれば、その都度、観客はそれに見合う拍手を惜しみなく送る。歌舞伎で言えば、外連味たっぷりに役者たちが見栄を切り、拍子木の音がそれをサポートすると、タイミングよく観客は拍手で応じる。拍手も拍子木に劣らず演目に欠かせない要素なのであり、盛り上がる拍手の音に観客も役者たちも気持ちを高揚させるのである。

これらの観客と驚くほど異なるのが、芸術における観客の身体である。それはたいてい、沈黙の状態にある。舞台芸術では、終幕を迎えないと拍手が許されていないかのようで、上演中の客席はひっそりと静まりかえる。美術の展示では、拍手の機会さえなく、観客は黙って鑑賞し、黙って会場を去る。こうした「よそよそしい」観客を求める劇場のあり方は、近代以降に整ったと考えられている。「一六三〇年代以降、劇は洗練化され、また次第に世俗的になったうえに、観客自身も洗練されたために、観客は劇に対していくらかよそよそしい態度をとるようになった。観客は、〔……〕劇を動く絵画として見るようになったのだ。舞台上の出来事は「向こう」にあり、観客が立ったり座ったりしている世界と連続したものではなくなったのである」[22]。なるほど舞台や展示空間に「絵画」が成立するのに奉仕すること、これが近代的芸術における観客の務めなのである。舞台と客席の連続性を断つための排他的な緊張は、赤ん坊を連れた親子のような存在を受け付けない。ひっそりと暗く静謐な空気の中で、透明になる。そうして芸術の観客は、身体性を欠いた幽霊的な存在へとしばしば追いやられてしまう。

幽霊としての観客

筆者はここ数回、大地の芸術祭（越後妻有アートトリエンナーレ）が開催される度に大学生十数名と見学旅行に出かけてきた。日本の国際芸術祭は、都市型か過疎地型かに大別できる。過疎地型の代表がこの大地の芸術祭であり、しばしば廃校や廃屋がリノベーションされて展示会場に用いられるというところにその特徴がある。それだからか、鑑賞には心霊スポットをめぐる肝試し的な気分が漂ってくる。いつの間にか移動のバスで、学生たちは心霊体験の話題に花を咲かせてしまう。そうした廃墟性を帯びた場所への移動と鑑賞の繰り返しは、鑑賞する自分たちこそが幽霊なのではないか、という想念を引き寄せることになる。

そもそもここは、筆者や学生たちとは縁もゆかりもない土地である。そこに突然バスで訪れ、廃墟のような建築空間を幾つも渡り歩いては、土地の濃密な記憶を閉じ込めた作品たちとの出会いを繰り返す。地元の人や移り住んできた作家たちから村落の話を聞き、地元の食を味わい、急激な過疎化の現状、それでもこの土地を愛する人々の思いを知る。心はあれこれと動かされる。それでも観客は観客でしかない。観客は介入しない。作品はもちろん、そこにある物や生き物に触ったり動かしたりもしない。村興しのボランティアで一念発起やって来たのならばいざ知らず、観客は、展示作品を軸にこの地が発信しているものを全身で味わいはするものの、全身で味わうということ以外できることはない。観客とは、現実の世界に別の次元からやって来ては彷徨っている幽霊みたいだ。そう思わずにはいられない。

国際芸術祭で隔靴掻痒の思いを味わった後、一般的なホワイトキューブの美術展示に訪れてみる。すると、観客である自分が展示空間によって「誰でもない人」＝幽霊に仕立てられていることに、あらためて気づかされる。場所の固有性が適度に剝ぎ取られた白い部屋に、どこに置いても大概は成立するように作られた絵画や彫刻が設置されている。そこに身を置くのは、自分の来歴をとくに問われない観客である。近代の芸術鑑賞において、観客とは本質的に幽霊的なのである。「誰でもない人」とは、ニュートラルな立場でものに向き合う人であり、近代的な仮想の主体である。偏見がないとも言えるが、どの土地にも根ざしていない立場であり、そうした主体には強みもあるが――批評とはそうした立場から発信することであろう――、自分の無力さも感じる。

観客＝幽霊という存在に、過疎地型の国際芸術祭は揺さぶりをかけてくる。展示物を見ていたはずが、その脇の建物の柱、庭の花や虫、田畑へと思わず目が向かう。この視線の移動が、ニュートラルな美術展示にはない国際芸術祭独特の魅力である。展示物以上に、展示空間やその環境に興味が湧いてしまうのだ。二〇一五年の大地の芸術祭では「上郷《かみごう》クローブ座」に最も惹き付けられた。▽23 一種の演劇作品なのだが、地元の高齢女性たちが割烹着を着て、地元の食材を用いた料理を振る舞ってくれる（ろうそくの火を手にして女性たちが現れたり、地元の言葉で村の歴史が語られたりなど、わずかな演劇的要素もあるにはあったが）、ほとんどそれだけの上演だった。料理は食材の質を生かした繊細な味付けで、コンビニ食が好きな学生たちも感嘆の声をあげていた。料理を上げ下ろししてくれるだけでなく、女性たちは地元の言葉で食材を紹介してくれた。食や地元の女性の佇まいがここでの芸術作品であった。ただ観光で地元の食堂に訪れただけでは得難い、どこに展示しても成立するニュートラルな美術作品では決して与えられない、土地の豊かさを濃密に味わった時間だった。

それにもかかわらず、観客である私たちは相変わらず観客＝幽霊に留まっていた。そのことが物足りなく、もどかしい気持ちにさせられた。観客は、目の前の状況の傍観者だからこそ、気楽に冷静に物事に関わり合える。その可能性が同時にその限界なのである。幽霊は自分の評価を問われることが少なく、非身体の状態に追いやられ、ゆえに自分をカスタマイズできず、そのことが自分という限界に留まる不自由を招いていた。

こうしてみると、批評家と観客とはどこか類似していることに気づかされる。両者はともに、同じニュートラルな客席を共有する幽霊的存在である。ただし、両者の欲望は異なる。批評家は、一旦超越論的な立場に立つことで、批評の先端から、まだ誰も言いえていなかったことを偏らず揺るぎない「論」でもって言おうとする。そこには、批評の歴史を更新することでその歴史に寄与し、またそうすることで自らの社会的な立場を確立しようとする欲望も隠れていよう。かたや観客の眼差しは、批評の歴史に囚われることなく（でも囚われてみても良い）、個人的な欲望に端を発しており、その意味で自由で「適当」な角度から、作品と作家に相対している。

本章の目的は観客の可能性を追求することにある。[▽24] 両者は別々の存在であり、観客には批評（反省）性がないなどと断定し、観客を「劣った批評家」扱いする必要はないはずである。批評家であることにこだわらないだけで、観客もまた自分や他人や社会を反省し、これまで気づかなかった可能性に自己を開こうとする野心を持つことができる。むしろニュートラルな座席に座っていても、専門性の高い超越論的な立場に立たないからこそ、批評家にはできない仕方で、自分の視点から世界を批評（反省）できるのが観客という存在なのかもしれない。

しかも、幽霊性に閉じ籠もることなく、自分の身体や他人の身体を反省したり、またそれによって再身体化や変身可能性へと向かったりする観客のあり方はそれを導く装置さえあれば可能であり、実際、今日の幾つかの試みの中ですでに実践されているのである。それは、いわば観客らしい批評の実践と見ることもできるだろう。最後に、そうした幾つかの試みに触れておきたい。

3 観客は錯覚し交換する

パーソナルな鑑賞とソーシャルな鑑賞

新たな視点をひとつ置いてみよう。観客がプレイヤーを〈鏡〉として見る条件に、先に挙げた優美の他に、身体の同一性があるはずである。能力の点でも努力の点でも、また身長や体重といった体格の面でも、ウサイン・ボルト、羽生結弦、イチローと私たちの身体は異なる。けれども、異なるなりに私たちは、ボルトや羽生やイチローのプレイを見れば、まるでボルトのように走り、羽生のようにジャンプし、イチローのようにキャッチする。この自分の身体をプレイヤーと同一視する「適当」さも観客の力だ。同一であると感じられなければ、彼らのプレイは私たちの身体を揺さぶることはなく、ジェット機の軌道を見上げるようなもので、無味乾燥な超絶技巧としか感じられないだろう。

相違ある身体を同一の身体とみなすこと、それは翻って、同一の身体と思っていたものに自分との違いを見出すきっかけともなりうる。〈鏡〉は同一性のみならず思いもよらぬ異質性への気づきを与えてくれる批評的装置であり、自分の中に眠っていた異なる自分を目覚めさせる機縁になりうるものである。その際、身体を客席に沈めてしまうのではなく、むしろ物理的に能動的にその場に参与させることが、観客にとって非常に重要になってくる。

ひとつ例を挙げたい。ソーシャル・ビューと呼ばれる画期的な鑑賞方法がある。六名程度のグループが目の見えない人一、二名と一緒に美術鑑賞をおこなう。表向きの趣旨は、見える人の説明によって見えない人が美術作品を鑑賞できるようにするところにある。しかし、重要なのはその鑑賞形態が、見える人と見えない人の双方にとって創発性を促す仕組みになっているところである。見えない人と一緒に美術作品を鑑賞することで、いかにこれまでの一人の鑑賞が不十分であったかを、見える人に気づかせてくれるという機能があるのである。先に述べたように、黙って一人でおこなうことが美術鑑賞や舞台芸術鑑賞の慣習になっている。観客は（また多くの美術館運営者も）みなそれが正しいと思い込んでいる。自分なりの解釈を楽しむのは、悪くない。けれども、それは観客が自分の解釈の枠に閉じ込められた状態とも言える。見えない人にも同様のことが言える。見えない人の美術鑑賞のひとつに、作品に手で触れるという方法がある。もちろん、それも悪くはない。とはいえ、自分の手による「手がかり」に閉じ込められた状態であるのは間違いない。ソーシャル・ビューは、見える人と見えない人の両方がそれぞれの仕方で陥っているパーソナル（孤独）な鑑賞の状態から両者を救い出すところに、その特徴がある。

さて、何が起こるというのか。見える人たちは美術作品の前に立つ。誰もが初めて見る作品である。いつもなら、自分の好きなように見て、解釈して、立ち去れば良いのだが、ここでは鑑賞体験を言葉にしなければならない。しかも、鑑賞体験の言語化は自分のためではなく、見えない人のためにある。だから自ずと、作品との孤独な対話の次元から離れた、他者と共有可能な言葉が求められる。自分の目に何が映っているのか、それが何に見えて、どう見えているか、それらをめぐる率直な言葉のやり取りは、意外にも一人ひとりが何をどう見ているのかの違いを浮き彫りにする。[25] この鑑賞形態の優れたところは見えない人たちだけでなく、見える人たちも他人の言葉に出会えることだろう。なるほど、見えない人は見える人から言葉を引き出すという意味で「ナビゲーター」の役割を務めているわけである。ソーシャル・ビューを企画する「視覚障害者とつくる美術鑑賞ワークショップ」の主宰者である林健太はそう言う。[26] 他人は自分と注目するところも異なるし、それを形容する言葉も自分のものとは異なる。まるで別の作品を見ているかのように。自分一人の眼差しだけを頼りにしない分、他人の眼差しもまた自分の眼差しとなり、作品鑑賞は自ずと多面性を帯びてくる。

ソフィ・カルの展示〈見えない人を扱った〈ソフィ・カル——最後のとき／最初のとき〉〉で生じたソーシャル・ビューの一コマを、林はこう紹介する。

例えば、作品のなかで、「さいごに見たものは何か」という〔見えない人に向けた〕質問に対して、リボルバーで撃たれる光景について語っている〔見えない〕人がいました。事前にひとりで見たときは、失明者のエピソードとしてずいぶん痛々しいなと思って、ソフィ・カルの挑発的な部分にトゲトゲしたものを感じてしまいました。でもワークショップの中で視覚障害者を含む他の人たちから「これは劇的すぎて共感できないな」「そもそもこれはどこまで本当の話しなんだろう？」という話しが出始めました。いろんな文脈をふまえて見てみると、作品の中でその出来事を語っている人は、自分の持ちネタとしてそれを語っているぐらいの雰囲気で、ずいぶん距離が取れている様子でした。出来事そのものの衝撃よりも、出来事を物語としてどう語るか、というところに視点が移ってくる。「ある失明者の物語」から誰にとっても普遍的な「物語ること」「記憶」といったテーマが見えてきました。▽27

観客は見ることを他人と共有し、ソーシャル化する中で、見える身体と見えない身体を持ち寄り、複合化し、そうして自らを複合化ないし怪物化する。自分の体験を一旦キャンセルし相対化して、「そんな見方もあったか」と他人の体験に身を寄せ、それを自分の見方にすることができる。観客は一人の鑑賞では到達しえなかった鑑賞の質を、身体を複合化・怪物化することで獲得できるのである。こうした「いっしょに見る」体験の本質を、伊藤亜紗はこう解明する。「自分の行為の本質を気づかせてくれる「鏡」のような関係に、見える人と見えない人がなるということだ。見るとは実は他者の目を使って見ることである。事実としてある障害を軽んじるつもりはないが、器官としての目が見えようが見えまいが、人は他者の目を使ってものを見ている」▽28。なるほど鑑賞体験とは、鑑賞の対象（作品）のみならず、鑑賞する身体をも対象とするものなのである。運動を見る運動を私たちは見る。その時、見える人も見えない人も（もちろん見える人同士、見えない人同士も）互いを〈鏡〉とし、いままで各自が信じていた身体像とは異なる、オルタナティヴで移し替えが可能な身体の相貌に触れるのである。

もうひとつの例は、二〇一七年からおこなわれているプロジェクト「音で観るダンスのワークインプログレス」である。[29] これはソーシャル・ビューの舞台芸術版とも言える企画であった。ダンスの音声ガイド開発のために制作された、振付家・ダンサーである捩子《ねじ》ぴじんの一〇分の小作品に音声ガイドを付けるワークショップが事前に実施され、その成果として生まれた三種類の音声[30]を聞きながら、当日は見えない人と見える人がともに同じダンスを、明るい舞台と真っ暗な舞台で二回、鑑賞したのである。

この試みでは、音声ガイドが批評的装置となった。ダンスは言葉にできないとよく言われる。その通念を突き破ってダンスを言葉に変換しようとする試行錯誤は、見えない人とともに見る目的に寄与するだけではなく、ダンスと言葉の関係や、ダンスを視覚なしに鑑賞する可能性を深く考察する機会ともなった。客観的に見えたものの位置関係やダンサーの動作の逐一を伝えることが、見えない人への最良の情報提供になる。そうした予想は、実際は見えない人の希望とずれていた。見えない人が知りたがったのはどの点がとくに見所かということだった。そうした、見える人が見えない人の鑑賞のポイントを模索しながら音声ガイドを作成した時の苦労が、上演の合間のトークで話題になった。こうした発見や苦労が、私たちの身体を怪物化させるのである。

もうひとつ興味深かったのは、真っ暗闇で鑑賞した際の感想を、見える人の一人が、見えないからこそ「架空の振子ぴじん」を頭の中で、音声ガイドを頼りに踊らせることができて楽しかった、と述べていたことである。「架空の振子ぴじん」とは、ベルクソンの「あやつり人形」を連想させる。ダンサー抜きの暗闇のダンスは、ダンサーというリアルだが優美な運動から外れがちな存在から自由になって、その代わりに音声ガイドから手繰り寄せられた「糸」を頼りに、観客の頭の中で「あやつり人形」が踊るというものである。

ふたつの例のどちらも「見る（見ずして見る）」という運動とそのための個別の能力それ自体が、この場の観客にとって鑑賞の対象となっていた。これらは、そうした鑑賞する身体それ自体が鑑賞対象となるような機会を生み出そうと、芸術的プロジェクトにおいて模索が進められていることを明かすものである。プレイヤーの運動のみならず、それを見る身体の運動もまた私たちの鑑賞の対象となりうる。ここでは単に能力の優秀性というよりも、自己変容のトリガーとなる他者性こそ重要なのである。そこで観客は、他者の能力に触れ、他者と自己の能力を交換し、それらを複合化する機会をえるのである。

さて、今後こうした能力の交換は、テクノロジーを媒介にしたよりダイレクトで大胆な装置によって進められるようになるかもしれない。ＩｏＡ（Internet of Abilities）である。▽31 例えば、ボルトの走力がデータ化され、ヴァーチャル・リアリティの方法がそこに駆使されれば、観客はボルトの走りを、心のイメージを媒介せずとも、ダイレクトに体感できるようになる。

その時、この交換の理想的な主体は、誰よりも観客ということになるのではないか。アスリートや芸術家が自分の能力を発揮することに集中するあまり、自分の能力というものに囚われるとすれば、観客はそうした能力が自分にない分、自分に囚われない変容可能性を自由に謳歌できるからである。

最後に紹介したいのは、二〇一六年の一月に振付家・ダンサーの砂連《じゃれ》尾理《おおさむ》と東京大学の教員で脳性まひの当事者でもある熊谷晋一郎とのセッション「随意と不随意の間を眩く」でのことである。これは筆者が運営する「ダンスを作るためのプラットフォーム」ＢＯＮＵＳの企画〈障害とダンスの共生〉の一部として実施された。二人は実際に体を動かしながらそれぞれの身体の違いを語り合った。二人の身体を山口情報芸術センター（ＹＣＡＭ）の製作したＲＡＭが媒介した［fig.1］。ＲＡＭ（Reactor for Awareness in Motion）は、ダンサーの身体の動きをモニターして、生成した像を自由に再構築できる仕組みであり、シンプルに棒人形を作ることもできれば、身体の各部位を一本につないで大蛇のような造形に変化させることもできる。パフォーマンスする二人にとってその像は（自分の身体イメージに近ければ）〈鏡〉にもなり、（自分の身体イメージに遠ければ）自分の身体で操作する怪物にもなる、同化と異化の緩やかな往復を可能にするものとなっていた。[32]

ＹＣＡＭは二人のために特製のシステムを開発してくれた。それは、砂連尾と熊谷の身体を五〇パーセントずつ混ぜ合わせた一体の棒人形であった。直立する砂連尾と車椅子の熊谷は当然、それぞれの姿勢が異なる。熊谷の姿勢によって棒人形は俯いた姿勢を示す。これを真っ直ぐな姿勢にしてみようと砂連尾は様々なポーズを試した。胸を張って腕をＸに交差してみせるなど、何度も、砂連尾は窮屈な体勢にチャレンジした。後日、砂連尾は振り返り、この時自分は熊谷の身体に振り付けられていたのだと話してくれた。一体の棒人形という〈鏡〉は、ここでは自分を映しかつ他人を映した。同時に二人は混

fig.1　砂連尾理と熊谷晋一郎は，RAM の「怪物」を協働して操作し，踊らせた（2016，加藤和也撮影）

ざり合い、主従の関係を生み出しさえして、そうやって自分と他人を動かし、自分と他人を観察させた。

最後に二人は、今度は棒人形ではなく、一本の大蛇のごとき形状を操作し、その「怪物」を踊らせた。この怪物で何をなすか、その目的を二人は事前に準備していなかったので、怪物の躍動は曖昧なまま収束してしまったものの、この試行は幾つもの可能性に開かれているように感じられた。

何より興味深かったのは、この場における「観客」は、客席の観客のみならず、それ以上に、砂連尾と熊谷の二人であったことである。二人は自分の身体の状態や能力を、客席の観客を圧倒するために用いるのではなく、むしろただ被験体となって観客の目の前に晒したのである。その時、二人は被験体であり同時にその観察者であった。二人はその都度起こったことに対して率直な感想を口にし合った。彼らに対し客席の観客は、子供部屋でコントローラが手渡されるのを待ちながら、友だちのプレイ画面を見ている子供のごとき存在であったと言えるかもしれない。客席の観客もいつか、二人とバトンタッチして観客（被験体＝観察者）としてプレイに興じるようになるであろう。そうして観客は、その「適当」でいられる特権を通して、自他の身体性を観察し、両者への接続と離脱を繰り返す。

こうした「装置」[▽33]の発展によって観客はいつか、おぼろげながらも人類なるものの姿に出会うことであろう。

▽1 マルゲリタ・ダンカン「イサドラ」、イサドラ・ダンカン『芸術と回想』所収、シェルドン・チェニー編、小倉重夫訳編、冨山房、一九七七年、一六一頁。

▽2 イメージを〈鏡〉として考える思考はラカンをはじめ、様々な考察がある。本論は、イメージではなく運動を〈鏡〉とみなす観客を問題とする。

▽3 Darwin, C. R. 1872. *The Expression of the Emotions in Man and Animals*. London: John Murray. 1st edition, pp. 34–35.

▽4 ベルグソン「時間と自由」平井啓之訳『ベルグソン全集1』所収、白水社、一九六五年、二四頁。訳は部分的に変更した。

▽5 ベルクソンが依拠したのはレオナルド・ダ・ヴィンチであった。「ラヴェソンの生涯と業績」(『思想と動くもの』所収、河野与一訳、岩波文庫、一九九八年)を参照されたい。

▽6 ベルグソン「時間と自由」、二四頁。

▽7 同前。

▽8 本章と同じく運動論を扱う蓮實重彦は、選手と批評は運動好きで、数字と「気持ち」を愛するジャーナリズムは運動嫌いであるといった二分法を設定し、前者の立場を擁護する。彼は観客という曖昧な存在を無視する。「わかる」特殊な批評家だけが運動を理解できるという排他的な姿勢は、ジャーナリズムへのぼやき、批評の擁護に執着する一方、運動の擁護を先の二分法の枠内に留め、運動の共感可能性を等閑に付す。蓮實重彦『スポーツ批評宣言 あるいは運動の擁護』青土社、二〇〇四年。

▽9 ディドロはダンス教師が体現するような技巧に基づく優美と対比して、自分の行為に没頭している者が生み出す非意図的な優美として、行動の優美を挙げた。ディドロ『絵画について』(佐々木健一訳、岩波文庫、

二〇〇五年）を参照。

▽10 Ted Shawn, *Every Little Movement: A Book About François Delsarte*, the Eagle Print. and Binding Co., 1967, p. 62.

▽11 John Martin, *Introduction to the Dance*, W. W. Norton & Co., 1965, p. 47.

▽12 イサドラ・ダンカン『魂の燃ゆるままに――イサドラ・ダンカン自伝』山川亜希子、山川紘矢訳、冨山房インターナショナル、二〇〇四年、九五―九六頁。

▽13 「当時私は、まさしくこの創造的モーターを、役者が舞台に登場するまえに自分の精神に置き入れることができねばならないこのモーターを探求していたのだった」（コンスタンチン・S・スタニスラフスキー「イサドラ・ダンカン」、ダンカン『芸術と回想』所収、一五三頁）。

▽14 ジャコモ・リゾラッティ&コラド・シニガリア『ミラーニューロン』柴田裕之訳、茂木健一郎監修、紀伊國屋書店、二〇〇九年、七頁。

▽15 同前、一五六頁。

▽16 ベルグソン「時間と自由」、二四―二五頁。

▽17 ベルクソン「ラヴェソンの生涯と業績」、三六三頁。

▽18 イーフー・トゥアン『個人空間の誕生――食卓・家屋・劇場・世界』阿部一訳、せりか書房、一九九三年、一二七―一二八頁。

▽19 これは東浩紀が観光を積極的な意味で「ふまじめ」と捉えたことと相関するところがある。「学者は基本的にまじめなことしか考えない。学者とはそもそもがそういう人間である。しかし観光とは「ふまじめ」なものだ。だからそれは、学者たちにとっては、まさに「まじめ」に研究対象にするのがとてもむずかしい」（東

浩紀『観光客の哲学』ゲンロン、二〇一七年、三七頁）。

▽20 例えば、前掲書で蓮實が「スポーツと同じく、映画には映画の神々がいるのです」（『スポーツ批評宣言』、三三頁）と述べているのを範例としている。

▽21 ランシエールならばこれを「愚鈍化」と呼ぶのだろう。ジャック・ランシエール『解放された観客』（梶田裕訳、法政大学出版局、二〇一三年）を参照。

▽22 トゥアン『個人空間の誕生』、一四六頁。

▽23 拙レビューを参照されたい。「EAT & ART TARO『「上郷クローブ座」レストラン』」artscape、二〇一五年一〇月一日号［http://artscape.jp/report/review/10115170_1735.html］（2019/12/10）。

▽24 本章は何物かと問われれば間違いなく、良くも悪くも、筆者が批評の先端を意識し、ゆえに「観客」という論点に着目した上で、批評家の立場と観客の立場を往還しながら観客を考察する批評的論考である。

▽25 ソーシャル・ビューに参加するなら、批評家は自分が批評家であることをその間はキャンセルしなければならない。超越論的な立場に立つ特権性はここでは余計なものであり、グループ内部に身を置き、その成員の一人として、自分の視点や評価を端的に言葉にすることが求められる。

▽26 「Research 林健太×伊藤亜紗」asaito、二〇一四年四月一八日［http://asaito.com/research/2014/04/post_14.php］（2019/12/10）。

▽27 同前。

▽28 伊藤亜紗「障害者と考える身体（1）——他者の目で見る」ＢＯＮＵＳ、二〇一四年七月四日［http://www.bonus.dance/essay/01/］（2019/12/10）。

▽29 このイベントは二〇一八年にも第二弾が上演された。これに関して、拙論を参照されたい。木村覚「見えな

い人とダンスを見るための音声ガイドという装置——「音で観るダンスのワークインプログレス」をめぐって」『日本女子大学紀要 人間社会学部』第二九号所収、二〇一九年。また、二〇一九年には第三弾となる「音で観るダンスのワークインプログレス final」が上演されている。

▽30 安藤朋子が読み上げた捩子ぴじんのテキスト、ワークショップのメンバーたちが客観的な記述を重視して制作したテキスト、安田登が自由な感性で編んだテキストの三種である。

▽31 暦本純一「IoT から IoA へ人類を拡張するネットワーク」（『日経エレクトロニクス』二〇一六年二月号所収）を参照。

▽32 この日のパフォーマンス映像は、BONUS「第3回「超連結クリエイション」のアーカイヴ」（二〇一五年一二月一二日）で公開されている［http://www.bonus.dance/creation/39/］（2019/12/10）。

▽33 この「装置」については今後、システム美学の構想のもとでジャック・バーナムが「システム」と呼んだものと関連づけて考えていきたい。

IIII

12

見下ろすことの享楽

VAR試論

原田裕規
Yuki HARADA

イントロダクション

2018FIFAワールドカップ・ロシア大会のグループC初戦、フランス対オーストラリアの試合は、ワールドカップ史上初めて、ビデオ・アシスタント・レフェリー（VAR）によるPK判定およびゴールライン・テクノロジー（GLT）による得点判定が下されたという二点において、この大会を象徴する試合となった。

ぼくはロシア・ワールドカップの試合の多くを、テレビではなく**iPad mini**を通して、より具体的には、今大会に合わせてNHKからリリースされたスマートフォンアプリ「NHK 2018FIFAワールドカップ」を通して、試合がおこなわれただいたい数日くらいあとに観戦することが多かった。

一九三六年におこなわれたベルリンオリンピックにテレビ放送が導入されて以降、スポーツはテレビ観戦を前提に産業化し、大衆化してきた。そのことを思えば、テレビモニターの前に仮構された架空の「観客席」における変化は、デバイスの変化として捉えられるだけでは不十分で、より具体的に、その変化によって影響を受ける観客の身体の変容として記述されるべきであると思われた。

というのも、そのことを具体的に実感した瞬間があったのである。あるときアプリを開いて録画映像を観ていた際、五種類のマルチアングル――「地上波放送と同じ画面」「戦術カメラ」「ワイヤーカメラ」「四分割B」「四分割A」――を自由に切り替えられる機能があることに気が付いた。試しに弄ってみたところ、自分で「見たい」と欲望した通りに視点を寄せたり引いたり、時間を進めたり戻したりしながら、試合の映像を「操作」できることを知り、思わず夢中になってしまった。かつて「観戦」と呼ばれていた行為を「操作」へと言い換えさせてしまうようなこの変化は、スポーツを観る人間の眼を「全能の眼《プロビデンス》」へと変容させているかのように感じられたのだ。

　そしてさらに不思議だったのは、この「眼」がピッチ上にもときおり姿を現しているように思われたことだった。すなわち、VARという「新しい眼」のことである。一観客に過ぎなかったはずの個人が、気の向くままにピッチ上を徘徊させられるようになった「眼」は、ゲームの重大な局面になるとしばしば映像の中にも姿を現し、試合の流れを強引に断ち落とし、すでに見逃されたはずの過去にまでゲームの時間を巻き戻しながら、主審の判定すらも覆しているように見えた。果たしてこれは「誰の意志」によるものなのかと不思議に感じたのである。

　ところで、このアプリを操作しているときに幾度となく想起したモチーフがある。ドローンだ。大小様々なドローンを数千機以上保持するアメリカ軍の定義によれば、ドローンとは「遠隔的ないし自動的に制御される陸上、海上ないし航空の乗り物」を指す。[▽1] すなわちドローンとは、「人間不在」で駆動する乗り物の総称なのだ。人間が不在であるがゆえに、ドローンには遠隔で操作するための「眼《レンズ》」が備え付けられる。こうした眼が気球のように膨れ上がり、宙に浮かぶ怪物の姿を思い浮かべてほしい［fig.1］。

本章は、まずこの怪物の姿を描写することを第一の目標とする。そのために、こうした眼が「見る側」と「見られる側」それぞれの身体にどのような影響を及ぼしているのかを具体的に描写していきたい。さらにこの「眼」がいつ・どのようにして生まれたのかを探りながら、その問題の核心へと迫っていこう。また、本章は、本稿が執筆された二〇一八年一〇月時点での最新情報でまとめられていることも付言しておく。

1　VARとは何か?

国際サッカー評議会（ＩＦＡＢ）が制定し、日本サッカー協会（ＪＦＡ）が翻訳した二〇一八／一九年版『サッカー競技規則』によると、ＶＡＲとは「「はっきりとした、明白な間違い」または「見逃された重大な事象」状況に限り、リプレー映像からの情報に基づき連絡をとって主審の援助を担当する審判員」であるとされる。▽2

fig.1　オディロン・ルドン《眼＝気球》（1878, 紙に木炭, 42.2 × 33.3cm, ニューヨーク近代美術館蔵）

またVARを援助する審判員として、アシスタントVAR（AVAR）が設置されており、この両者を統合して「「ビデオ」審判員」と呼ぶ（これに対置されるのが、主審・副審・第四の審判員・追加副審・リザーブ副審などから成る「「フィールドにいる」審判員」だ）。この「ビデオ」審判員にリプレーオペレーター（RO）が加わり、VAR・AVAR・ROの三者が同居する空間がビデオオペレーションルーム（VOR）である。これは「スタジアム内か近接の場所、または、遠隔の場所」、要するにピッチ外であればどこにでも設置されうる任意の空間であり、試合中、ここに先の三者以外の人間が入ることは厳しく禁止されている。

こうした環境下において、VARが担う任務は以下の四点に関する「主審の援助」である。

a. 得点か得点でないか
b. ペナルティーキックかペナルティーキックでないか
c. 退場（二つ目の警告〔イエローカード〕によるものではない）
d. 人間違い（主審が、反則を行ったチームの別の競技者に対して警告したり退場を命じた）▽3

このように、いまのところVARが介入する内容は限定されている。また、VARはあくまで主審に「助言」をおこなう立場に過ぎず、「判定」を下す主体ではない。しかし、以下の原則に注目してほしい。

主審が下した判定は、ビデオによるレビューでその判定が「はっきりとした、明白な間違い」であると判明した場合を除いて、変更しない。[▽4]

この文言を裏返せば、「はっきりとした、明白な間違い」である場合、VARが提供する情報は主審の判定を覆す可能性を有しているということになる。実際にロシア大会では一次リーグの全四八試合中一七件にVARが適用され、うち一四件で主審の判定が覆った。[▽5] さらに以下の規定は、VARが潜在的に主審の決定権をも凌駕しつつあることを暗に示している。

VARはフィールドにいる審判員が用いている通信システムに入り、審判員の会話をすべて聞くことができる。[▽6]

この一文では、端的に、VARと「フィールド審判員」の非対称性が表現されている。つまり、VARから審判員を「見る／聞く」ことはできても、審判員からVARを「見る／聞く」ことはできないのだ。VARの誕生によって、生身の身体を伴ってフィールドに立つ審判員は、プレイヤーらのプレーを「見る」主体であると同時に、ＶＡＲから「見られる」対象になったのである。
また、そうした変化を象徴する場所がある。レフェリーレビューエリア（ＲＲＡ）だ。この場所は、競技規定では次のように定義されている。「透明性を担保するため、レビューを行っている間、主審は外から見られるような状態でいなければならない」▽7（傍点引用者）。「競技のフィールド外で目に見える場所」に設置することが義務付けられるＲＲＡは、ロシア・ワールドカップではピッチ脇すぐのところに設置されていた。

実際にこの場所に主審が立って、モニターを眺めている様子［fig.2］が幾度となく映像に映し出されたが、それを見るたびにとても奇妙に感じられた。というのも、審判がじっと見ているリプレー画面は、ぼくが手元のデバイスを通して見ているリプレーと全く同じものだったからだ。そのため、映像の中で「レビュー」している審判の立つ空間（ＲＲＡ）は、観客として映像を「レビュー」するぼくが座る「観客席」と重なって感じられた。そこで主審は、映像を「見る」と同時にその様子を「見られて」もいたのだ。

「全能の眼」は、この「見る主審」と「見られる主審」が有する二種類のまなざしを同時に保有している。主審はこれの片眼として、ＲＲＡ

fig. 2　2018FIFA ワールドカップ・ロシア大会「フランス対オーストラリア」の試合における，ワールドカップ史上初の VAR 判定の様子（France vs Australia - 2018 FIFA World Cup Russia™ - MATCH 5. YouTube. 2018.6.16, https://www.youtube.com/watch?v=-4_SXeQdIJo&t=45s〔2018.10.5〕）

から試合のディティールを隈なく見つめる一方で、自らの振る舞いのディティールの全てを隈なく見つめられている。その結果、ロシア大会における「正しいジャッジ率」は、前回ブラジル大会の九五パーセントから九九・三パーセントにまで引き上げられた。[▽8] 一見してすばらしい成果である。しかし、本当にそうなのだろうか。このことが意味することは何なのか、さらに掘り下げていきたい。

2 VARの歩み

世界で初めてVARを導入した国はオランダだった。二〇一二―一三シーズンの国内リーグにおいて、オランダサッカー協会（KNVB）は「Refereeing 2.0」というプロジェクトを立ち上げ、VARの試験導入を世界で初めて決断した。[▽9] その結果は満足なものに終わり、さっそくKNVBは二〇一四年、VAR導入に向けた嘆願書をIFABに提出している。それを受けてIFABは、二〇一六年総会で早くもVARの試験的な導入を決定した。二〇一六年八月には、北米三部リーグにVARが試験導入され、同年九月にはイタリア対フランスの試合において、国の代表戦としては初めてVARが用いられた。さらに二〇一七―一八シーズンには、ドイツ・ブンデスリーガやイタリア・セリエAといったトップリーグで正式運用が始まり、いよいよこの新しいシステムは市民権を獲得していった。この間わずか五年の出来事である。

二〇一八年三月には、FIFA理事会でロシア・ワールドカップの全試合にVARを導入することが承認された。そしてW杯での判定第一号は、本章の冒頭で紹介した通りである。これを端緒に、VARはグループステージで合計三三五回のインシデント中一四回の判定修正を促すにいたった。また先にも述べた通り、VARの導入によって正しいジャッジ率は大幅に高められ、その導入は華々しい結果を残している。FIFAのジョヴァンニ・V・インファンティーノ会長はこの結果を受けて、「(VARは)サッカーを変えるのではなく、より透明性のあるものにした」と誇らしげに語り、その功績の一つとして「得点場面におけるオフサイドの有無に関する議論の必要性がなくなったこと」などを挙げた。▽10 この流れに沿うように、二〇一八年の時点で、今後VARの適用範囲が拡大していくことはほぼ既定路線になっている。

だがそんな華々しいVARにも、導入時にはさまざまな疑問が投げ掛けられていた。その是非を巡って表明された懸念点はさまざまあるが、主にその内容は二つの論点に集約される。以下はサッカーライターの小川光生による分析▽11を参照した内容である。

3 懸念1——ゲームの流れ

一つめの論点は、連動したプレーの流れが重視されるサッカーにおいて、判定のためにたびたび試合を中断することがゲームの流れを断ち切ってしまうのではないかという懸念だった。世界で最も早くVARが正式導入されたリーグの一つであるイタリア・セリエAにおいて、導入から三節が経過した時点でVAR実行のためにかけられた時間は一試合平均で一分二二秒だった。それが全三八節とコッパ・イタリアの一七試合を合わせた合計三九七試合が経過した時点では、VARが介入したケースは合計一一七回あり、平均所要時間は三一・五秒にまで短縮されている。シーズンを通して、アディショナルタイムも前年より平均で一三秒増加しただけだったため、ゲームの流れが断ち切られるのではないかという懸念は不要なものであることが分かった。[12]

その一方、予想外に興味深いデータも採取された。選手側の振る舞いの変化である。まず、イエローカードの数が前シーズンよりも一二・三パーセント減少し、レッドカードの数は七・一パーセント減、さらにペナルティーエリア内でおこなわれるシミュレーションからのファウルにいたっては三五・三パーセントも減少し、審判への暴言や抗議でレッドカードが出された回数は前シーズンの一一回に対してわずか一回にまで激減した。[13] こうした変化は、FIFA会長のインファンティーノが述べるような「透明性」を向上させているというよりも、むしろ選手側が「見られている」ことをはっきりと内面化し始めたことを意味している。つまり、それまでピッチ上で選手と観客のみが共有していた死角が、ピッチ上から消滅してしまったということである。

ちなみに、VARはまだ過渡期のテクノロジーであるため、今後その適用範囲がどこまで広げられるべきなのか議論が続けられている。たとえば、直接ゴールに絡まないファウルをVARが裁くべきなのだろうか。二〇一八年の時点では、こうしたプレーはVARの適用範囲外とされている。しかし、もし今後これらにVARが適用された場合、選手側の振る舞いにさらなる影響が及ぶことは十分に予測できる。またオフサイドに関しては、3Dカメラを導入することによって、数センチメートル単位で判定が可能になるシステムの構想がすでに実現に向けて動き始めている。[14]

4 懸念2——機械による判定

VAR導入にまつわるもう一つの懸念は、判定を人間ではなく機械がおこなうことに対して寄せられた。セリエAにVARが導入された当時、ユヴェントスのゴールキーパーで元イタリア代表のジャンルイジ・ブッフォンは、「このままだと、審判が試合の流れを読みながらゲームをコントロールする能力の違いを楽しむこともできなくなる」[15]と述べ、導入に否定的な意見を表明している。こうした見解は、単純にジャッジから人間味が失われることへの不安として理解すべきではなく、むしろ、サッカーからサッカーらしさが失われてしまうことに対して寄せられたものとして理解するべきである。

それでは、サッカーの「サッカーらしさ」とは何か？　そのことを考えるために、以下ではサッカー分析家・五百蔵容《いほろいただし》による分析を参照してみたい。[16]

まず、サッカーはスポーツ全体の中で「ボールゲーム（球技）」に分類され、その中でも、敵陣と自陣にそれぞれのゴールがある「ゴール型ボールゲーム」に分類される。また、攻守の切り替えがシームレスにおこなわれることもサッカーの特徴であり、その点ではラグビー、バスケットボール、ハンドボールなどとも近い。しかしそれらとの違いは、大きく次の三点にまとめられる。

一つめは、フィールドプレイヤーの人数に対してピッチサイズが非常に大きいということ。たとえば、バスケットボールのピッチサイズは二八×一五メートルでプレイヤーが五人いるのに対して、サッカーとラグビーはともにピッチサイズが一〇〇×七〇メートルもある。そしてラグビーのプレイヤーは一五人であるのに対して、サッカーのプレイヤーは一一人と比較的少ない。

二つめは、サッカーでは足でボールを蹴るため、手でボールを移動する球技に比べてボールの移動速度が速く、その移動距離も長い。それによって、パスの長短／遅速を自在に付けられるため、守備側は攻撃側に対して常に大きなリスクを背負うことになるということ。

三つめは、アメフトのように攻撃権ルールでフェイズ分けをすることもなく、どこからでもプレーの起点がつくれるため、一人のプレイヤーで対応しなければならないスペースが広く、一試合あたりの一選手の平均走行距離が長くなるということ。プロ選手の平均的なデータでは、アメフト二キロメートル、バスケ四・六キロメートル、ラグビー六キロメートルに対して、サッカーは一一—一二キロメートルとその差が大きく開いている。[17]

以上の点から、サッカーという球技の特徴は次のようにまとめられる。

サッカーの攻撃においては、広大なフィールドをどのように支配するかという点にその課題が集約され、守備においては、フィールドに対するプレイヤーの少なさがもたらすリスクをどのようにマネジメントするかという点にその課題が集約されるのだ。それゆえ現代のサッカー戦術では、フィールドを仮想的に区切ったゾーンを各選手が分担する「ゾーンマーク」を基礎としながらも、部分的に個々の選手単位で相手をマークする「マンマーク」を取り入れた戦術が主流となっている。[18] この二つの概念のハイブリッドは、広大なフィールドを相手にとって意味のあるエリア（使うことのできるエリア）と意味のないエリア（使うことのできないエリア）へと分割し、攻撃時には前者を有効に用い、守備時には後者をできるだけ増やすということが重要なテーマとなっている。

それに伴い、現代サッカーでは、ボール保持者以外のプレイヤーの動きの重要性が高まっている。そしてこの点が、サッカーを機械的に判定することの難しさにも繋がっているのだ。たとえば野球の場合、それがラジオ中継によって広く受容されていることからも明らかな通り、ある得点や失点の成果や責任が「誰に帰属するのか」が常に明確であり、またそれぞれのプレーについても精緻に数値化することができる。それに対してサッカーは、直接得点や失点が決められたシーンを数値化するのみでは不十分で、そのシーンを可能にした状況の創出や防止こそが本質的な「内容」であるとも言えるため、それを裁くレフェリーにも、その都度の状況を即座に理解し「試合の流れを読みながらゲームをコントロールする能力」が求められてくるのだ。

もちろん、こうした状況を「コントロール」すること自体は、高度に発達した機械であれば不可能なことではないだろう。しかしその「責任」を人間以外の主体に負わせることができるのかという問いは、むしろＶＡＲの成果が数値的に証明され、その適用範囲が今後ますます拡大していく中で、より具体的な場面で問われていくことになるのではないか。つまりここで懸念されている問題の本質は、人間ではない主体が主審の人間的なジャッジに影響を及ぼしつつあるというこの現実を、人間である私たちがどのように受け入れるべきなのかという問いへと言い換えられるものなのである。そしてこの問いがよりラディカルになった場面は「疑似戦争」としてのスポーツの世界を飛び越えて、「現実の戦争」において観測することができる。

> スポーツイベントの配給元は、特定の選手や勝利を決めるシュートに関連した映像を集め分類したがるが、軍のほうも反乱者を追跡するために同様の能力をもちたい[19]〔……〕

アメリカ空軍のラリー・ジェイムズは、かつて次のように語っていた。「データの収集および分析の点では、スポーツ・チャンネルは、軍事部門よりもはるかに先に行っている[20]」。実際にアメリカンフットボールのスタジアムでは、数十の高解像度カメラが選手たちの姿を追い、いかなるプレーであれ演出家が瞬時にリプレーできるよう、全てのシークエンスを即座にインデックス化する高性能ソフトウェアが用いられていた。膨大なプレーを遅延なく管理するためには、大容量の映像データを円滑に処理する能力は不可欠であり、その分野においてスポーツ産業が先を走っていたのだ。そして言うまでもなく、ＶＡＲの運用にもこれと同じデータ処理能力の応用は欠かせず、アメリカ軍が目を付けたのもこの処理・解析能力だった。

ところで、ドローンが誕生したきっかけには、人間の身体から眼とその他の部位を切り離すことへの欲望が働いていたと考えられる。そもそも「ドローン（drone）」という言葉は、蜜集めの仕事をしない雄ミツバチやその羽音、あるいはそれが転じて「とるに足らないもの」を意味していた。その起源は第二次世界大戦が始まったころ、アメリカ軍が砲兵の訓練用に用いていた小型の飛行標的を「ドローン標的」と呼んだことにあった。現代の軍事用語では、武器が装備されていないドローンを「無人航空機（Unmanned Aerial Vehicle, UAV）」と呼び、武器が装備されているドローンを「無人戦闘航空機（Unmanned Combat Air Vehicle, UCAV）」と呼ぶ。

当時まだ「とるに足らないもの」に過ぎなかったドローンへの認識が次第に変化し始めた一九六四年には、ジョン・W・クラークという技師によって「過酷な環境での方法論」という調査目録が作成された。[21] クラークはそこで「過酷な環境」における遠隔操作装置の必要性について説き、深海、放射能汚染区域、そして戦場などをその具体的なケースとして挙げたのである。

遠隔手は、暑さや、放射性物質、深い海底などの危険に身を晒すような、人間が行なう民生部門の任務を遂行する遠隔操作マシンの調整でくたくたになる。彼らには優先順位の感覚があるのだろうか。安全という点で、まず気にかけるべきは、世界でもっとも危険な仕事、つまり戦争産業ではないだろうか。〔……〕二〇世紀にもなって、一兵卒の遠隔手が代わりをうまくこなせるにもかかわらず、なぜ人間が弾丸や砲弾の被害を受け続けなければならないのか。〔……〕これまでのような戦争はすべて、遠隔操作された軍用ロボットの武器が戦場で対面しつつ行なうことができる。[22]

人間の身体から眼だけを切り離し、「純粋な視覚」が得られた結果、人類がたどり着いたところが「世界でもっとも危険な」現場、戦場だったのである。このことは、人間の身体における視覚（眼球）の意味付けを考える上で興味深い。軍事戦略の文脈では、しばしば「脆弱性（vulnerability）」という言葉が用いられることがある。これは「攻撃を受ける可能性」のことを指す言葉で、戦場において脆弱性は低ければ低いほど理想に近く、攻撃性は高ければ高いほど理想に近い。すなわち、戦場で想定される理想的な状況とは「一方的に見ている状況」となり、ゆえにドローンを用いた「純粋な視覚」がその解になりえたのである。

遠隔操作されたマシンが戦争マシンとなるとき、敵は危険な物質として扱われることになる。人はそれを遠くから排除し、エアコンの効いた「安全区域」の快適な温室のスクリーンでそれが死んでゆくのを眺めるのである。非対称戦争は徹底化され、一方的な戦争になる。というのも、もちろん人はそこであいかわらず死ぬのだが、ただ一方の側でだけだからだ。[▽23]

アメリカ軍は二〇一二年の時点で六〇〇〇機以上のドローンを所持しており、その中には空軍所属の無人攻撃機も一六〇機以上含まれていた。[▽24]またドローン・オペレーターの数は軍の戦闘機と爆撃機のパイロットを合計した数よりも多く、ラスベガス近郊にはドローン船団が拠点とするクリーチ空軍基地も稼働している。

このように、いまやアメリカ軍の中でドローンは欠かせない存在になっているのだが、その中でも「RQ-1プレデター（捕食者）」という機体がエポックメイキングになった。一九九四年にゼネラル・アトミックス社が開発を始めた同機は、一九九九年にコソボに初投入された時点ではまだ攻撃機能を持たない偵察機として用いられていた。しかしコソボで活動するドローンを見た将校たちが、機体に対戦車ミサイルを装備させることを思い付き、二〇〇一年に史上初めて攻撃機能を有するドローン「捕食者」が誕生することになった。そして、ドローンにまつわる問題が加速していくのはここからである。

その主な問題は二つの形で表出した。一つめは、非常に高い確率でドローン・オペレーターが心的外傷後ストレス障害（PTSD）を発症し始めたということ。▽25 二つめは、ドローン・オペレーターに「武勲」を与えるべきか否かという議論が噴出したこと。これらの問題が意味することは何なのか。まずは前者から見ていこう。

前方を走っていた男は、右足を失っていました。そして私は、（サーモグラフィー越しに）男性が出血するのを見て、流れたばかりの血は熱いのだと理解しました。その後男性は時間をかけて亡くなり、身体が冷たくなっていくにつれて、サーモグラフィーに映る像は地面と同じ緑色へと変化していったのです。〔……〕眼を閉じれば、今でも私はそのときのピクセルひとつひとつを思い浮かべることができます。[26]

ブランドン・ブライアントは、ドローン・オペレーターとして過ごしたおよそ五年の間に、一六二六人もの人間の死に関わったのち、PTSDを発症して軍隊を退いた。先述の証言は、彼が初めて「出撃」したミッションについてNBCのインタビュアーに語った内容である。彼は同じインタビューの中で、「無人機を操縦するときには、航空機が旋回するときの重力を感じることもなければ、エンジン音を聞くこともありません。だから戦場にいるときの感覚とは完全に異なります。ですが、ドローンから送られてくる映像はとても鮮明で現実的なものでした[27]」と語っている。またオペレーターを辞めた動機について、最初のうちは「テレビゲームのような感覚だが、そのうち命へのリスペクト、敬意を失っていくことに気づいて[28]」いったからだと語っている。

二〇一一年にアメリカ空軍がおこなった調査[29]によると、米国のドローン・オペレーターの実に一七パーセントが「臨床的苦痛」の症状を訴えていたとされている。またオペレーター不足は近年大きな問題となっており、二〇一五年には年間一八〇の新規訓練生が集められたのに対して、二三〇人の現役オペレーターが退役を余儀なくされている。[30]こうした状況を食い止めるために、二〇一五年一二月に米空軍は、継続して勤務したパイロットには年間二万五〇〇〇ドル（約二九五万円）の賞与を最長五年間支給することを発表した。[31]

なぜ、ここまでして彼・彼女らを繋ぎ止めなくてはならないほど、オペレーターは大きな負担を感じ始めているのか。その理由として挙げられるのは、主に次の三つの要因である。

一つめは、最大一二時間にもわたってモニターを見続けることからくる身体的苦痛。二つめは、爆撃シーンを高精細な映像で目撃することからくる精神的苦痛。三つめは、自家用車で基地に通勤し「戦場」で戦ったあと、帰りにスーパーで買い物して帰宅し、休日には子どものスポーツの試合に出かけるといった特殊なライフスタイル[32]に起因するものが挙げられる。

まず一つめの理由に対しては、勤務条件の改善によって解決される可能性があるため、ドローン・オペレーターに特有の問題ではないだろう。二つめの理由については、同じモニターを見ながら「発射命令」を下す上官以上に、「発射ボタン」を押すパイロットが多くの場面で精神的苦痛を訴えていることから、単純に視覚的なストレスによるものであるとは言い難い。三つめの理由については、アメリカ国内で自宅から基地に通う軍人は数多くいる中で、とりわけ画面の中の「戦場」と日常を行き来するドローン・オペレーターの身体に絞って考えてみる必要があるだろう。

7 ドローン・オペレーターの「武勲」

ドローンのオペレーターが図らずも有してしまった身体性について考えるために、彼らに対する「武勲」をめぐって展開した議論について見てみたい。空軍がオペレーターに多額の賞与を支給することを発表したのに先駆けて、二〇一二年九月、ペンタゴンは彼らに名誉勲章を与えるか否かの検討を開始した。[33] しかし、過去の勲章取得者らを中心に退役軍人から多数の反対意見が寄せられ、結果的には「Valor（武勇）」の頭文字「V」の代わりに「Remote（遠隔）」の頭文字「R」を刻んだミニメダルを授与するということでこの議論は落着した。

このときに寄せられた反発の根幹には、生身の身体を死に向けて差し出していない（＝「勇敢」ではない）ドローン・オペレーターに対する差別意識があった（それを証言する例として、このメダルは一部の軍人たちから「ニンテンドーメダル」と揶揄されていた）。[34] さらに「無人航空機」の英語名である「Unmanned Aerial Vehicle」に含まれる「Unmanned」という言葉は、直訳すれば「脱ー人化した」という意味になる。ドローン・オペレーターは、戦場では身体を持たない「一方的に見る主体」〔fig.3〕であり、それゆえに彼ら自身の身体が傷付けられることもなく、戦場で起きている出来事と自身の身体が乖離していったのである。

ＰＴＳＤと武勲、そして脱‐人化。これらの並列する問題は、ある出来事と人間が直接的な関係性を構築できなくなった状況に起因している。ユヴェントスの元ＧＫブッフォンの発言を思い出してほしい。彼はサッカーから「人間味」が失われてしまうことに対して懸念を表明していた。それはただ単に古い慣習が失われてしまうことへの反発ではなく、人間ではない主体が試合の勝敗を左右してしまうという新しい現実を、ほかならぬ人間がどのように受け入れ、理解すべきなのかという問いに変換されるものだった（たとえば、もしＶＡＲやＧＬＴがなんらかの理由で重大な誤審を起こしてしまった場合、私たちはその判定の責任を誰に問えばよいのだろうか）。

これと同じ構造をＵＣＡＶも反復している。すなわち、ドローンが人を殺傷するとき、傷付けられた人は「誰」を憎めばよいのだろうか。あるいはドローンのモニター越しに誰かを傷付けた人は、どうやってその一方的な行為の帰属先としての自らの身体を捉えたらよいのだろうか。被害と加害、あ

fig.3　軍用ドローンのオペレーション・ルームの様子（http://thehilltalk.com/2015/09/20/veterans-group-ad-calls-drone-operators-refuse-orders/〔2018.10.5〕）

るいは死と生というコントラストこそあれ、両者は同一の問題をガラス一枚隔てて共有しているのだ。

8　航空写真と心霊写真

果たしてこの問題の原型はどこにあるのか。その一つとして挙げられるのは、写真家であり気球乗りでもあったナダール（本名：ガスパール＝フェリックス・トゥールナション）が、一八五八年にパリ上空で世界初の航空写真を撮影したことに見出すことができる。安価で感光時間の短い湿板写真が発明されて間もなかった当時、一八五〇年代より気球の探求を始めていたナダールは、自らが操縦する気球にカメラを乗せてパリの街並みを撮影することを思い付いた。[35] 世界で初めて生み出された航空写真は当時の人々を驚かせ、オノレ・ドーミエも《写真を芸術の高みに浮上させようとするナダール》［fig.4］という銅版画を制作し、その驚きを伝えている。

当時最先端だったこの技術は、実用化されるとすぐに軍事目的に転用されることにもなった。初の航空写真が撮られてから一二年後、一八七〇年に勃発した普仏戦争において、ナダールは軍用気球を建造し、パリに進軍するプロイセン軍の偵察任務をおこなったのだ。

ここではまず、空高くからカメラを用いて辺り一体を見渡すという行為が、のちのＶＡＲやドローンを予見させるということを指摘しておきたい。また さらに、ナダールが「空から世界を見渡す」という欲望と組み合わせて使用した「写真機」という新しい技術がたどり着いたもう一つの帰結として、航空写真と同時期に「心霊写真（spirit photography）」という写真実践が生まれ、これがＶＡＲやドローンに特有の「誰か」の視線を象徴していたことも指摘しておく必要がある。

世界初の航空写真の誕生からわずか三年後の一八六一年、写真師ウィリアム・マムラーはボストンで、記録に残っているものとしては初めて心霊写真を撮影した［fig.5］。その後、一八七三年末にはパリを拠点に活動していた写真師のエドゥアール・ビュゲーも心霊写真の実践を始めている。彼らが顧客の求めに応じて撮影する心霊写真は大きな話題となり、写真館には人々が殺到するようになったが、その成功

fig.4　オノレ・ドーミエ《写真を芸術の高みに浮上させようとするナダール》（1862, リトグラフ）
fig.5　ウィリアム・マムラー《リンカーン夫人のポートレイト》（1872）

も長くは続かず、一八七五年にビュゲーは客を装った警官のおとり捜査によって詐欺の疑いで現行犯逮捕されてしまう。その後の裁判では、ビュゲー自らが二重露光による心霊写真の作成術を開陳することによって、その写真の「制作者」であることを自白することとなった。

ここで興味深いのは、その写真の真偽を立証する行為が、写真のつくり手を突き止める作業としておこなわれたことである。つまり、その心霊写真が偽物であることを突き止めるためには、その「作者」が特定される必要があったのだ。▽36

逆に言えば、その心霊写真が本物であることを証明するためには、その「作者」は決して特定されてはならなかった。裁判のプロセスでは写真師自らがその偽造を認めることとなったわけだが、それにもかかわらず、顧客らはその写真が本物の心霊写真であることを主張してやまなかった。それはなぜか。

まず、そこに写る像がかけがえのない故人であると信じたい顧客たちにとって、写真の「制作者（performer）」と「作者（author）」が周到に分けて認識されていたのだと考えられる。すなわち顧客らにとって、写真制作の「手段」を開陳したビュゲーは文字通り担い手としての「行為者（performer）」であるに過ぎず、それとは別に、その写真を実現した超越的なもの（心霊）の存在が志向されていたのである。しかし顧客たちにとっては不幸なことに、そこで想定された「心霊」は、近代社会では決して──たとえば「作者」という概念のようには──受け入れられる概念ではなかった。だがそれにもかかわらず、写真機が惹起する「誰かの視線」は、決して熱烈な心霊主義者ではない人々にもその存在を直観させてしまうほどに、いまここにはいない「誰か」の存在を感じさせたのだった。

9 スマートフォン・アプリ

このときに顧客たちが感じた「誰か」の存在は、おそらく、VARによって選手たちが感じるようになった視線と重ねて考えることができるものである。そしてその「誰か」とはたとえば、ときに試合の時間を巻き戻したり進めたりしながら、あらゆるプレーのディティールを監視することができるVARである。その視線が今度は、スマートフォン・アプリを通して観客たちの視界の上にも憑依するようになった。そのときに観客が覚えた「操作感」は、まるで自室をVARのオペレーション・ルームに変えてしまうような体感を伴うものであり、あるいは一人称視点ゲーム（First Person Shooter, FPS）の世界に入り込んでしまうことのように、享楽的な没入を誘うものだった。さらに、むしろ従来のスポーツ観戦の方が、こうした体験を不十分な状態で実行する営みだったのではないかとさえ感じる瞬間もあった。スタジアムで、あるいはテレビを通しておこなわれていた観戦は、アプリやVARの視線をエミュレートするものだったのかもしれないと考えたとき、嬉々としてパリの上空に気球を浮かべ、人々の暮らしや戦場を高みから見下ろしていたナダールの視線が、アプリからピッチを見下ろす自身の視線に重なってイメージされたのだ。

ところで、以前から不思議に思っていたことがある。なぜ心霊写真を「見ること」はかくも楽しく、一九七〇年代以降の日本であれほど大きな娯楽になり、人々に楽しまれるようになったのか。あるいは、なぜ高所から世界を一望することはかくも快楽を伴った行為であり続けるのか。

その理由はさまざまであるが、この時期に流行した心霊写真に共通している要素として、写された被写体(その多くはポートレイトだった)のすべてが例外なく、その場にいない外部からの視線に対して全くの無防備であること、つまり、彼・彼女らが「心霊」や「視聴者」から見られていることなど微塵も意識していない点が挙げられる。その点においては、高所から見下ろすことも同様だろう。すなわち両者ともに、見る側に立つ人間は全く見られることなく、ただ純粋に「見る」という知覚を行使することができるのだ。

おそらく、ドローンのオペレーターが過度な心理的負担を覚えるようになったことの背景には、こうした享楽とそれを「抑圧することを求める倫理」との争いがあったのではないだろうか。ある時期以降、空軍のオペレーターが取材を受ける際に「これはテレビゲームではありません」という断りを入れるようになったという証言がある。これは外部で持たれる世論イメージに対する防衛であるというよりは、内部で生じる享楽を予め抑圧するための標語のように機能していたのではないだろうか。

本章はスマートフォン・アプリ、VAR、UCAV、航空写真、心霊写真などのモチーフを経巡りながら、できるだけその享楽と恐怖の両極に触れることを目指す試みだった。その結果言えるようになったことは、こうした視線が生み出しつつある「新しい現実」に対峙するためには、それをただ倫理的に批判することも、ただ最新の技術として褒め称えることも、ともに不十分であるということだ。おそらくこの「怪物」と本当に対峙するためには、ドローンパイロットのようにただそれを倫理で抑圧するでもなく、まずは最大限、この危険な楽しみを享受し、私たち自身が怪物の眼を獲得してみるほかないのではないだろうか。

▽1 Department of Defense, "Dictionary of Military and Associated Terms," Joint Publication 1-02, 2011/8, 109（グレゴワール・シャマユー『ドローンの哲学——遠隔テクノロジーと〈無人化〉する戦争』渡名喜庸哲訳、明石書店、二〇一八年、二一頁）.

▽2 『サッカー競技規則 2018/19』日本サッカー協会、二〇一八年、六六頁。

▽3 同前、一三五頁。

▽4 同前。

▽5 河野正樹「ビデオ判定で覆った判定14件、正確性99・3％ W杯」『朝日新聞 DIGITAL』朝日新聞社、二〇一八年六月三〇日［https://www.asahi.com/articles/ASL6Z25W4L6ZUTQP001.html］（2018/10/5）。

▽6 『サッカー競技規則 2018/19』、一三八頁。

▽7 同前、一三六頁。

▽8 中山淳「ロシアW杯で見えた世界の潮流と、フランス、ベルギー、イングランドの共通点」『web Sportiva』集英社、二〇一八年七月二二日［https://sportiva.shueisha.co.jp/clm/football/wfootball/2018/07/22/post_109/］（2018/10/5）。

▽9 ジョアン・メデイロス「サッカーW杯で賛否両論！「VAR」によるヴィデオ判定導入の舞台裏」オカチヒロ訳、『WIRED』コンデナスト・ジャパン、二〇一八年六月二八日［https://wired.jp/2018/06/28/var-world-cup/］（2018/10/5）。

▽10 「減る誤審、主審の権威は？＝初導入VARの功罪――サッカーW杯」『JIJI.COM』時事通信社、二〇一八年七月一七日［https://www.jiji.com/jc/worldcup2018?s=news&k=2018071700911］（2018/10/5）。

▽11 小川光生「VARが映し出すフットボールの未来」『WORLD SOCCER KING』通巻三二二号（二〇一八年九月号）、五八―六一頁。

▽12 同前、六〇頁。

▽13 同前。

▽14 フットボールゾーンウェブ編集部「VARでの〝オフサイド判定〟が近い将来導入か イタリア審判委員長が示唆「肯定的」」『FOOTBALL ZONE WEB』fangate、二〇一八年二月一八日［https://www.football-zone.

net/archives/91232］（2018/10/5）。

▽15 小川「ＶＡＲが映し出すフットボールの未来」、五八頁。

▽16 五百蔵容『砕かれたハリルホジッチ・プラン――日本サッカーにビジョンはあるか？』星海社、二〇一八年。

▽17 同前、九〇―九三頁。

▽18 同前、九三―九九頁。

▽19 Sharon Weinberger, "How ESPN Taught the Pentagon to Handle a Deluge of Drone Data," *Popular Mechanics*, 2012/6/11（シャマユー『ドローンの哲学』、五三頁）.

▽20 *Ibid.*（同前）.

▽21 John W. Clark, "Remote Control in Hostile Environments," *New Scientist*, vol. 22, no. 389, 1964/4, p. 300–303.

▽22 *Ibid.*（シャマユー『ドローンの哲学』、三五頁）。

▽23 シャマユー『ドローンの哲学』、三五―三六頁。

▽24 Department of Defense, "Report to Congress on Future Unmanned Aircraft Systems," April 2012［www.fas.org/irp/program/collect/uas-future.pdf］（シャマユー『ドローンの哲学』、二四頁）.

▽25 ローレン・ウォーカー「ドローン操縦士を襲うＰＴＳＤ」『ニューズウィーク日本版』ＣＣＣメディアハウス、二〇一五年六月一九日［https://www.newsweekjapan.jp/stories/us/2015/06/post-3710_2.php］（2018/10/5）。

▽26 "Former drone operator says he's haunted by his part in more than 1,600 deaths," NBC NEWS, 2013/1/6［http://investigations.nbcnews.com/_news/2013/06/06/18787450-former-drone-operator-says-hes-haunted-by-his-part-in-more-than-1600-deaths］（2018/10/5）.

▽27 *Ibid.*

▽28 増田悦佐『夢の国から悪夢の国へ――40年間続いたアメリカン・バブルの大崩壊』東洋経済新報社、二〇一四年、二二四頁。

▽29 Sam Biddle, “Our Drone Pilots Are Burning Out,” GIZMODO, Gizmodo Media Group, 2011/12/19, Filed to: DRONES［https://gizmodo.com/5869484/our-drone-pilots-are-burning-out］(2018/10/5).

▽30 岡田敏彦「軍用ドローン操縦者、ボーナス1500万円でニンジン… パイロット精神蝕む2つの問題」『産経WEST』産経新聞社、二〇一六年一月一九日［https://www.sankei.com/west/news/160119/wst1601190007-n1.html］(2018/10/5)。

▽31 同前。

▽32 ウォーカー「ドローン操縦士を襲うPTSD」を参照。また、二〇一四年に公開された映画『ドローン・オブ・ウォー』(原題：*Good Kill* 監督：アンドリュー・ニコル)でも同様の描写が見られる。

▽33 Al Kamen, “Drone Pilots to Get Medals?,” *Washington Post*, 2012/9/7 (シャマユー『ドローンの哲学』、一二二頁).

▽34 Andrew Tilghman, “DoD rejects ‘Nintendo medal’ for drone pilots and cyber warriors,” Military Times, Sightline Media Group, 2016/1/6［https://www.militarytimes.com/2016/01/06/dod-rejects-nintendo-medal-for-drone-pilots-and-cyber-warriors/］(2018/10/5).

▽35 小倉孝誠『写真家ナダール――空から地下まで十九世紀パリを活写した鬼才』中央公論社、二〇一六年、一二五―一四八頁。

▽36 橋本一径『指紋論――心霊主義から生体認証まで』青土社、二〇一〇年、二〇―三七頁。

IIII

13

つくるスポーツ／するアート

犬飼博士 - 吉見紫彩
Hiroshi INUKAI - Shisa YOSHIMI

1　はじめに

eスポーツ略史

本章の依頼を受けた二〇一八年は、日本eスポーツ協会、e-sports促進機構、日本eスポーツ連盟という日本の三大eスポーツ機関が合併し、日本eスポーツ連合（JeSU）が設立。国内企業の参入が進み、eスポーツという言葉が新語・流行語大賞にノミネートされるなど、eスポーツ元年と呼ばれる年となりました。

私は日本のeスポーツ黎明期であった二〇〇二年から二〇一〇年頃まで、eスポーツプロデューサーとして活動し、ＷＣＧ（World Cyber Games）やＣＰＬ（Cyberathlete Professional League）、ＥＳＷＣ（Electronic Sports World Cup）といった世界有数のeスポーツ国際大会の日本予選を開催。日本代表を選抜し、世界大会への引率やサポートをおこなっていました。

eスポーツ業界を離れて随分経った今、eスポーツという言葉を日本ではまだ私たちしか使っていなかった当時を思い返し、ようやくコンピューターゲームのプレイがスポーツや音楽のプレイ同様、「価値あるもの」として日本社会に受け入れられたと感慨深く思っていました。

さて、本書をお読みの方のなかにはeスポーツという言葉に聞きなじみのない方もいらっしゃるかと思いますので、はじめにeスポーツについて簡単にご説明させていただきます。

「eスポーツ」という言葉をつくり、使い始めたのは、一九九〇年代末にインターネットで対戦ゲームをしていたプレイヤーたちでした。なかでも、大会に出場するような熱心なプレイヤーたちや大会主催者がeスポーツという言葉を使用して注目されたこともあり、一般的にeスポーツの起源は一九七二年にスタンフォード大学で開催されたコンピューターゲーム「Spacewar!」の大会と言われています［fig.1］。しかし、eスポーツを「論理回路やコンピューターを使ったプレイ」と捉えると、一九四六年にはラルフ・ベアが軍事機器開発用のオシロスコープにテニスやピンポンのような画面を表示し、プレイしていたと証言しているので、このときには既にeスポーツが始まっていたと言えるでしょう。一九五〇年にジョセフ・ケイツ博士が公開した「Bertie the Brain」、一九五八年にヒギン・フォーサム博士が公開した「Tennis for Two」等も、開発者やその周辺の人々によってたくさんプレイされていたと推測されます。テニスやピンポンといった従来のスポーツを引用し、テレビやオシロスコープに描かれる光をボールやそれにかかる重力、ラケットの動作などに見立てることで、興味をひきやすく、楽しみやすくしています。人類は、画面、回路、コンピューターのなかでスポーツをプレイするようになっていったと言えるでしょう。▽1

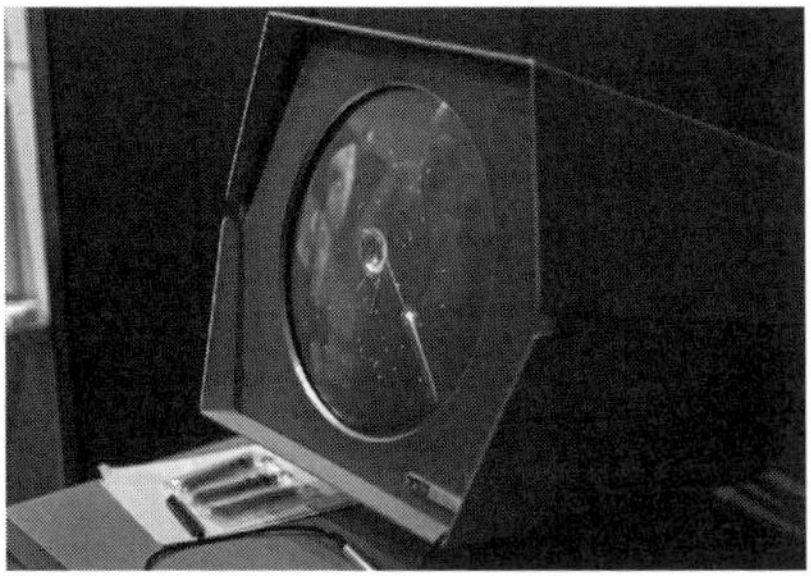

fig. 1　PDP-1で動作する「Spacewar!」（photo by Joi Ito, この写真はCC BY 2.0によってライセンスされています）

この変化をスポーツの歴史から眺めてみましょう。未来学者アルビン・トフラーが『第三の波』で言及した、社会の変化と、産業やテクノロジーの関係にスポーツを当てはめてみます［fig.2］。

例えば狩猟採集社会では、人は棒や紐、石などの道具を使って狩りを始めると同時に、それを遊びにも使い、剣道や弓道のようなスポーツが始まりました。次に、農耕社会が形成されると人々は集団で住み始めます。収穫祭等のお祭り文化が生まれ、サッカーやラグビーのような集団スポーツが誕生しました。さらに、工業社会では蒸気機関などが発明され、自動車が誕生し、それが仕事にも遊びにも使われることでモータースポーツが誕生しました。そして、情報社会を迎えた現代に誕生した代表的なテクノロジーがコンピューターです。それで遊ぶといえばコンピューターゲーム、これがeスポーツの誕生です。

このように、スポーツと人類の歴史からみると、eスポーツは「コンピューター時代のスポーツ」と言えます。一方で、一九四〇年代から始まったコンピューターゲームの歴史からみると、eスポーツの出現は、それ以前は何の価値もないと思われていたコンピューターゲームのプレイが、インターネットの動画配信によって共有、評価され、マネタイズしやすくなることで、どうやら他のスポーツ

fig.2　アルビン・トフラーの社会変化にスポーツを当てはめた図．社会 5.0 の部分は犬飼が追加

同様に価値があると多くの人が知るようになった転換点と言えるでしょう。

eスポーツ以降の活動

二〇〇二年、私がeスポーツのプロデュースを始めた当時の日本は「コンピューターゲーム＝遊び、くだらないもの」というイメージが強く、なかなかそのプレイの価値をわかってもらえませんでした。そこで、二〇一〇年以降はプレイの価値をわかりやすく切り取って共有しようと考え、大会運営から作品づくりに転向し、《cスポーツグラウンド》（二〇一〇）[fig.3]や《スポーツタイムマシン》（二〇一三、文化庁メディア芸術祭優秀賞、アルス・エレクトロニカ栄誉賞）[fig.4]、《アナグラのうた～消えた博士と残された装置～》（二〇一一、日本科学未来館常設科学展示、文化庁メディア芸術祭優秀賞）[fig.5]などを制作しました。スポーツからコンピューターゲーム、こどもの遊びにいたるまで「プレイの価値」に強く焦点を当てたこれらの作品は、ありがたいことにゲームやスポーツの文脈だけでなく、メディアアートとしても評価を受けるようになりました。

さて、私がこの二〇一八年のeスポーツ元年に何をしていたかと言うと、主に「未来の運動会」というスポーツ共創活動に注力していました。未来の運動会を簡単に説明すると、参加者が自分たちで自分たちのスポーツをつくり、そこでつくられた新しいスポーツで運動会を開催するイベントです。一般的に、運動会と言えばスポーツの領域、つくると言えばアートの領域と分けて考えられているた

上：fig. 3　犬飼博士《eスポーツグラウンド》（2010）
中：fig. 4　犬飼博士・安藤僚子《スポーツタイムマシン》（2013）
下：fig. 5　《アナグラのうた〜消えた博士と残された装置〜》（2011, 日本科学未来館, Photo © Miraikan）

め、スポーツ共創はスポーツとアートを融合させた活動と言うこともできるでしょう。

音楽や絵画をつくろうと思う人はいても、なぜかスポーツをつくろうと思う人は殆どいません。多くの人はスポーツとはつくることができるとも思っていないように感じます。ゲームを出自とする私にとっては、スポーツも音楽や絵画といった所謂アートと同じく、つくることのできる対象でした。

私の目にはスポーツとアートは区別なく映り、「する（プレイ）」と「つくる」にも差がありません。そのため、スポーツとは既にある道具とルールで遊ぶことという先入観や、アートは特定の作者が作品をつくることという一般的な共通認識に違和感がありました。

コンピューターゲームやアートは、時代やメディアの変化とともにどんどん新しい作品がつくられるのに対し、スポーツは時代やメディアとともに変化できず戸惑っているように見えます。また、コンピューターゲームやスポーツに特定の作者が不在であるのに対し、アートは作者の独創性が尊ばれ、主体が曖昧なものはそもそも作品として認識されない傾向にあります。スポーツとアートにはなぜこうした乖離があるのでしょうか。スポーツもアート同様につくることができ、アートもスポーツ同様にみんなで自由に利用することはできないものでしょうか？

このような思考を経て誕生したのが、先述した「未来の運動会」で、みんなで一緒にスポーツをつくって遊ぶスポーツ共創活動です［fig.6］。私が理事を務める一般社団法人運動会協会が中心となり、日本各地で有志により自主開催される未来の運動会をサポートしています。二〇一四年から始まった未来の運動会プロジェクトは、大小様々な規模をあわせると八都市で二五回以上開催され、スポーツ庁事業としても展開されるなど、ボトムアップ、トップダウン両面からの広がりを見せています。

「つくる」という行為への問い

スポーツが共創される場面では、参加者たちによって新たなルールや道具がつくられますが、そこに特定の作者はいません。参加者たちはスポーツやアートの区別なく、または誰が発案者か、作者かといった主体の区別もなく、ただつくり、遊ぶという行為に夢中になって没頭してくれます。この「つくる」と「する（プレイ）」が一体になる状態をスポーツ共創では「デベロップレイ」と呼んでいます。

このような状況を五年間観察してきて、「つくる」という行為の主体や範囲、環境、道具やメディアについて向き合わざるをえなくなったのですが、つきつめるほどこれらの区別は実は

fig. 6 〈未来の山口の運動会 2015〉（山口情報芸術センター, 田邊アツシ撮影）
自分たちで自分たちの運動会をつくりおこなう未来志向の運動会. 使う道具は棒や玉からヘッドマウントディスプレイ, モーションキャプチャーまで様々

曖昧で分け難く、今までいかにつくるということが独善的であったかに気づかされました。

前置きが長くなりましたが、スポーツとアートの新たな視点を見つけることを目的とする本書において、eスポーツからスポーツ共創にいたるまで「つくる」と「する（プレイ）」が一体になる状態を目の当たりにしてきた私が提示できるのは、「つくるとは何か？」という問いだと考えています。この問いを楽しむにあたり、未来の運動会にも参加し、スポーツ庁事業の『スポーツ共創ワークブック』▽2を一緒に執筆してくれた画家の吉見紫彩さん［fig.7］を共著者に招きました。次節では彼女との対話形式でスポーツとアートについて論考を進めます。

私たちは文章を執筆するというよりも絵を描いたり運動会を開催したりすることで日々を過ごしており、批評家や評論家のように明確な結論を用意できるわけではありません。まとまりのない会話になるかもしれませんが、道中道草を楽しむように皆さんと思索の旅をご一緒できれば嬉しく思います。

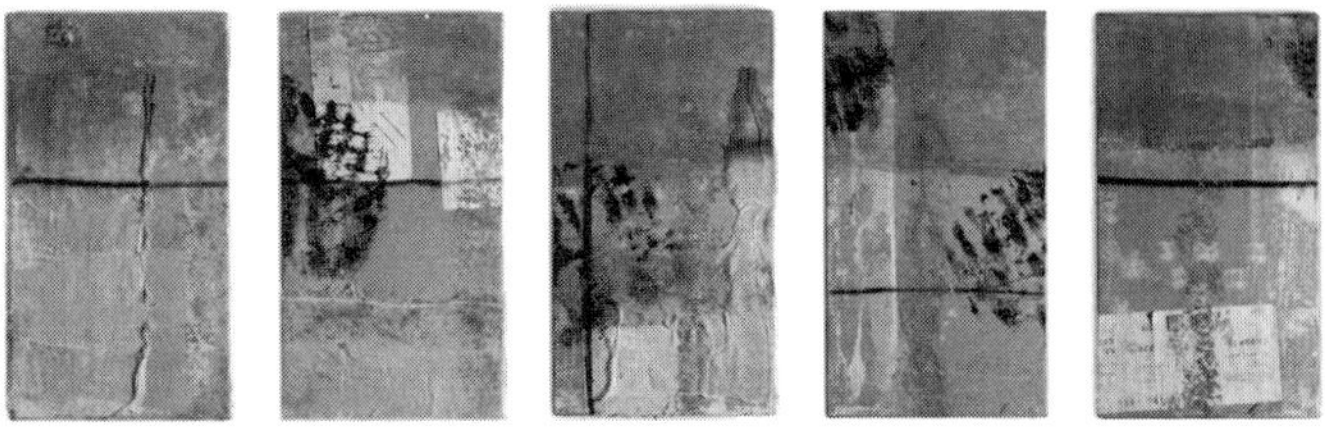

fig. 7　吉見紫彩《Tartan》（2017）

スポーツ共創の可能性

犬飼（以下、**P**） 吉見さん、中尾くんにスポーツとアートについての原稿を頼まれたんだけど、アートのことってどう書いたらいいのかわからなくて。もしよかったら、一緒に考えてくれないかなぁ。

吉見（以下、**Y**） 私でお力になれれば！ それにしても、スポーツとアートですか。おもしろいテーマですね。

P そうだね。今までは割と別物として扱われることの多かったこのふたつを改めて捉え直すっていうのはおもしろい試みだよね。僕はｅスポーツやスポーツ共創といった、スポーツとアートの境界が曖昧な活動を続けてきたから、スポーツかアートどちらかの立場に立つことができなくて。

Y 犬飼さんはスポーツとかアートではなく、プレイの人ですもんね。

P 吉見さんは〈未来の大阪の運動会〉のＷＥＢサイトに書いてくれたレポート[▽3]で、舞踊とその他の行為の境界について例に挙げながら、プレイについてや競技と演技の境界についても言及してくれていたよね。画家が参加してくれて、スポーツではなくアートの視点からレポートを書いてくれたのは嬉しかったなぁ。吉見さんはどういうきっかけで未来の大阪の運動会に参加してくれたの？

Y はい、あのとき初めて「未来の運動会」というプロジェクトを知って参加したのですが、主催されていた地元の画廊の方にお誘い頂いたんです。スポーツ関係ではなく、アートギャラリーの方が企画する運動会っていうのがどんなものか興味が湧きました。そういえば未来の運動会は毎年山口のメディアアート・センターYCAMでも開催されていますよね。やはり、今アート界からスポーツが熱視線を浴びているのでしょうか。

P　YCAMについて話すと、あそこはオープンとコラボレーションをキーワードに活動しているの。制作の過程や所有のあり方を研究対象の中心に据えて、アーティスト・イン・レジデンス等の手法を取り入れることで、アーティストの作品をコレクションも借りもしない、市民と共創するための施設として建てられたのね。

Y　美術館だけでなく、図書館やホール、ラボまでもっている開かれた施設とは知っていましたが、そんな設立構想があったんですね。

P　二〇〇三年に開館して以来、市民に広く開かれた美術館を目指して一〇年間色んな取組みをしたんだけど、その活動は基本的に美術館内部で起こっていて、市民が美術館に来てくれるまで自分たちは待ちの姿勢だということを課題に思っていた。そこで、二〇一三年に開館一〇周年記念事業として「近年問い直されている、生きることや暮らしへの根源的な探究に対して、メディアや情報といった考え方によって継続的なプラットフォームが身近に生み出されるアイデアを、山口の地域コミュニティにおいて実現させてください」というお題で、YCAM史上初となる公募企画を実施したの。

Y　ＹＣＡＭが自ら美術館の外に出て市民に会いに行こうとしたんですね。これって犬飼さんが採択されたやつですか？

P　そうそう。僕と安藤僚子さんとで《スポーツタイムマシン》を応募して採択されたの。山口市道場門前商店街という地元の商店街の一角で実施して、七月から一二月までの約半年で三一七八人が登録し、一万一一四九回もプレイしてもらうことができた。

Y　美術館の外に出て商店街で実施したことで、市民に参加してもらいやすくなったんですね。名前や切り口がアートではなくスポーツだったことも、市民が参加しやすくなった一因かもしれませんね。

P　そうだと思う。その後、地元山口の市民たちが「スポーツタイムマシン保存会」っていうのをつくってくれて、記念祭終了後も《スポーツタイムマシン》をどうにか商店街に残そうと働きかけてくれたりして。

Y　市民が作品に参加できるだけでなく、作品の存続にまで関わることができるなんて、市民の方々としても「一緒につくっている」という感覚を実感できそうですね。

P　うん、「僕の作品」なんて烏滸がましくて言えなくなるよね。この企画や記念祭の成功でＹＣＡＭも「市民との共創」に手ごたえを感じられるようになったんじゃないかな。そこで、ＹＣＡＭが元々おこなっていた「ＲＡＭダンスワークショップ」のような身体に関するプロジェクトの流れと合わせて、身体に関する活動「ＹＣＡＭスポーツ・リサーチ・プロジェクト」を開始したの。

Y　そんな経緯があったんですね。その一環で未来の運動会がYCAMで開催されるようになったんですか？

P　うん。YCAMで未来の運動会を毎年開催するようになってYCAM内にノウハウが溜まっていったので、僕はもう何もせずに見ているだけなの。毎回予想を遥かに凌ぐ面白いスポーツが生まれて、みんな大笑いして帰ってくれるし、次の年も参加してくれるし、本当に飽きないよ。これも作者だけで一方的に独創しない、共創だからこそ起きる現象だよね。

Y　私も参加してみて楽しかったですし、何より友達が増えました。「一緒に何かつくる」という行為がもたらす信頼関係ってとても強いんだなぁと感じました。

P　そうだよね。「一緒につくる」っていうのも大事だけど、僕は「一緒に身体を動かす」っていうのが信頼関係の構築にかなり効いていると思うんだ。最近はこういう自分たちで自分たちのスポーツをつくる行為全般を「スポーツ共創」と呼んで、スポーツ庁や教育関係者の人たちと一緒に誰でもできる形にしようとワークブックをつくったんだけど、そこでもスポーツ共創の特徴のひとつは「頭と身体のどちらかだけでなく、両方を同時に動かしてしまうこと」って書いている。

独創と共創、所有と共有

Y　未来の運動会では音楽家やDJ、ダンサー、メディアアーティストといったゲストアーティストも毎回五名程度呼ばれていますが、びっくりするほど垣根なく、自然に市民と遊べていますよね。市民だけでなくアーティストにとっても共創を体感できる場になっていると感じました。アートって独創性が評価されがちなので、共創の楽しさや価値を感じられる機会はアーティストにとっても新鮮だと思います。

P そう感じてもらえていると嬉しいなぁ。僕が未来の運動会を始めたのも、常々一人でなんかつくっていても、とても理想の環境になりそうもないなと思っていたからなの。なんせつくりたいのが環境なので、そもそも一人の問題じゃないでしょ。僕が作品をつくるのではなく、参加者がみんなで自由に道具やアイデアをもち寄って一緒につくりたかった。もし、アーティストがオリジナリティとか独創性がなければアートではないという刷り込みを受けているなら、スポーツ共創を通して共創もおもしろいなと、その呪縛から解放されるかもしれないね。吉見さんは画家だけど、やはりそんなプレッシャーってあるの？

Y あると思います。展覧会を開こうとしたり何かに作品を応募したりすると、必ずといっていいほど作者名と来歴、作品名と解説を求められます。自分がどれほど特徴的で、作風に独自性をもっているかをアピールする必要があるんです。

P 僕も共創と言いながら、応募するときは作者として作品を説明しているしね。

Y 独創と共創の主体の範囲にもよるので、言葉を定義する必要がありますね。私はむしろ世界は共創が普通で、独創なんて存在しないのでは？と思っています。例えば、犬飼さんは以前映画製作やコンピューターゲーム開発をされていましたが、これらはチームメンバーとの共創ですよね。また、私のように一人で絵を描いていたとしても、その作品の素材や作者自身にはまた別の作者がいる。つまり、どんな作品も直接間接を問わなければ多数の作者の共創で成り立っています。すべてが共創なので、あえて共創と独創を分ける意味がわからなくて。なぜ犬飼さんは共創と独創を分けているのですか？

P そうだね。個人でなく、組織や集団で一緒につくるものは総じて共創と呼ぶことができるし、完全な独創は存在しないかもしれない。でも、一般的に絵画でも映画でもゲームでも、作品をつくっているのは作者側だけで、鑑賞者は受動的に鑑賞や参加をしているだけでしょ。そこが僕は独創的だと思うの。

Y 作品に関わる主体を作者と鑑賞者とに分けた場合、作者と鑑賞者の共創にはなっていないということですね。ロラン・バルトが「作者の死」と言ったり、赤瀬川原平が「超芸術トマソン」と呼んだりするように、読者や鑑賞者が作品をつくっているという考え方もありますが、これは反対に鑑賞者側の独創と言え、作者の否定になるので、こちらも共創とは言えないですよね。

P そう、それが僕の言う独創で、作者と鑑賞者が明確に分かれていて、作品に影響を与えるのは作者だけ、もしくは反対に鑑賞者だけという状態になってしまうのね。

Y なるほど、犬飼さんは未来の運動会のときの自己紹介で、自分を「言い出しっぺ」としか言わないですもんね。作者と鑑賞者の境界を曖昧にして、単なる鑑賞や参加にとどまらず一緒につくってしまう状態を共創と呼んでいるんですね。ちょっと図を描いてみました。①が作者側の独創、②が作者の死や超芸術トマソンのような鑑賞者側の独創、③のように作者と鑑賞者が同等に作品をつくることができる状態が、ここで定義する「共創」と表すことができるのではないかと思います［fig.8］。

P　そうそう！　作品がモノからコトに移ったおかげで鑑賞者が作者と一緒に作品を共創できるようになったのだけど、それはテクノロジーの発展で動的、インタラクティブな作品がつくれるようになったからなの。

Y　テクノロジーが、つくる側と見る側の境界を溶かしていったんですね。犬飼さんの使う「共創」は、作者と鑑賞者が同様に作品に影響を与えられる状態ということでしたが、もう作者と鑑賞者の境界が曖昧な状態にもかかわらず、そこが分かれて考えられてしまうのはなぜでしょうか。

P　みんなつくるという行為が作者の独占的なものと思っているからなの。実際は、共創されたものが独占されていってると言った方が正確だけどね。吉見さんの言ったように、そもそも独創なんて存在しないとい

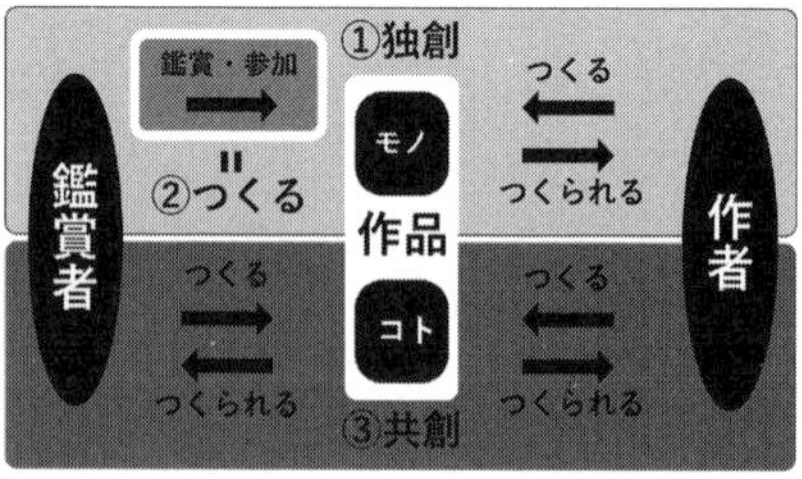

fig. 8　独創から共創にいたる，作者・鑑賞者・作品の関係推移図
①では作者と作品のみがつくり，つくられる関係であり，鑑賞者は鑑賞や参加を受動的におこなう状態である．②では鑑賞者の鑑賞や参加という行為を「つくる」行為とみなすような考え方が出てくるが，①も②も作品は依然として作者または鑑賞者のみによってつくられたものとして認識されている．本章ではこれを独創と呼んでいる．本章で共創と呼ぶ③では，作者と鑑賞者が両者区別なく，ともに作品をつくり，つくられる状態となる

う考え方にも同意なんだけど、それは所有の概念が消えない限り難しい。それで、わざわざ「共創」と言わないと気が付かないかなと思ってそう言っているの。

Y　そういえば、先述のスポーツ共創ワークブックに「自ずと社会と共有できてしまうこと」というのもスポーツ共創の特徴のひとつとして書かれていましたよね。スポーツはプレイされることで自然と誰の所有物でもなく、社会の共有物になれるところが素敵ですね。

P　そう、特定の作者や所有者がいないというのがスポーツの特徴なの。モノやデータとして取り扱いにくいので、所有できなかったと言う方が適切かもしれない。

Y　マルセル・デュシャンが、晩年チェスに興じていたというお話を中尾さんの本で知りました。デュシャンもレディメイドや大ガラス等で作者の独創や所有の概念を打ち捨てたかったけれど、それを当時の社会が許さず、また、デュシャン自身も自分で自分の作品を説明することで独創・所有の呪縛に嵌ってしまったので、マインド・スポーツとも呼ばれるチェスに、その呪縛から逃れる可能性を見出したんだと感じました。

P　僕もそう思うよ。チェスのプレイは所有しにくいよね。棋譜本を出版したりフィルムに収めたりするくらいしかできてないからね。とはいえ、必ずしも所有が悪というわけじゃない。所有ができないと共有もできないし、つくった人や使う人を守ることができないからね。

Y　そうですね。所有というより、独占したくなってしまうことが課題なんでしょうね。人間が所有できるものなんて限られていますよね。存在しないものや、宇宙や空気のように膨大すぎるものは所有できない。

P　ちなみに僕は赤瀬川原平の《宇宙の缶詰》（一九六四）が大好きなの。

Y　私も《宇宙の缶詰》大好きです！　傑作ですよね。私たちは宇宙すべてをつくってるし、つくっていない。所有しようとすると、できない。「つくる」や所有するという行為に対するひとつの潔い回答のように感じます。

テクノロジーと「つくる」という行為の変化

P　アンフォルメルやハプニング、ミュージッキング等、モノではなくコトに焦点が当たり出したのもデュシャン以降だね。このモノからコトへの注目の変化は、一九二〇年代、人類が情報の存在をつかみ始めたときに起こった変化だと言える。

Y　コンピューターやインターネット出現以降の、情報化社会の変化ということですか？

P　情報自体はコンピューターやインターネットが出現するずっと前から、多くの人が無意識に利用していたんだけど、コンピューターやインターネットの出現以降、情報が格段に高速・大量に扱えるようになり、その存在に気が付き始めたの。

Y　工業社会がモノの量産が可能になった社会だとすると、情報化社会はコトの量産が可能になった社会ということでしょうか。トフラーの社会変化をアートにも当てはめてみるとわかりやすいですね。工業社会に複製技術が発明され、印刷・鋳造・写真・録音・映像といった新しく発明されたメディアでのアートが生まれた。次に、情報化社会で放送技術が生まれ、ラジオ・テレビ・インターネットが発明され普及するとそれらを使ったアートが生まれ、モノからコト、モノとしての作品自体から、プレイやアクション、シェアといった行為に価値が移行しています［fig.9］。

P　スポーツもアートも人間が進化したのではなく、テクノロジーや道具、メディアの方が進化しているの。人間はその都度新しいテクノロジーや道具、メディアで遊んでいるだけなのね。

Y　そう捉えると、改めて作者の独創性が烏滸がましく感じてきますね(笑)。日本でのモノからコトへの価値転換と言えば、吉原治良らの具体や、赤瀬川原平らのハイレッド・センターやネオ・ダダの活動、池水慶一らのザ・プレイですかね。

P　「つくる」という行為にあった価値が、「する」や「おこる・おきる」に移ったんだね。

Y　スポーツが、スポーツをつくった人なんて無視されて、プレイヤーのプレイに価値があることと通じますね。

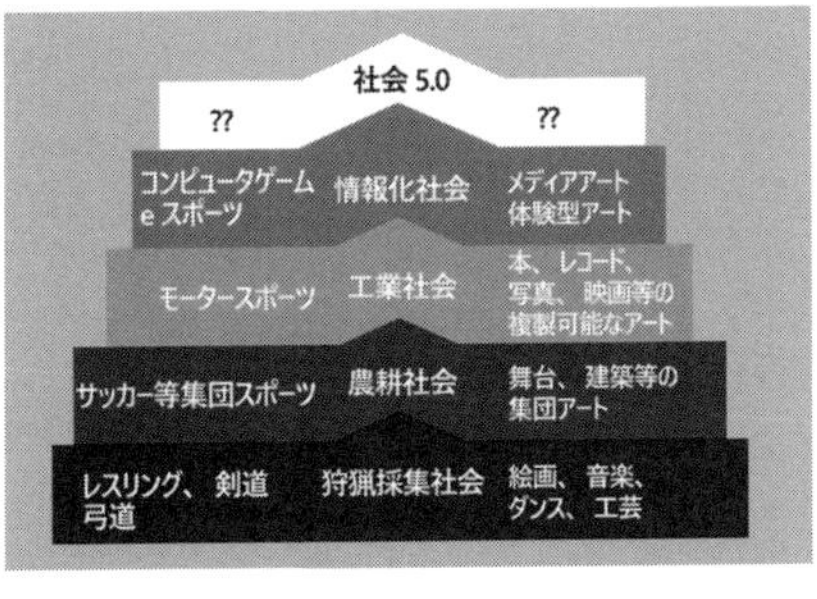

fig. 9　社会変化とスポーツの図にアートを追加. 情報化社会ではそれ以前の時代に比べ, スポーツとアートをメタに捉え, e スポーツやメディアアートと呼称している点が特徴的な現象である

P　今まで「つくる」が無視され、「する、みる、ささえる」という三本柱で成り立っていると言われているのがスポーツなの。つくるが全くなかったわけではないんだけど、つくるというより無意識で自然に「できてしまう」ことだったから、自覚的につくられてきていなかった。そこで、つくるを強調してメッセージしようとしたのがスポーツ共創なの。

Y　スポーツはモノではなくコトだという点と、つくるというよりもむしろできてしまっていたものだから、作者や所有という概念が生まれなかったんですね。先ほどまでモノとコトの話をしてきましたが、次に消費される対象は「体験」だと言われ、共有や再現不可能なものにどんどん価値が移っていっているようですね。

P　スポーツ観戦や音楽ライブが価値をもつのも、その体験が共有や再現が不可能だからだよね。それが起こってしまうまで何が起きるかわからないし、いくら後から映像で見ることができてもそれは映像を見るという別の体験になる。

Y　ダンスや演劇も毎公演同じ内容を繰り返しているようで、その回ごとで全く違うものになります。

P　吉見さんは以前、自分はダンスやスポーツのように絵を描いているから、クリエイターと呼ばれるのには違和感があると話していたよね。

Y　はい。つくっているという意識が薄くて……。私の場合、絵を描くことはつくるというよりもプレイに近いと感じています。幼少期にバレエを習っていて、その後もコンテンポラリーダンス作品に出させていただいたりしたのですが、そのときの踊る感覚と絵を描く感覚にそれほど違いはないです。

P それでも絵を描く行為をアートと呼んで、スポーツと呼ばないのはなぜなのかな?

Y ややこしいってだけで、私は絵を描く行為をスポーツと呼んでしまってもいいと思います。

P ジャクソン・ポロックがおこなっていたアクションペインティングは、キャンバスを床に置いて絵具をドリッピングしているんだけど、あの姿を写した写真のおかげで彼は評価されるようになったと言われている。モノとしての作品もさることながら、彼のプレイそのものが作品になっているよね。

Y はい。あの作品をつくるのはものすごく体力がいるはずで、彼はもうアスリートの様相ですよね。彼の絵を描く行為自体が評価された点は、ヨーゼフ・ボイスの言うソーシャルスカルプチャー（社会彫刻）にも通じるものを感じます。

P 今一緒に運動会協会をやっている元YCAMの西翼さんも、YCAMスポーツ・リサーチ・プロジェクトの話をするときに、よくボイスのソーシャルスカルプチャーを例に出すよ。そこにスポーツがアートから注目されている理由があるんだろうね。

Y アートのスポーツ化の例としてわかりやすいものを言えば、最近ではデジタルアートバトル「LIMITS」がありますよね。

P ランダムに選ばれたお題に対し、二人のイラストレーターが制限時間二〇分のライブペイントで対戦するやつだよね。

Y　はい。ラップバトルみたいなものなんですが、競技性をもたせることでアートのプレイもスポーツだということがわかりやすくなっています。俳諧や連歌会など、チームプレイの妙が楽しい「座の文学」や競技かるたも、スポーツともアートとも取れる行為ですね。一方、つくるとプレイが一体となったスポーツ共創はスポーツのアート化と言えるかもしれません。

「つくる」と「プレイ」が一体化したeスポーツ

P　eスポーツでも、つくっているのかプレイしているのかわからなくなるような状態が生まれてきているんだよ。例えば、FPS（First Person Shooter）と呼ばれる、主人公一人称視点の三次元投影法で描かれる画面でプレイするゲームがあって、その金字塔で一九九〇年代にジョン・カーマックらがつくった『Wolfenstein 3D』や『DOOM』『QUAKE』というゲームがあるんだけど、知ってる？［fig.10］

Y　知らないです。私はゲームに詳しくなく、もっぱら『どうぶつの森』ばかりしていました。

P　そうかそうか。あれも確か与えられたルールをプレイするだけでなく、自分でつくった部屋や街、デザインしたテキスタイルを他のプレイヤーと共有したり配布したりできるよね。

Y　はい。私はゲームをあまりしないんですけど、『どうぶつの森』は自分でつくる余白があるところが好きではまっていたんです。

P　実は、その改造・再配布という楽しみ方はeスポーツシーンにもあるの。FPSも多くのプレイ

右：fig.10　『PC GAMER』2000年4月号のMake your own Qauke特集.『Quake3』『Unreal Tournament』『Half-Life』等を自分用に改造する方法が特集されている他, eスポーツプロリーグが大きく成長するだろうとの記事もある. これらの記事は犬飼とともにDreamcast, Xboxのソフト開発をしていたコリン・ウィリアムソンによって執筆されている. 後年気がついて驚いた（犬飼）

ヤーは原版をそのまま楽しんでいたんだけど、一部のプレイヤーたちが、ゲームに登場するキャラクターの形や、地形、ルールを自分で改造するようになったの。それをフロッピーディスクやインターネット上で共有して、他の多くのプレイヤーも改造後のものを楽しむという現象が起こり始めた。

Y　へー！　ゲームを改造できるなんてすごい人たちですね。

P　簡単に改造できるツールがつくられているからね。この現象はMOD（Modification）と呼ばれているんだけど、その背景にはプレイヤーたちが改造や再配布をしやすいようにと、原版の開発者ジョンらがゲームエンジンと呼ばれるツールや使い方を公開、共有していたことがあるの［fig.11, 12］。開発者と同じツールを使って改造して遊ぶプレイヤーたちを歓迎したんだね。ゲームをつくることをプレイの一部として楽しんでねとメッセージしていたの。

Y　プレイヤーが改造しやすいようデザインされたゲームエンジンの存在が大きかったんですね。再配布まで推奨していたってところがすごいですね［fig.13］。

中：fig. 11　Shawn Holmes, *Focus on MOD Programming in Quake III Arena*, Premier Press, 2002
左：fig. 12　Matt Tagliaferri, *Unofficial QUAKE Level design Handbook*, Sybex, 1997
アメリカを中心にMODに関する書籍が多数出版された. いずれもCD-ROMにてツールやデータが付録され, 読者が参加可能になっている

P　うんうん、この思想の影響はとても強力でね。『Half-Life』というゲームを改造して、オンラインでチーム対戦することだけに焦点を当ててつくられた『Counter-Strike』というMODが大人気になるの。その後、『Counter-Strike』は開発チームごと『Half-Lif』のVALVE社に買収され、これがeスポーツ黎明期を代表するタイトルになったの。

Y　eスポーツはプレイヤーによってつくられて、プレイされた文化なんですね。

P　つくる側（デベロッパー）と消費する側（プレイヤー）がくっきり分けられてしまっていたゲーム業界が、インターネットの普及で生まれたeスポーツによって変わり始めたんだね。トフラーも情報化社会では生産者と消費者が一体になって、プロシューマーとなっていくと予言していたよね。

Y　スポーツ共創で言うデベロッププレイですね。

P　MODのような既存のゲームを改造する文化は、eスポーツだけでなくてアートとしても発展していくの。例えば、MachineとCinemaを組み合わせたマシニマと呼ばれる、ゲームエンジンを利用したリアルタイムレンダリングCGの映画がつくられ始めた。

Y　プレイヤーがゲームの世界を使って勝手に映画を撮ってしまうんですか？

P　もともと発売されていたゲームの世界ではなくて、背景もキャラクターも音声も全部つくってし

fig. 13　Ben Sawyer, *MONSTER GAMING*, Paraglyph Press, 2003
ゲームをとことんプレイする方法として，ハード，ソフトの選び方や入手法，オンライン対戦法，MODの仕方，ソフト開発法，プロ開発者になる方法等が紹介されている．著者のベンはこうしたプレイヤーの活動を客観することをメタゲーミングと呼んでいる

まうケースもあるよ。ゲームでは開発者が意図しないプレイを創発的プレイって言うんだけど、まさか自分のつくったゲームで映画が撮られるとは思わないよね。

Y　私も『大乱闘スマッシュブラザーズ』で闘わず、おままごとして遊んでいたなぁ。あれは創発的プレイだったのですね。でも、その遊びが作品になるなんて思いもしなかったです。

P　『スーパーマリオ64』というゲームではコントローラーを触らず放置しておくとマリオが日向ぼっこして寝てしまうのだけれども、この様子をビデオテープに収めたミルトス・マネタスの《SuperMario Sleeping》（一九九七）は、「何もしないというプレイ」を浮き彫りにする作品でね。これが作品になりえたのは、プレイヤーが自分のプレイをビデオテープに収められる時代だったからこそなのね。

Y　ビデオテープというテクノロジーがなければビデオゲームのプレイは作品にならなかったということですね。ゲームと映像は相性がよさそうですね。

P　ビデオゲームって言うくらいだからね。マシニマ以外にもゲームを基にした作品は色々つくられているよ。ファミコンＲＯＭの画像データ以外を書き換えて動かすコリー・アーケンジェルの《Super Mario Clouds》《I Shot Andy Warhol》（ともに二〇〇二）。メガネの視界に先述の『Counter-Strike』の銃を貼り付けたアラム・バルトルの《First Person Shooter》（二〇〇六）。僕も子供の手をプリントしたミトンがＦＰＳのように視界に現れる《My First First Person Game》（二〇〇五）という作品をつくったことがある［fig.14］。

Y その時代ごとに現れるテクノロジーを使った作品が生まれてきているんですね。

P うん。YouTube等のインターネット動画配信が当たり前になった今は、ゲストと一緒にゲーム空間内のトマソン的なものを探して散歩する様子を配信する、せいなむの《〇〇といくゲームさんぽ》（二〇一七）という作品も生まれてきているの［fig.15］。

Y ゲーム実況やeスポーツの中継なんかも誰でもできる一般的なものになりましたもんね。プレイヤーが批評性をもってゲームやプレイを捉えるようになって作者が生まれ、ゲームやプレイがメディアアートとして評価されるようになったんですね。

P そう、せいなむさんはＹＣＡＭの職員でもあるの。こうした現象は、その都度気になったゲームで楽しく遊んでいるだけのつもりが何かをつくってしまっていたと取れるし、反対に、何かをつくるという行為はプレイそのものであるとも言えるんじゃないかな。

自明化と人間以外の存在

P こうやって、今まで独創と共創、所有と共有、つくるとプレイ（する）の話をしてきたけど、僕

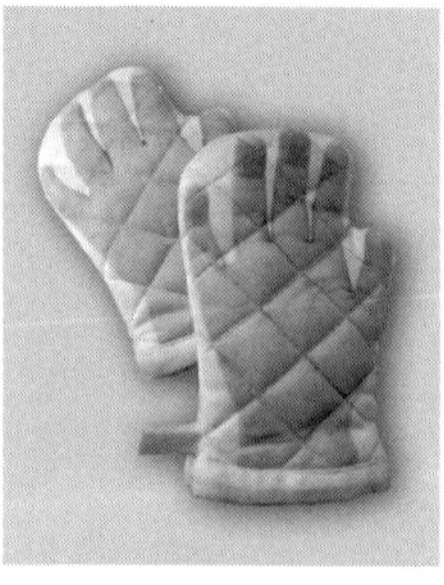

fig. 14　犬飼博士《My First First Person Game》（2015）
原寸大の子どもの手がデジタルプリントされたミトン．つけると本人の視界に情報化された手が出現し，それがゲームであると気がつく

は今後つくるという行為は自明化することが重要なのではないかと思っているんだ。

Y　自明化ですか。アフォーダンスに近い考え方でしょうか？

P　うん、同じ。自明化というのはこちらが何かを説明するのではなく、相手が自然に自覚できるよう誘発すること。アフォーダンスって日本人に言っても何もアフォードしないでしょ。つまりどういうことか説明しないと何のことかわからないから日本語にしてみたの。

Y　アフォーダンスのパラドクスですね（笑）。

P　ほんとそう（笑）。僕はあえて「共創」という言葉を使うことで、相手が「自分はつくるんだ」ということと、「みんなと一緒に」ということが自覚できるようにしているの。

Y　未来の運動会の開会式で参加者にしてもらっている「開会の遠吠え」や「スペースマンシップ」の選手宣誓も自明化の視点から生まれたものなのでしょうか？

P　そうそう、あれも自明化するための工夫なの。「開会の遠吠え」は、一人が遠吠えを始めたらみんなが呼応して遠吠えを始め、やがて大きくなっていくでしょ。大きな声を出すということは、最も単純で大きなエ

fig. 15　せいなむ《○○といくゲームさんぽ》（2017）
3歳児，建築士，家庭科の先生等様々なゲストとゲームの世界をぶらり散歩し，起こる出来事にコメントをしていくゲーム実況動画

ネルギーを使う原始的なコミュニケーションであり、これを開会の合図かつ会全体のアイスブレイクにしているの。また、従来の運動会では「スポーツマンシップに則り〜」といった宣誓が普通なんだけど、未来の運動会では「スポーツマンシップ」ではなく「スペースマンシップ」に則ってもらうの。スポーツマン同士だけに限らず、宇宙に存在する森羅万象すべてのものと悪いようにしないよと誓い合うことで、自分たちは対人間だけでなく、時間や空間、重力といったあらゆるものと遊んでいるということを自覚してもらいたかったの。

Y 私も未来の運動会に参加したとき、こうした太古から宇宙の先まで感じるふたつの儀式で開会したことで、この運動会が今ここだけでなく、長い歴史・広い宇宙の一部であることを実感するとともに、自由にしていいんだと感じました。参加者に言葉で「自由にしてね」と説明するのではなく、一度タガを外させて、不自由さを感じさせないように工夫することで、何を説明するまでもなく自明になっていました。

P 念のために宇宙飛行士の毛利衛さんに「スペースマンシップってどうですかねぇ」と伺ってみたら、「いいんじゃないですかねぇ」と言ってもらえて、それで自信をもって続けているの（笑）。それでも、伝えたいことが完璧に自明にできたとは思ってないけどね。まだまだ自明化の修業が必要。

Y 自明化は体験のデザインと言うことができますね。話を戻しますが、つくるという行為に今後なぜ自明化が重要になるとお考えなのでしょうか？

P　今後、ＡＩやロボットやバイオテクノロジーによって実装されたり、自生する人間以外の存在、つまり考えたり、やさしくしてくれたり、一緒にぼーっとしたり、怒ったりするような他者が増えて、それらと人間が共創するようになる未来を見据えているんだけど、そうなったときに、今僕らが使っている言葉が通じない相手にどうやって意思を伝えるかが課題になってくると思うの。インターネットサービスやビデオゲームでは既にＡＩとの共創が積極的におこなわれているしね。

Y　アートにおいてスポーツが注目されるようになったのも、コンピューターやＡＩの登場によって、今まで自動・自在であるが故に捉えられなかった身体が浮き彫りとなったことが一因ですしね。

P　もちろん今までだって人類は外国人や乳幼児、犬など、言葉の通じない相手とコミュニケーションを取ってきたんだけど、そのデザイン方法が言語化できていなかった。

Y　ノンバーバルコミュニケーションの重要性には目を向けられていましたが、そのデザイン方法の重要性まではまだ追求が不十分かもしれませんね。相手が感じることと感じないこと、コントローラブルなこととアンコントローラブルなことを把握したうえで、何を自覚させ、何が無自覚に起こるのかを設計する。それだけでも難しそうですが、言葉を使わずに何かを伝え、それが伝わっているかを確かめるとなると輪をかけて難しいように思います。犬飼さんが自明化のために気を付けていることってありますか？

P　つくり続けることかな。自分から発したコトやモノ、つまり作品やこうした文章が、再び自分に問うてきたり、あるときは答えをくれていると感じるようになるまで、堂々巡りを恐れず自問自答したり、誰かや何かと対話を繰り返したり、それらとともに何かをつくってしまうこと。そうしているうちに、自分たちや他者との差異に気付き、「あ、今相手も気付いてくれたかも」というタイミングがやってくるの。相手に伝わったかどうかは、相手の言葉ではなく、表情や行動に表れる態度全体でみるようにしているよ。

Y　自問自明になるまで根気強く続ける。態度で示して態度を感じること、ですね。

P　自問自明、いいね。そうした状態が、作品が自ずと外に出ていこうとしている、自明になろうとしている状態だと思っていて、それが起こるまでしつこくしつこく待つことも大切かな。

Y　ありがとうございます。これまでの話を総合して、スポーツやアートが過去にどんな体験を自明にしてきたのか、それが今どんな体験を自明にしようと変化したのかを考えてみると、スポーツとアートが互いに注目し、関与し始めた理由が見えてきたように思います。

P　お！　なんかまとまりそうな気配。

Y　スポーツはこれまでコトであったために「つくる」という行為に無自覚で、作者や所有という概

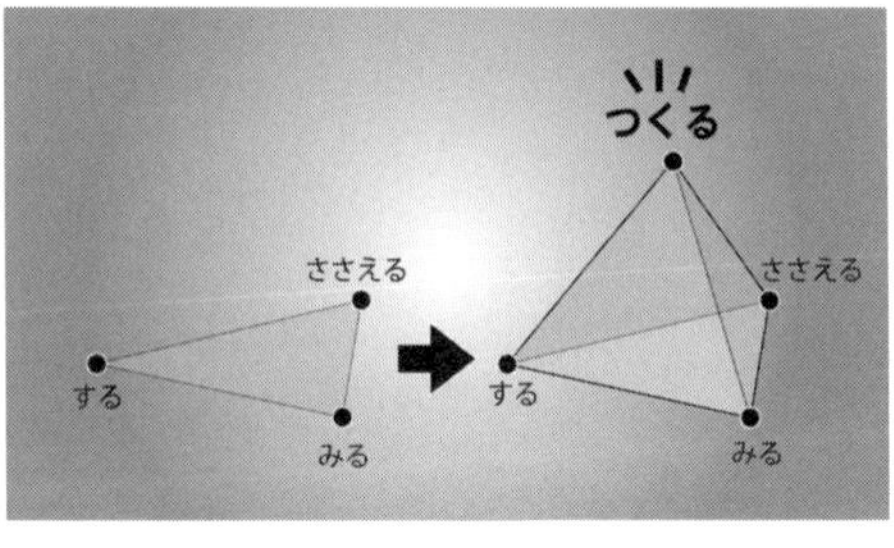

fig. 16　スポーツにおける「する，みる，ささえる」＋「つくる」のイメージ
現代日本社会においてスポーツはこのように整理され，スポーツ共創によって変化している

念が生まれず、「する、みる、ささえる」という三点の体験が自明になっていた。しかし、二〇世紀あたりからテクノロジーの発展によりコトもモノ同様につくり扱えるようになった。そこで、今スポーツでは「する、みる、ささえる」の三角形に「つくる」という次元が自明になり始めた[fig.16]。

一方、アートはこれまでモノであったために「する」という行為に無自覚で、作者や所有という概念から切り離されず、「つくる、みる、ささえる」という三点の体験が自明になっていた。しかし、「つくる」という行為に付随する作者や所有の概念、つまり独創への疑問符や、テクノロジーの発展によるメディアの変化から、「する」という行為もつくっているという認識が生まれるようになった。そこで、今アートでは「つくる、みる、ささえる」の三角形に「する」という次元が自明になり始めた[fig.17]。

このスポーツの「つくる」への関心、アートの「する」への関心が、お互いを気になる存在たらしめ、本書の問題提起でもあるスポーツとアートの境界が溶ける接点となったのではないでしょうか。

P　なるほど。二〇年待ってようやくeスポーツが自分に問いを返し、答えをくれたなぁ。これこそ自問自明だよ。こういう日はやってくるもんだね。

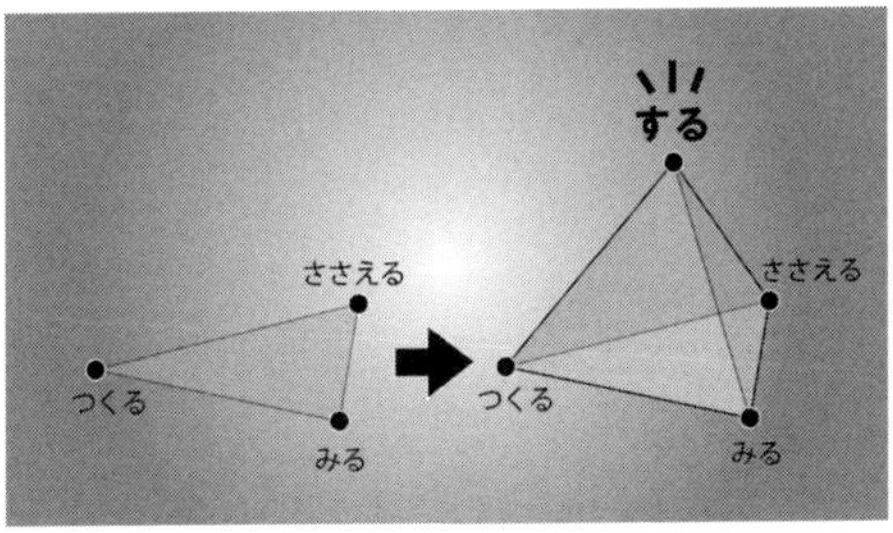

fig. 17　アートにおける「つくる, みる, ささえる」＋「する」のイメージ
出来上がった三角錐は,実はスポーツもアートも転がせば同じ立体になることに注目.身体活動そのものが「つくる」メディアであるダンスや演劇,音楽等のアートは「する」と「つくる」が元来非常に密接で近距離と言える

3　むすびに

本章は『ゲーム学の新時代』（NTT出版、二〇一九）▽4でおこなった対話共著の続編にあたり、前回はゲームと運楽、今回はスポーツとアートが主題となっています。私たちは共創について執筆しているため、執筆自体もなるべく共創的にしたいと考え、あえて対話共著の形をとらせていただきました。

スポーツとアートにおいてプレイが注目される昨今、「つくるとは何か？」という問いを設定し、コンピューターゲームやeスポーツが一体化させる「する（プレイ）」と「つくる」、夏の入道雲のように急激に成長するテクノロジーが溶かすスポーツとアートの乖離、きたる人間以外との共創時代に向けた自明化といった話題で議論しました。

スポーツやアートは何を、何に対して自明にしているのかという命題は残ったままでしょう。考えはいつも不十分で未成熟、これで完璧などとは思えません。読者の皆さんとも対話しながら一緒にこれらを問い続けていきたいと思っています。

この文章がいつか人間や人間以外の読者によって創発的にプレイされ、どこかで思いもしないことが起きることを待ち望んでいます。いつもは同じ音をプレイするはずのレコードが、ある日突然針飛びして曲を即興演奏し始める、その瞬間にこそ宇宙の存在を感じることができます。作者と鑑賞者が分かれておらず、ずっと中動態でいることができる対話にはその可能性があると期待しています。本章を書くことは、そうした未来の未知世界へ笹舟を流す遊びのようにおこないました。笹船とは、いつか絶対沈むとも言えるし、ずっと浮いていてほしいような気持ちにもなるものです。巻き込まれたり、立ち往生したり、回転したりしながら流れに身を任せる、長く短いその遊びを楽しんでいただけますと幸いです。

最後に、芸術家であり偉大なデベロッププレイヤーであった先達の言葉で締めくくりとさせていただきます。

働くことよりも生きること、呼吸することのほうが好きなのです。私のしてきた仕事が、将来、社会的な観点からみて、何か重要性を持ちうるとは考えられない。だから、こう言ってよければ、私の芸術とは生きることなのかもしれません。▽5（マルセル・デュシャン）

本章は皆さんになるべく自由に利用していただけるよう、クリエイティブ・コモンズ CC-by-3.0-US によってライセンスさせていただきます。ぜひスペースマンシップにも則って楽しくご利用ください。

▽1 犬飼博士「ゲームとスポーツが体に「インストール」され、次代のイノヴェイションが生み出される」WIRED JAPAN、二〇一五年［https://wired.jp/innovationinsights/post/wired/w/games_expands_our_body/］。

▽2 『スポーツ共創ワークブック』スポーツ庁、二〇一九年［http://www.mext.go.jp/sports/b_menu/sports/mcatetop05/list/detail/1415532.htm］。

▽3 吉見紫彩「運動会ハッカソン初体験レポート！「共創＋やってみる」ことの気づき」未来の大阪の運動会、二〇一八年［https://static.wixstatic.com/ugd/7b1e16_4627724bb6e44258b17274e000433397.pdf］。

▽4 中沢新一、中川大地編『ゲーム学の新時代――遊戯の原理 AIの野生 拡張するリアリティ』NTT出版、二〇一九年［http://www.nttpub.co.jp/search/books/detail/100002460］。

▽5 マルセル・デュシャン、ピエール・カバンヌ（聞き手）『デュシャンは語る』岩佐鉄男、小林康夫訳、ちくま学芸文庫、一九九九年、一四八―一四九頁。

あとがき

本書は、スポーツとアートの間にある「／」をめぐる論考によって編まれたものである。スポーツにおけるプレイが「芸術的」と比喩されること。スタジアム建設にはデザインのコンペティションがあること。記録された映像や写真が鑑賞されること。身体運動には美があること。スポーツ観戦に人々が熱狂し、そして自身もまたプレイできること。スポーツとアートの間には、あまたの接続面と切断面がせめぎ合っている。

スポーツとアートの結びつきについては以前から思いをめぐらせており、それを森話社の五十嵐健司氏にふと話したのは、二〇一五年冬のことであった。芸術家であるマルセル・デュシャンがチェス・プレイヤーとしてチェスに専心し、チェスの専門書を出版（共著）していることを研究対象とする私は、芸術家であるイヴ・クラインが柔道家として柔道に専心し、柔道の専門書を出版していることにかねてから関心を寄せていた。フランス代表のチェス・プレイヤーであったデュシャンによる作品に、チェスの思考が色濃く表れているように、講道館四段の柔道家であったクラインによる作品にもまた、柔道の体感が色濃く表れているように見えた。もちろんアートはアートの実践の中から生まれるのだが、しかしそれ以上に、様々な営為とともに立ち上がっている。そうしたダイナミックな制作のあり方について話し合った際、スポーツとアートの関係を多様な立場から考察する論集の構想が生まれた。確かに、二〇一三年にオリンピックの開催地が東京に決定したことから発せられる空気はどこか漂っていたけれども、本書の出発点はかならずしも東京オリンピックにあったわけではなかった。

いざ着手してみると、スポーツに関する美術論集の前例はほとんどなく、誰に執筆を依頼するのかというところから議論が紛糾した。そうして構想のまま一年が経とうとしていた二〇一六年秋、『ラッセンとは何だったのか?――消費とアートを越えた「先」』の編者である原田裕規氏に出会った。アートの領域の問題について思考してきた原田氏の協力を得ながら、企画書が作成され、ようやく執筆依頼を開始できたのが、二〇一七年夏のことであった。本書は、スポーツの中にあるアートと、アートの中にあるスポーツ、その結びつきを探り、双方において新たな視点を見つけ出すことを目的とした。

けれども、スポーツとアートの結びつきというと、アートに携わる者であれば、一度は考えたことくらいあると思われるかもしれないが、実際にこの問題に取り組むと想像以上の困難に見舞われた。それは、おそらくスポーツとアートの双方における技と美、それらの専門的な捉え方が、特に現代においてはかけ離れており、切断面こそが浮かび上がってくることに起因する。そのような状況の中で、性別、専門など様々な立場の方々に依頼したが、最終的にこうした難題に応えてくれたのが、今回の執筆者たちであった。そして、東京オリンピックが開催される二〇二〇年に本書は出版されることとなった。

しかし完成してみれば、個人プレイにおける技の見せ合いというよりも、どこか団体競技のように、スポーツとアートの間にある「／」に沿って、バトンが渡されながら論が展開していくような流れが生まれた。決して一人ひとりでは描けなかったであろう軌跡を、全体で引くことができたのではないか。選手宣誓のように、建ち上がるスタジアムのように、競技をとらえるカメラのように、プレイする選手のように、そして競技を見つめる観客のように、言葉の広がり、建築、記録、アクション、テクノロジーと、それぞれの論が追う「／」の重なりから、星座のように、問題系が浮かび上がってくるはずである。

本書を出版するにあたって、まずご寄稿いただいた執筆者の方々に謝意をお伝えしたい。また、本書の成立過程において幾度も議論を重ねていただいた原田裕規氏の惜しみない尽力に心からお礼を申し上げる。原田氏の協力がなければ、この企画が軌道に乗ることはなかった。そして、森話社の五十嵐健司氏には最後の最後まで伴走してもらった。あの時、私がふと話したスポーツとアートの結びつきが、こうして「かたち」になったのは何よりも五十嵐氏の根気のおかげである。

一人ひとりのお名前を挙げることはかなわないが、本書が完成するまでにご支援いただいた方々のご厚意に、この場を借りて深い感謝の意を記しておきたい。

スポーツとアートの間にある「／」は、二つのジャンルの境界線、それらを一つにする括線、そして運動を表す斜線として、記号のままタイトルに付した。本書が示すことができたのは、スポーツとアートに関する厖大な問題系のごくわずかであり、ゆえにそれらがまた別の結びつきに向かって連鎖していくことを願ってやまない。「／」から出発するこの試みは、まだ始まったばかりである。

二〇二〇年一月

中尾拓哉

山峰潤也｜Junya YAMAMINE

キュレーター. 東京都写真美術館, 金沢 21 世紀美術館を経て水戸芸術館学芸員.
主な展覧会に〈3D ヴィジョンズ〉〈見えない世界の見つめ方〉〈恵比寿映像祭〉（4 回 -7 回),〈ハロー・ワールド ポスト・ヒューマン時代に向けて〉〈霧の抵抗 中谷芙二子〉. ゲストキュレーターとして SHARING FOOTSTEPS（2015, 韓国, Youngeun Museum of Contemporary Art), Eco Expanded City（2016, ポーランド, WRO センター）などに参加. 2015 年度文科省学芸員等在外派遣研修員.

木村 覚｜Satoru KIMURA

美学者. ダンス批評. BONUS ディレクター. 日本女子大学人間社会学部文化学科准教授.
著書に『未来のダンスを開発する』（メディア総合研究所, 2009）ほか. 2014 年から「ダンスを作るためのプラットフォーム」である BONUS（www.bonus.dance）を始動, アーティストたちとフレッシュなダンスのアイディアを開発し発信している.

原田裕規｜Yuki HARADA

美術家. 東京藝術大学大学院美術研究科修士課程先端芸術表現専攻修了.
社会の中で取るに足らないとされているにもかかわらず, 広く認知されているモチーフを取り上げ, 議論喚起型の問題を提起するプロジェクトで知られる.
代表的なプロジェクトに「ラッセン」や「心霊写真」を扱ったものがある. 主な個展に〈One Million Seeings〉（KEN NAKAHASHI, 2019), 編著書に『ラッセンとは何だったのか？』（フィルムアート社, 2013), 連載に「プレイバック！美術手帖」（『美手帖』, 2018 月 6 月号 -）など.

犬飼博士｜Hiroshi INUKAI

運楽家. 一般社団法人運動会協会理事.
ゲームデザイナー, e スポーツプロデューサーを経て「スポーツ共創」を提唱. デベロップレイヤーを育成する「未来の運動会プロジェクト」を推進.
主な受賞作に《Mr. Splash!》（インディー FC, 2007),《e スポーツグラウンド》(2010),《アナグラのうた～消えた博士と残された装置～》（日本科学未来館, 2011),《スポーツタイムマシン》(2013)など.

吉見紫彩｜Shisa YOSHIMI

画家. アトリエ e.f.t 卒業, 神戸大学大学院人間発達環境学研究科博士前期課程修了.
阪急電鉄株式会社及び関連研究所でのまちづくり事業を経て独立.
個展に〈Peaceful Sleep〉（Usagi, ニューヨーク, 2019), 著作に『スポーツ共創ワークブック』（スポーツ庁, 2019), 共著に『ゲーム学の新時代』（NTT 出版社, 2019）など.

社, 2015),『ナチス映画論』(共編, 森話社, 2019) など. また『わすれな草』やファスビンダー監督作品などドイツ映画の字幕翻訳を多数手がける.

打林 俊 | Shun UCHIBAYASHI

写真史家, 写真評論家. 日本大学大学院芸術学研究科博士後期課程芸術専攻修了. 博士 (芸術学). 日本大学芸術学部非常勤講師.
著書に『絵画に焦がれた写真』(森話社, 2015),『写真の物語』(森話社, 2019). 主な論考に《 A Forgotten Phenomenon: Paul Wolff and Formation of Modernist Photography in Japan 》(*Dr. Paul Wolff & Tritschler: Light and Shadow-Photographs 1920-1950*, Kehrer, 2019). 現在『日本カメラ』に「写真展が物語る」連載中.

渡邉大輔 | Daisuke WATANABE

批評家, 映画史研究者. 跡見学園女子大学文学部現代文化表現学科専任講師. 日本大学, 明治学院大学非常勤講師 .
著書に『イメージの進行形』(人文書院, 2012). 主な共著に『スクリーン・スタディーズ』(東京大学出版会, 2019),『戦時下の映画 (森話社, 2019) など. 主な論考に「父の不在と狂気の物語──『天気の子』試論」(『文學界』2019 年 10 月号) など.

栗本高行 | Takayuki KURIMOTO

美術評論家. 多摩美術大学大学院美術研究科博士後期課程修了. 博士 (芸術). 多摩美術大学美術学部芸術学科非常勤講師.
著書に『墨痕』(森話社, 2016). 主な論考に「井上有一作品と三つのカタカナ」『井上有一 1955-1985』(金沢 21 世紀美術館カタログ, 2016),「線と文字がかたどる思想──ドローイング・前衛書・オノマトペ」『ヒツクリコ ガツクリコ　ことばの生まれる場所』(左右社, 2017),「空間の詩法」(『墨』240-251 号) など.

大山エンリコイサム | Enrico Isamu OYAMA

アーティスト. 東京藝術大学大学院美術研究科先端芸術表現専攻修了.
2012 年よりニューヨークを拠点に世界各地で展覧会を行うほか, 著書『アゲインスト・リテラシー』(LIXIL 出版, 2015) の刊行, コム デ ギャルソンやシュウ ウエムラとコラボレーションするなど, 多角的に活動する. 主な個展に〈ユビキタス〉(マリアンナ・キストラー・ビーチ美術館, カンザス, 2017),〈カイロスフェア〉(ポーラ美術館, 2019),〈VIRAL〉(中村キース・ヘリング美術館, 2019),〈インサイド・アウト〉(タワー 49 ギャラリー, ニューヨーク, 2019) など.　http://www.enricoisamuoyama.net

[編者紹介]

中尾拓哉｜Takuya NAKAO

美術評論家．多摩美術大学大学院美術研究科博士後期課程修了．博士（芸術）．多摩美術大学美術学部芸術学科非常勤講師．

著書に『マルセル・デュシャンとチェス』（平凡社，2017）．監訳書にマシュー・アフロン『デュシャン 人と作品』（フィラデルフィア美術館，2018）．共著に『ストローブ＝ユイレ』（森話社，2018）．主な論考に「50年あるいは100年後の鑑賞者——日本・マルセル・デュシャン論再考」（『美術手帖』2019年2月号）など．

[執筆者紹介]（掲載順）

北澤憲昭｜Noriaki KITAZAWA

美術評論家，美術史家．

主な著書に『眼の神殿』（美術出版社，1989．2010にブリュッケより定本を刊行），『岸田劉生と大正アヴァンギャルド』（岩波書店，1993），『境界の美術史』（ブリュッケ，2000），『アヴァンギャルド以後の工芸』（美学出版，2003），『「日本画」の転位』（ブリュッケ，2003），『〈列島〉の絵画』（ブリュッケ，2015），『逆光の明治』（ブリュッケ，2019）．

暮沢剛巳｜Takemi KURESAWA

美術・デザイン評論．東京工科大学デザイン学部教授
著書に『世界のデザインミュージアム』（大和書房，2014），『エクソダス』（水声社，2016），『オリンピックと万博』（ちくま新書，2018），『幻の万博』（共著，青弓社，2018）など．

鈴木俊晴｜Toshiharu SUZUKI

豊田市美術館学芸員．近現代美術史．名古屋大学大学院文学研究科修了．名古屋芸術大学非常勤講師．

勤務館での企画として〈村瀬恭子 fluttering far away〉（2010），〈フランシス・ベーコン〉（2013，東京国立近代美術館との共同企画），〈奈良美智 for better or worse〉（2017）など．

渋谷哲也｜Tetsuya SHIBUTANI

ドイツ映画研究．東京国際大学国際関係学部教授．

著書に『ドイツ映画零年』（共和国，2015），編著書に『ファスビンダー』（共編，現代思潮新社，2005），『国境を超える現代ヨーロッパ映画250』（共編，河出書房新

スポーツ／アート

発行日……………………………2020年2月2日・初版第1刷発行

編者………………………………中尾拓哉

発行者……………………………大石良則

発行所……………………………株式会社森話社
〒101-0064 東京都千代田区神田猿楽町1-2-3
Tel 03-3292-2636
Fax 03-3292-2638
振替 00130-2-149068

印刷………………………………株式会社シナノ

製本………………………………榎本製本株式会社

ISBN 978-4-86405-145-3 C0070

ナチス映画論——ヒトラー・キッチュ・現代

渋谷哲也・夏目深雪編　戦前から現代までのナチス映画をとりあげ、映像論、映画史、ドイツ史、キッチュ論など多角的な視点から、それらが人々を「魅了」し「熱狂」させる謎、周辺国や演劇などの他ジャンルにおよぶ余波、現在にいたるファシズムの問題を検証する。巻末には主要なナチス映画 50 作品のガイドを掲載。
A5 判 328 頁／本体 3000 円 + 税

フレームの外へ——現代映画のメディア批判

赤坂太輔　あらゆる画面が我々を囲み、新たな「自然」となりつつある現在。文字情報に奉仕する映像と音に操られてしまわないために、我々はこの環境といかにして向き合うべきか。フレームの「内」と「外」、画面と音声の関係を軸に、ロッセリーニ、ブレッソン、ゴダール、ストローブ＝ユイレ、さらにアメリカや日本の戦後映画をたどり、ロシア、南米、中東などの先鋭的な映画作家まで、「フレームの外へ」と分析の眼差しを向ける、ポスト・トゥルース時代の現代映画論。四六判 304 頁／ 2900 円 + 税

ジャン・ルーシュ——映像人類学の越境者

千葉文夫・金子遊編　シネマ・ヴェリテの創始者にして映像人類学の巨人、ジャン・ルーシュ。本書は、「カメラと人間」をはじめとした作家自身による代表的な著作の翻訳と、多彩な研究者、作家による論考、詳細な資料からジャン・ルーシュの広大な世界を探る。A5 判 416 頁／本体 4300 円 + 税

日本のアニメーションはいかにして成立したのか

西村智弘　【日本アニメーション学会賞 2019 受賞】
日本において「アニメーション」の概念は、どのようにして受容され、変遷していったのか。時代ごとの呼称や表現形式の分析を軸に、これまで周縁的・境界的とされてきた創造活動に着目した明治期から現代にいたる系譜を辿る。A5 判 340 頁／ 3400 円 + 税